Viktor Heese

Anlagechancen in den Neuen Emerging Markets

Viktor Heese

Anlagechancen in den Neuen Emerging Markets

Eine Erweiterung des Konzepts „Next Eleven"

GABLER   apano▾akademie *edition*

Bibliografische Information der Deutschen Nationalbibliothek
Die Deutsche Nationalbibliothek verzeichnet diese Publikation in der
Deutschen Nationalbibliografie; detaillierte bibliografische Daten sind im Internet über
<http://dnb.d-nb.de> abrufbar.

1. Auflage 2009

Alle Rechte vorbehalten
© Gabler | GWV Fachverlage GmbH, Wiesbaden 2009

Lektorat: Guido Notthoff

Gabler ist Teil der Fachverlagsgruppe Springer Science+Business Media.
www.gabler.de

Das Werk einschließlich aller seiner Teile ist urheberrechtlich geschützt. Jede Verwertung außerhalb der engen Grenzen des Urheberrechtsgesetzes ist ohne Zustimmung des Verlags unzulässig und strafbar. Das gilt insbesondere für Vervielfältigungen, Übersetzungen, Mikroverfilmungen und die Einspeicherung und Verarbeitung in elektronischen Systemen.

Die Wiedergabe von Gebrauchsnamen, Handelsnamen, Warenbezeichnungen usw. in diesem Werk berechtigt auch ohne besondere Kennzeichnung nicht zu der Annahme, dass solche Namen im Sinne der Warenzeichen- und Markenschutz-Gesetzgebung als frei zu betrachten wären und daher von jedermann benutzt werden dürften.

Umschlaggestaltung: Nina Faber de.sign, Wiesbaden
Druck und buchbinderische Verarbeitung: Krips b.v., Meppel
Gedruckt auf säurefreiem und chlorfrei gebleichtem Papier.
Printed in the Netherlands

ISBN 978-3-8349-0994-7

Vorwort des Herausgebers

Emerging Markets sind ein gefragtes Anlagethema – und bleiben es auch in Zukunft. In der Vergangenheit hat sich insbesondere die Investmentbank Goldman Sachs mit ihrer BRIC-Idee – gemeint waren Aktienempfehlungen für Brasilien, Russland, Indien und China – einen Namen gemacht. Alle glaubten, dass auch die Folgeserie der New Yorker Investmentbanker, die Next11, automatisch ein Selbstläufer wird. Hier irrten die Börsianer. Denn sowohl dieses als auch das weiter gefasste Konzept der Deutschen Bank, die Third Wave (Dritte Welle), liefern dem Anleger bis heute nur unterdurchschnittliche Renditen.

Was ist passiert? Sind nicht die richtigen Länder in das neue Anlageuniversum gewählt worden? Oder sind die Anleger des Themas Emerging Markets – zumal es sich hier um die zweite Reihe handelt – überdrüssig geworden? Weder noch! Wir sind der Ansicht, dass bei solchen Investments der richtige Einstiegszeitpunkt eine entscheidende Rolle spielt. Dieser ist jedoch derzeit einfach nicht gegeben. In der Tat konzentrieren sich die Anleger in der jetzigen Schwächephase eher auf die großen Weltbörsen und meiden prinzipiell die volatilen Nebenmärkte. Der deutsche Privatanleger hat daher nicht zu befürchten, dass ihm Gewinnchancen entgehen werden. Wenn er mit seinem Engagement etwas wartet, kann er die Zeit für das Studium der Interdependenzen zwischen Politik, Wirtschaft und Börse in dieser doch etwas „exotischen" Anlagewelt sinnvoller überbrücken.

Die vorliegende Lektüre, die die Anlagechancen in den 14 attraktivsten Schwellenländern (sie sollen hier weiter Neue Emerging Markets oder NEM14-Länder genannt werden) untersucht, mag dabei eine Art erster Hilfe leisten. Das Buch enthält keine Anlageempfehlungen und soll nicht als „Marketinginstrument" für bestimmte Finanzprodukte verstanden werden. Vielmehr liegt der Schwerpunkt in der Vorstellung geeigneter Auswahlmethoden, mit deren Hilfe sich auch ein Nicht-Fachmann ein Bild über die interessanten Länderanlagen machen kann. Verschiedene „Tipps" werden ihm dabei helfen, sich im Dschungel der Einzelnachrichten, Fakten und Empfehlungen frei zu bewegen.

Ich wünsche Ihnen beim Lesen viel Vergnügen!

Ihr Peter Kräuter

Inhaltsverzeichnis

Vorwort des Herausgebers 5

1. Verschiebung der Wirtschaftspotenziale von der BRIC-Region
   in die Gruppe der Neuen Emerging Markets 9
2. Investitionskriterien für die Kapitalmärkte der Neuen Emerging Markets 19
   2.1 Politische und soziale Kriterien 20
       2.1.1 Politische Stabilität 20
       2.1.2 Soziale Rahmenbedingungen 28
   2.2 Wirtschaftliche Kriterien 35
       2.2.1 Wirtschafts- und Bevölkerungswachstum 35
       2.2.2 Außenwirtschaftliche Verflechtungen 47
       2.2.3 Fortschritte bei der Industrialisierung 60
       2.2.4 Ausbau des Dienstleistungssektors 63
       2.2.5 Besondere wirtschaftliche Potenziale
             (Rohstoffe, Humankapital, attraktive Touristikregionen, Steueroasen) 65
   2.3 Entwicklung des Kapitalmarktes 72
       2.3.1 Entwicklung des Aktien- und des Anleihemarktes 72
       2.3.2 Rechtlicher und faktischer Status des Auslandsinvestors 82
3. Auswahl der chancenreichsten Neuen Emerging Markets (empirischer Teil) 85
   3.1 Definition des untersuchten Länderuniversums 85
       3.1.1 Länderauswahl mit Hilfe von einzelnen Investitionskriterien 89
       3.1.2 Pauschalanalyse anhand des „magischen Länderdreiecks" 91
   3.2 Welche Anlagen sind sinnvoller – Aktien, Anleihen, Fonds oder Zertifikate? 93
   3.3 Wirtschaftliche Entwicklung und Anlagechancen
       in den vierzehn aussichtsreichsten Neuen Emerging Markets 100
       3.3.1 Mexiko 102
       3.3.2 Chile 105
       3.3.3 Indonesien 108
       3.3.4 Vietnam 112
       3.3.5 Türkei 116
       3.3.6 Pakistan 119
       3.3.7 Südafrika 122

3.3.8 Nigeria 125
3.3.9 Ägypten 128
3.3.10 Polen 131
3.3.11 Ukraine 134
3.3.12 Rumänien 137
3.3.13 Kasachstan 140
3.3.14 Tschechien 143
3.4 Wichtige Risiken einer Kapitalanlage in den Neuen Emerging Markets 146

Zusammenfassung 149

Literaturhinweise 153

Der Autor 157

Stichwortverzeichnis 159

1. Verschiebung der Wirtschaftspotenziale von der BRIC-Region in die Gruppe der Neuen Emerging Markets

Bevor auf die Anlagechancen in den Neuen Emerging Markets (NEM-Länder) eingegangen wird, lohnt ein Blick auf die Gliederung der Weltwirtschaft nach Ländergruppen und Regionen. Vielleicht gibt es Regionen, die wirtschaftlich und von den Börsenchancen interessanter als die NEM-Länder sind.

In den Medien und der Fachliteratur werden Begriffe wie Länder der „Ersten Welt", Länder der „Zweiten Welt", Länder der „Dritten Welt", Emerging Markets, Schwellenländer, Entwicklungsländer, Billiglohnländer, Transformationsländer, Tiger-Staaten oder BRIC-Region so oft zitiert und die ihnen zugrunde liegenden Unterscheidungsmerkmale so arg durcheinander gebracht, dass der Privatanleger dabei leicht den Überblick verliert. Jeder versteht etwas anderes unter diesen Begriffen und zieht seine eigene Klassifizierung vor. Eine Ordnung tut Not. In dieser Ausarbeitung wird diesbezüglich der in Abbildung 1 skizzierte Vorschlag unterbreitet.

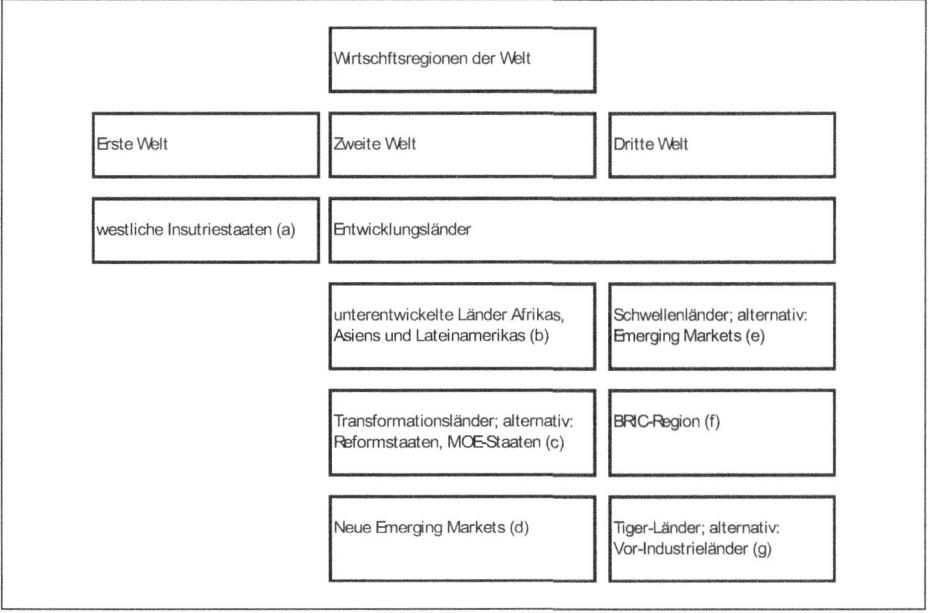

Abbildung 1: Wichtigste Wirtschaftsregionen der Welt

Die Unterschiede hinsichtlich der Wirtschaftsentwicklung, der Sozialsysteme und der Kapitalmärkte der einzelnen Weltregionen sind mehr als gravierend. Die etwas antiquierte Einteilung in die „Erste", „Zweite" und „Dritte Welt" hat einen reinen politisch-ideologischen Hintergrund. In Zeiten des Kalten Krieges gab es bekanntlich den Westen („Erste Welt"), den Ostblock („Zweite Welt") und die sogenannten „blockfreien" Entwicklungsländer der „Dritten Welt". In diesem Buch werden unter der „Ersten Welt" der Einfachheit halber nur die (westlichen) Industriestaaten verstanden.

a. die Industriestaaten („Erste Welt")
Die am höchsten entwickelten Volkswirtschaften der Welt haben schon vor 200 Jahren den Weg der kapitalistischen Entwicklung eingeschlagen. Heute zeichnen sie sich durch politische Stabilität, ein gut funktionierendes Sozial- und Infrastruktursystem, eine hohe Wirtschaftskraft, die Wohlstand (hohes Bruttoinlandsprodukt pro Einwohner) garantiert, und nicht zuletzt durch einen etablierten Kapitalmarkt aus. Kurzum, es handelt sich hier um moderne Gesellschaften im wahren Sinne des Wortes, die in den internationalen Organisationen (UNO, Weltbank, IWF) den Ton angeben.

In unserer Abgrenzung ist jedes Land, das nicht zu den Industriestaaten zählt, automatisch Entwicklungsland, egal ob es der „Zweiten" oder „Dritten Welt" zugeordnet wird. In Anlehnung an die real vorkommenden Unterschiede können die Entwicklungsländer in sechs Gruppen unterteilt werden:

b. die ärmsten Länder Afrikas, Asiens und Lateinamerikas („Dritte Welt")
Diese sehr heterogene Gruppe ist regional und politisch schwierig abzugrenzen. Zu ihr gehören die wirtschaftlich schwächsten Länder auf diesem Globus. Die Rückständigkeit zu den Industrieländern und die dauerhafte Abhängigkeit von der Auslandshilfe sind bei diesen ärmsten unter allen Entwicklungsländern am größten. Ein wirtschaftlicher Fortschritt lässt sich bei ihnen, auch langfristig, selbst in Ansätzen nicht feststellen. Von einem nennenswerten Kapitalmarkt und damit einem eventuellen Interesse der Auslandsinvestoren kann schon per definitionem nicht die Rede sein. Wie diese Länder aus dem Teufelskreis der Armut und Unterentwicklung herauskommen sollen, bleibt eine ungelöste Frage der Weltwirtschaft.

c. die Transformationsstaaten („Zweite Welt")
Die Transformationsstaaten, auch Reformstaaten genannt, sind nach dem Zerfall der Sowjetunion vor knapp fünfzehn Jahren entstanden. Die Gruppe besteht aus 14 ehemaligen Sowjetrepubliken (außer Russland) und den 10 vormaligen kommunistischen Staaten Osteuropas. Alternativ wird bei diesen Ländern von den MOE-Staaten (MOE = Mittel- und Osteuropa) gesprochen. Ihre vornehmlichste Aufgabe ist heute die Transformation von der Planwirtschaft zur Marktwirtschaft. Im Vordergrund der einzelnen Reformbemühungen stehen konkret der Staatsumbau, die Privatisierung der Volkswirtschaft sowie ihre Einbindung in den Weltmarkt. Im Unterschied zur Gruppe der oben genannten unterentwickelten Länder besitzen die MOE-Staaten eine alte Industrietradition und verfügen über ein hohes Facharbeiterreservoir. Ein stark modernisierungsbedürftiger Kapitalstock und eine veralteten wenngleich noch intakte, Infrastrukturen ebenfalls vorhanden sind. Gemessen an

verschiedenen wirtschaftlichen und sozialen Indikatoren ist diese Region aktuell – bis auf die zentralasiatischen und transkaukasischen GUS-Staaten – mit den Industriestaaten West- und Südosteuropas, wie zum Beispiel Portugal oder Griechenland, vergleichbar. Die Transformationsstaaten müssen im zukünftigen Entwicklungsprozess nicht alles von „Grund auf" aufbauen. Im Gegensatz zu ihrer doch ansehnlichen Wirtschaftskraft gelten ihre Kapitalmärkte als relativ schwach entwickelt. Vor diesem Hintergrund sehen Auslandsinvestoren gerade hier ein beträchtliches Kurspotenzial, insbesondere auf den Aktienmärkten.

d. die Neuen Emerging Markets (NEM-Länder oder NEM-Staaten)
Hier handelt es sich wiederum um Länder, die die Entwicklungsstufe der reifen Emerging Markets noch nicht erreicht haben, aber nicht desto trotz das wirtschaftliche Potenzial und die politische Willenskraft für diesen Aufstiegsakt besitzen. Die Gruppe ist sehr inhomogen und besteht in unserer Abgrenzung aus 28 Ländern. Die 14 aussichtsreichsten von ihnen bilden die engere NEM14-Gruppe und werden im Rahmen dieses Buches auf ihre Anlagechancen hin untersucht. Die verbleibenden 14 Länder können demnach als die sonstigen NEM-Länder oder die NEM14-Kandidaten bezeichnet werden. Eine Überschneidung mit den MOE-Staaten ließ sich nicht vermeiden. Die Unterscheidung in Anlageländer und die Kandidaten hat realwirtschaftlichen Hintergrund. Während die erste Kategorie aus Anlegersicht „sofort investierbar" ist, müssen die Länder der zweiten Kategorie noch auf ihre Chance warten, weil sie derzeit noch ein entscheidendes Ausschlussrisiko aufweisen. Hätte zum Beispiel Thailand keine Militärregierung, die die Wirtschaft zu stark behindert, käme das Land in die engere Auswahl. In der heutigen realen Welt gibt es viele andere Beispiele, wo das wirtschaftliche Potenzial und die Anlagewürdigkeit nicht immer einhergehen. Südamerikanische Länder wie Venezuela oder Argentinien (beides Kandidaten) verfügen zweifelsohne über hohe wirtschaftliche Potenziale, für eine Anlage kommen sie jedoch aus wirtschaftspolitischen Gründen derzeit nicht in Frage. Das erste Land wegen der Währungsrisiken und Kapitalverkehrskontrollen, das zweite wegen der permanenten Gefahr einer Verstaatlichung. Diese wenigen Beispiele machen deutlich, dass die vorgenommenen Klassifizierungen immer Zeit bezogen sein müssen. Wird in Zukunft Argentinien eine wirtschafts- und wechselkursfreundliche Politik fahren und in Venezuela die populistische durch eine demokratisch-prowestliche Regierung ersetzt, steigen die Länder automatisch in den NEM14-Anlagefokus auf. Umgekehrt, könnten einige der heutigen NEM14-Länder aus vielen Gründen in Zukunft nicht mehr investierbar sein. Auch die Größe eines Landes spielt bei der Eingruppierung eine wichtige Rolle. Danach erfüllen einige kleine, effiziente baltische EU-Staaten nicht unsere Aufnahmekriterien.

NEM14-Land	NEM14-Kandidat	Warum ist der NEM14-Kandidat noch nicht anlagewürdig?
Mexiko	Argentinien	ökonomische Risiken
Chile	Kolumbien	politische Risiken
Indonesien	Peru	wirtschaftliche Risiken
Vietnam	Venezuela	politische Risiken
Türkei	Bangladesh	wirtschaftliche Risiken
Pakistan	Thailand	politische Risiken
Südafrika	Phillippinen	politische Risiken
Nigeria	Iran	politische Risiken
Ägypten	Saudi Arabien	politische Risiken
Polen	Algerien	politische Risiken
Ukraine	Weißrussland	politische Risiken
Kasachstan	Ghana	wirtschaftliche Risiken
Rumänien	Bolivien	politische Risiken
Tschechien	Myamar	politische Risiken

Abbildung 2: Die NEM14-Länder und die NEM14-Kandidaten

Vergleicht man unsere Auswahl mit den Anlagekonzepten der Großbanken, fällt die Ähnlichkeit mit dem Next-Eleven-Ansatz von Goldman Sachs auf. Das New Yorker Traditionshaus hat nach dem Erfolg seines BRIC-Konzeptes (2003) drei Jahre später weitere aussichtsreiche Börsenkandidaten unter den Entwicklungsländern definiert. Es dürfte nicht verwundern, wenn andere Analysten auf eine ähnliche Idee kommen. Bei einer Konzentration des Universums der Emerging Markets auf 10 bis 15 anlagewürdige Länder außerhalb der BRIC-Staaten ist die Auswahl der in Betracht kommenden Länder nicht sehr groß. In unserem NEM14-Depot führten, wie erwähnt, transparente Auswahlkriterien zum etwa gleichen Ergebnis. Es gibt folgende Abweichungen: Bei der Next-Eleven-Gruppe fehlen im Vergleich zur NEM14-Gruppe die fünf MOE-Länder sowie Südafrika und Chile. Stattdessen sind im NEM14-Depot Bangladesh, Iran, Korea und die Philippinen nicht enthalten. Darüber gibt es aus den gleichen Gründen eine weitgehende Übereinstimmung zwischen der breiteren NEM28-Gruppe mit der Länderauswahl nach dem Ansatz Thirth Wave (Dritte Welle) von der Deutschen Bank.

e. Schwellenländer/Emerging Markets

Die NEM-Länder sind eine Teilmenge der weiter abgegrenzten Kategorie der Schwellenländer. Unter den Entwicklungsländern mit einem „hohen" und „mittleren" Einkommen nach der Klassifikation der Weltbank, stehen einige weitere Staaten an der wirtschaftlichen Schwelle (daher auch Schwellenländer genannt) zu den Industrieländern. Sie werden als Emerging Markets oder als Emerging Markets Economies bezeichnet, was soviel wie aufstrebende Länder oder aufstrebende Volkswirtschaften bedeutet. Vor allem südostasiatische und lateinamerikanische Staaten zeigen seit 1990 ununterbrochen starkes Wachstum. Mittel- und längerfristig verfolgen alle Schwellenländer mehr oder weniger die gleiche Entwicklungspolitik. Ihre Grundelemente fußen in der staatlich geförderten Industrialisierung, der aggressiven Exportoffensive und letztendlich im Ausbau eines wettbewerbsfähigen Dienstleistungssektors. Daneben gingen hohe Entwicklungsbeiträge auf ausländische Direktinvestitionen zurück. In einigen Schwellenländern hat sich mittlerweile eine starke landeseigene Unternehmensschicht gebildet, die für den sich selbst tragenden Aufschwung der Binnenwirtschaft sorgt. Auch der Aufbau moderner Infrastrukturbereiche gewinnt zunehmend an Bedeutung. Die besonders erfolgreichen unter den Schwellenländer stehen heute auf einer vergleichbaren Entwicklungsstufe mit den asiatischen Tiger-Staaten und übertreffen bei vielen volkswirtschaftlichen Indikatoren signifikant die BRICs. Die beiden Länderkategorien werden unten beschrieben.

f. Tiger-Staaten (Südkorea, Taiwan, Singapur, Hongkong)
Die Entwicklungsgeschichte der asiatischen Tiger-Staaten sucht in der jüngsten Wirtschaftsgeschichte ihresgleichen. Sie wird noch Jahrzehnte für die „Habenichtse der Dritten Welt" als Musterbeispiel dienen. Weil sie ausnahmslos zu rohstoffarm und zu klein waren, um einen starken Binnenmarkt aufzubauen, konzentrierten sich die mutigen Tiger auf die Förderung der Exportwirtschaft. Begonnen hat die Exportexpansion mit der Importsubstitution und dem Aufbau der Leichtindustrie, insbesondere der Textilwirtschaft, die durch die extrem niedrigen Löhne begünstigt wurde. Flankierend wurden in kurzer Zeit weitere Exportsektoren aufpoliert. Japan war, damals wie heute, ihr wichtigster Wirtschaftspartner und Kapitalgeber. Nach einer Dekade musste irgendwann das verführerisch erfolgreiche Entwicklungsmodell von den Nachzüglern „kopiert" werden. Durch hohe Sparquoten, enorme Währungsüberschüsse und den erwähnten Zufluss von Auslandskapital gelang es jedoch zwischenzeitlich den Tigern, andere moderne Industrien aufzubauen und der nachrückenden Konkurrenz zu entkommen. Am Ende der Entwicklung, die bereits über 20 Jahre andauert, steht in der Tiger-Region die Intensivierung der High-Tech-Branchen bis zur vollen Wettbewerbsfähigkeit mit den Industrieländern. Heute verwischt sich zusehends der Unterschied zwischen den Ostasiaten und den westlichen Industriestaaten. Die Kapital-, insbesondere die Aktienmärkte der vorgestellten Vierer-Gruppe sind inzwischen stark entwickelt und hoch kapitalisiert. Sie sind mittlerweile allerdings stark mit den übrigen Weltbörsen korreliert, was sie sehr anfällig für Schwankungen des Weltmarktes macht. In diesen Märkten überdurchschnittliche Anlagechancen zu finden, halten wir deswegen für problematisch.

g. BRIC-Länder (Brasilien, Russland, Indien, China)
Die BRIC-Region ist nach dem heutigen Entwicklungsstand als die Vorstufe der Schwellenländer einzuordnen. Die Größe der einzelnen Länder erlaubte ihnen – anders als bei den Tiger-Ländern – aus eigener Kraft über den Ausbau der Binnenwirtschaft zu bestehen und zu wachsen. Daneben gelang es ihnen, ihre Volkswirtschaften exportfähig zu entwickeln. Das Startzeichen für den Beginn der marktwirtschaftlichen Entwicklung gaben die internen Liberalisierungs- und Deregulierungsprozesse in der Wirtschaft. Außenwirtschaftlich gesehen, besitzt heute jedes der BRIC-Länder einen spezifischen Wettbewerbsvorteil, der sich plastisch mit folgenden Stichworten beschreiben lässt:

– Brasilien – ist die „Plantage" (Landwirtschaftsprodukte) der Welt
– Russland – ist das „Rohstofflager" (strategische Rohstoffe) der Welt
– Indien – ist das „Büro" (IT- und andere Dienstleistungen) der Welt
– China – ist die „Werkbank" (verarbeitende Industrie) der Welt

Die BRIC-Länder besitzen zwar unverändert gute Voraussetzungen für eine dynamische Entwicklung auf der Basis der aufgebauten Wirtschaftskraft. Ihre klaren Wachstumsattribute bleiben die hohen Devisenreserven, die starke Positionierung als strategische Rohstofflieferanten und potente Exporteure auf den globalen Absatzmärkten, stabile Währungen, politische Stabilität, hohes Wirtschafts- und Bevölkerungswachstum, entwickelte Kapitalmärkte und schließlich der Ruf als gefragter Investitionsstandort. Auch wenn es augenblicklich danach nicht aussehen will, dürften die Anlagechancen in dieser Region bald etwas gedämpft werden, da die Aktienmärkte hier massiv „vorgelaufen" sind. Damit sollte „BRIC" als Anlagethema weniger nachgefragt werden. Das Auslandskapital sucht sich immer wieder Investitionsmöglichkeiten. Nicht zuletzt wird es auf dieser Suche auf die NEM-Länder stoßen müssen.

Fazit:

> Die vorgenommene Einteilung der Welt in verschiedene Wirtschafts- und Investitionsregionen und die Herausstellung der NEM-Länder stellt nur eine der möglichen Konzepte dar. Rund um den Globus sind Dutzende von Gruppierungen anzutreffen, die entweder auf vertraglicher Basis bestehen und dann die Bezeichnungen von Unionen, Räten, Abkommen, Organisationen, Blöcken oder Pakten tragen, oder namenlosen, theoretisch-akademischen Konstrukten entspringen (Billiglohnländer, Sahel-Zone, Schwarzmeer-Raum, Agrarstaaten). Die Unterscheidungskriterien können wirtschaftlicher, politischer oder regionaler Natur sein. Zwar stehen jedem Autor in dieser Frage alle Wege offen, dennoch sollte seine Klassifizierung zweckdienlich erscheinen. Würde dieses Buch mehr marketingorientiert sein, könnten unsere Anlagefavoriten ebenso gut als „Top 14", „The best 14" oder auf deutsch „Die 14 neuen Favoriten" getauft werden. Die Aufgabe dieses Buches ist es, die vierzehn attraktivsten Börsenkandidaten unter den Schwellenländern zu finden. Ob nun die Favoriten diese Anlagelücke füllen können, muss im Einzelnen untersucht werden.

Nachdem die Position der NEM14-Länder in der Weltwirtschaft geklärt wurde, wird auf die Verschiebung der Wirtschaftspotenziale von den BRIC-Ländern in die in den letzten fünf Jahren weltweit Börsenbesten eingegangen. Diese Verschiebung ist der Hauptgrund, warum den neuen Anlagefavoriten bessere Börsenchancen zugesprochen werden. Denn früher oder später werden wirtschaftliche Vorteile von der Börse honoriert. Die Hausaufgabe eines langfristigen Anlegers besteht nun darin, sich in den entsprechenden Ländern frühzeitig zu positionieren.

Vier Argumente sprechen für ein Kapitalengagement in den NEM-Ländern:

<u>Erstens</u>: Das erste Argument stellt auf die wirtschaftliche Bedeutung, das heißt auf die „ökonomische Masse" dieser Ländergruppe ab. Gemessen am globalen Bruttoinlandsprodukt (BIP) verschiebt sich dieser Schwerpunkt von der BRIC-Region in die NEM-Länder zusehends, was an den Weltwirtschaftsanteilen ersichtlich ist. Der nach der Kaufkraftmethode (Erläuterungen folgen) gemessene BIP-Anteil der ganzen NEM-Gruppe hat gute Chancen, in drei Jahren seinen Anteil von heute ungefähr 16 auf dann etwa 18 bis 20 Prozent zu erhöhen. Diese Verschiebung wird zu Lasten der Industrieländer gehen, während die BRIC-Bedeutung mit 24 bis 26 Prozent gleich bleiben sollte. Es dürfte sich daher allein unter diesem Aspekt lohnen, über Anlagechancen in einer Region nachzudenken, die bald etwa ein Fünftel der Weltwirtschaftskraft umfassen wird. Außer dem BIP sprechen die Bevölkerungsentwicklung sowie andere Faktoren, wie die enormen Währungsreserven, für eine solche Potenzialverschiebung.

<u>Zweitens</u>: Neben dem absoluten Anteil ist die Wachstumsdynamik wichtig. Denn die Börsen honorieren bekanntlich wachstumsstarke und vernachlässigen wachstumsschwache oder stagnierende Märkte. BIP-Volumen und BIP-Dynamik ergänzen einander. Wenn beide Kriterien gleichzeitig erfüllt sind, steigen die Börsenchancen überproportional. Umgekehrt kann das Vorliegen nur eines Kriteriums hinderlich sein. Viele „Zwergstaaten", wie Singapur oder Hongkong, weisen zwar eine imposante Wirtschaftsdynamik aus, sind aber außerstande, eine gewichtige wirtschaftliche Masse (BIP-Volumen) aufzubringen. Wie in der mathematischen Beweisführung kann die Masse als die notwendige und die Dynamik als die hinreichende Bedingung für freundliche Börsen angesehen werden. Nach den Schätzungen des IWF werden die untersuchten Länder im Zeitraum von 2008 bis 2012 weiter stärker als die Weltwirtschaft wachsen (6 bis 7 Prozent versus 4,5 bis 4,8 Prozent p. a.). Selbst wenn diese Vorgaben nicht für jedes einzelne Land zutreffen sollten, hat der Anleger in einem Universum aus 14 Ländern immer noch eine größere Auswahl als vormals bei der BRIC-Gruppe (4 Länder) oder den Tiger-Staaten (ebenfalls 4 Länder), sich einen Favoriten auszusuchen.

<u>Drittens</u>: Dieses Argument knüpft an die beiden vorherigen an. Da die NEM14-Gruppe weder homogen noch unveränderbar ist, kann sie aufgrund wechselnder „Investitionsthemen" neu zusammengestellt, verkürzt oder verlängert werden. Der Katalog solcher möglichen „Investmentthemen" ist umfangreich und lässt sich beliebig erweitern. Er umfasst im realwirtschaftlichen Bereich Thematiken wie Rohstoffe, Energie, Infrastruktur, Demografie oder Touristik. Hinzu kommen Ideen aus dem monetären Bereich. Dort beziehen sie sich auf die Gründung neuer Wirtschafts- und Freihandelszonen, globale Fusionen oder verschiedenartige Währungsspekulationen. Je größer auch hier ein Länderuniversum, um so wahrscheinlicher ist es, dass eines dieser „Anlagethemen" auf der Aktivseite einer konkreten Länderbilanz zu finden sein wird. Der Anleger kann zudem gleichzeitig auf mehrere „Themen" setzen. Eine breite Streuung reduziert bekanntlich das Anlagerisiko. Wie eine alte Börsenweisheit besagt: Lege nicht alle Eier in einen Korb!

NEM 14-Land	BIP 2006 absolut (Mrd. USD)	BIP-Pro-Kopf in in USD in 2007*	BIP Kaufkraft 2006 (Mrd. USD)	Wachstum in % 2000- 2007* p. a.
Mexiko	840	5.900	1184	2,7
Chile	146	9.850	210	4,0
Indonesien	365	1.850	967	4,9
Vietnam	61	800	286	7,1
Türkei	402	6.300	671	4,5
Pakistan	127	870	426	5,0
Südafrika	255	5.670	618	4,3
Nigeria	116	1.270	188	5,6
Ägypten	107	1.440	353	4,3
Polen	341	8.060	578	3,9
Ukraine	106	2.900	365	7,2
Kasachstan	81	6.050	144	9,6
Rumänien	122	5.300	219	6,0
Tschechien	143	12.150	240	4,0
Zusammen	3212		6449	
Welt	48.245		67.062	
Anteil NEM 14 in %	6,7		9,6	
Anteil alle NEM in %	10,3		15,7	

* - für 2007 geschätzt
Quelle: bfai, wto

Abbildung 3: BIP und Wachstumsraten in den NEM-Staaten

Viertens: Schließlich können Verschiebungen in der engeren NEM14-Gruppe (Anlageländer) mit Veränderungen innerhalb der größeren NEM28-Gruppe (Anlageländer + Kandidaten) gerechtfertigt werden. Auch darf der Länderumfang nicht als ein starres Gebilde verstanden werden, das für alle Ewigkeit feststeht. Wie in die Bundesliga oder in den DAX Vereine bzw. Konzerne heraus- oder hereinkommen, so ist auch die Zusammensetzung der NEM28-Gruppe zu verstehen. Dabei sind die Gründe für eventuelle Umgruppierungen vielfältig. Zum einen könnte sich die Wirtschaftsentwicklung einiger Länder massiv verbessert haben, womit sie zur Kategorie der Quasi-Industriestaaten aufrücken und aus der Gruppe ganz herausfallen. Zum anderen ist ebenso ein Niedergang infolge einer verfehlten Wirtschaftspolitik, nachlassender ökonomischer Aktivität oder Zerstörungen durch innere Unruhen oder eine durch sozialistische Experimente verursachte Kapitalflucht denkbar. Dann ist das Land entweder aus dem engeren oder aus dem breiteren Universum heraus zu nehmen. Auch nicht verschuldete exogene Störungen, wie das Wegbrechen wichtiger Absatzmärkte oder Ölpreisschocks kommen häufig vor. Die Wirtschaftsgeschichte kennt genauso viele Beispiele von Entstehung wie vom Untergang großer Volkswirtschaften. Ein klassisches Beispiel lieferte in der letzten Zeit die Sowjetunion. Heute hat das neue moderne Russland bei weitem nicht die gleiche Stellung wie ihre imperiale Vorgängerin. Lehrreiche Exempel liefern auch die anderen Transformationsländer, die nach dem Zusammenbruch ihrer Planwirtschaften Anfang der Neunzigerjahre auf dem Wege zur Marktwirtschaft schwere makroökonomische Einschnitte und zweistellige Wachstumseinbrüche erleiden mussten. Wer damals diesen Ländern eine wirtschaftliche Zukunft abgesprochen hätte, hätte sich schwer getäuscht. Denn heute zählen die

Aufsteiger zu den wichtigsten Wachstumsträgern der Weltwirtschaft. Es blieb damals nicht bei der Wirtschaft. Im gleichen Tempo brachen auch die Börsen der Region ein, bevor sie einige Jahre später zu den Besten auf diesem Globus avancierten.

Fazit:

> Vier Argumente sprechen für erfolgreiche Portfolioinvestitionen in den NEM-Ländern. Konkret sind es die wachsende wirtschaftliche Bedeutung und die überdurchschnittlichen Wachstumsprognosen für diese Region, das flexible Anlageuniversums und nicht zuletzt eine schier unbegrenzte Auswahl von möglichen „Investmentthemen" in einem großen Länderuniversum, das immerhin aus 28 Staaten besteht.

2. Investitionskriterien für die Kapitalmärkte der Neuen Emerging Markets

Zwischen der Politik, der Sozial- und Wirtschaftsordnung und dem Kapitalmarkt bestehen überall auf der Welt mehr oder weniger starke Interdependenzen. Jedes der vier Systeme kann nicht losgelöst vom anderen analysiert werden, ohne dass Fehlurteile passieren. Während jedoch in den westlichen Staaten vieles kodifiziert wurde und transparente „Spielregeln" seit Jahrhunderten bestehen, herrschen in zahlreichen Schwellenländern diesbezüglich zumindest unklare, wenn nicht sogar völlig undurchsichtige Verhältnisse. Die Besonderheiten der Politik sowie der Sozial- und Wirtschaftsordnung in einem „typischen" Schwellenland und ihr Einfluss auf das Kapitalmarktgeschehen sind Gegenstand dieses Kapitels.

Die nachfolgende Analyse erfolgt unter dem Blickwinkel der Entstehung von Unternehmensgewinnen in einem solchen „typischen" Land. Die gewonnenen Erkenntnisse mögen hier und dort erstaunen. Es passt nicht zu der im Westen verbreiteten Auffassung, dass Demokratie und Freihandel auf einer gewissen Entwicklungsstufe eines Landes störend wirken oder dass in autokratisch regierten Ländern Unternehmen bessere Gewinne erwirtschaften können. Solche Erkenntnisse sind dennoch zu akzeptieren. Entsprechen sie doch empirischen Beobachtungen. Seriöse Wertpapieranalysten sollten sich von der idealistisch-akademischen Interpretation trennen und sich der realistisch-pragmatischen Sicht der Dinge zuwenden. So sieht es konkret auch die Börse. Nicht auf das „Wie es sein sollte", sondern auf das „Wie es tatsächlich ist" kommt es dort an.

Weil er Vergleiche zu einem „Normalzustand" benötigt, kommt der Analyst ungeachtet dieses Postulats von der Frage nach dem „Wie es sein sollte" nicht ganz weg. Denn zu massive Regelverletzungen der einzelnen Systeme werden auch von den fernen Kapitalmärkten nicht akzeptiert. Während der inländische Investor mit diesen Unzulänglichkeiten leben muss, hat der Ausländer die Wahl in einem solchen Land nicht zu investieren. Denn nichts ist so scheu, so misstrauisch wie das internationale Kapital. In ein vom Ausland boykottiertes Schwellenland fließt infolge von Regelverletzungen nicht nur kein Kapital, sondern das inländische Kapital verlässt es oft auf legalem oder illegalem Wege. Der heimische Kapitalmarkt „trocknet aus", wie es umgangssprachlich heißt. Es ist wichtig, Grundregeln einzuhalten.

Analysten müssen für die Funktionsweise des Kapitalmarktes in einem NEM-Land also erst die notwendigen Mindestvoraussetzungen definieren. Ein solcher Versuch kann sowohl auf dem theoretischen als auch auf dem praktischen Wege gelingen. Was in einem Land noch toleriert wird, muss im anderen nicht mehr akzeptiert werden. Es ist daher schwierig eine Allgemeinaussage zu treffen. Insofern sind die geforderten Mindeststandards als „Durchschnittserwartungen" zu verstehen, die als noch tolerierbare Abweichungen von den in den Industrieländern üblichen Verhältnissen definiert werden können.

Damit der misstrauische Anleger die Möglichkeit hat, die nunmehr folgenden Thesen selbst nachzuprüfen, werden nur allgemein zugängliche Informationsquellen verwendet. Dem Privatanleger soll nur so viel Erklärung geliefert werden, wie er ohne weiteres Studium „erfassen" kann. Dies gilt insbesondere für die Statistiken. Zu viel Statistik verunsichert, zu wenig lässt den Blick auf richtige Größenordnungen vermissen. Das Bedeutsame lässt sich dann vom Unwichtigen nicht mehr eindeutig unterscheiden. Die an einigen Stellen gemachten Zahlenvergleiche unserer Ländergruppe mit den westlichen Industrieländern (zum Beispiel mit Deutschland) oder mit den BRIC-Staaten sollen die besonders krassen Unterschiede aufzeigen. Sie werden allerdings selten vorgenommen, damit ganze Passagen nicht zur einer schlichten „Erbsenzählerei" ausufern.

Skeptiker werden zu Recht fragen: Wozu dieser ganze Aufwand? Wozu braucht der Privatanleger all diese Informationen, stehen ihm doch umfangreiche Bankexpertisen zur Verfügung? Hierin sehen wir gerade ein Problem. Er soll seinem Bankberater nicht grundsätzlich misstrauen, vielmehr in Beratungsgesprächen als gleichwertiger Gesprächspartner auftreten. Diese Vorstellung klingt anspruchsvoll, ist aber dennoch nicht unrealistisch. Vielleicht will unser Privatanleger, nachdem er auf den „Geschmack" gekommen ist, sich selbst mit der nicht einfachen Materie befassen. Am Ende des Buches sind ausgewählte Links zu interessanten Webseiten zu finden.

In den Wirtschaftsmagazinen – zu nennen sind hier exemplarisch das „Manager Magazin", „Capital", „Der Spiegel" oder „Focus Money" sowie die Sonderbeilagen im „Handelsblatt" und der „FAZ" – findet er viele, oft auf den ersten Blick mit schwierigen Wirtschaftsfragen überfrachtete Länderberichte. Wenn er diese Materie nicht sofort versteht, kann er an dieser Stelle beruhigt werden. Denn die dargestellten Zusammenhänge stellen kein exklusives Expertenwissen dar, sondern sind einfache Konklusionen, welche mit dem gesunden Menschenverstand zu ergründen sind. Wenn dem Privatanleger bewusst wird, dass die Analysten auch „nur mit Wasser" kochen, wird er schnell die Scheu vor ihren Expertisen ablegen. Die vorliegende Arbeit soll ihm bei seinen Bemühungen als Unterstützung dienen und eine erste positive Anregung liefern.

2.1 Politische und soziale Kriterien

2.1.1 Politische Stabilität

Wie beeinflusst die Politik die Unternehmensgewinne und damit die Börse?

Bevor interessierte Auslandsinvestoren eine Kapitalinvestition in einem Schwellenland tätigen, werden sie prüfen, inwiefern dort die Investitionskriterien erfüllt sind. Die Beschreibung dieser Kriterien erfolgt im ersten, dem theoretischen Teil dieses Buches. Im zweiten Teil wird untersucht, wie weit die aus Börsensicht chancenreichsten Länder diese Kriterien erfüllen und welche Anlagebesonderheiten sich hieraus ergeben.

Wie erwähnt, dreht sich an der Börse de facto alles um die Unternehmensgewinne. Einzelne Investitionskriterien sind also darauf hin zu untersuchen, ob sie wirtschafts- und insbesondere unternehmensfreundlich sind, ob sie die Gewinne fördern oder, im Gegenteil, behindern. Kontinuierlich steigende Gewinne sind das Ergebnis eines robusten Wirtschaftwachstums, einer boomenden Konjunktur und letztendlich ausschlaggebend für die funktionierenden Kapitalmärkte, vor allem für die steigenden Aktienkurse. Eine bekannte Weisheit sei vorab an dieser Stelle angebracht: Das Wachstum ist nicht alles, ohne Wachstum ist aber alles nichts!

Neben der Konjunktur – auf die wird später eingegangen – haben politische und soziale Rahmenbedingungen starken Einfluss auf die Unternehmensgewinne. Was nützen einem Unternehmer noch so hohe Bruttogewinne, wenn ihm der Erfolg zum großen Teil „weggesteuert wird" oder er über dessen Verwendung nicht frei entscheiden kann? Solche Fragen werden nicht von der Wirtschaft, sondern von der Politik beantwortet. Somit ist die Politik als wichtiger Bestandteil in den Katalog der Investitionskriterien aufzunehmen. Ähnliche Beachtung ist dem Bildungs- und dem Gesundheitssystem zu schenken, wenn zum Beispiel überflüssige Normen und teure Verordnungen zum lästigen Kostenfaktor werden.

Schon bei der politischen Stabilität, taucht das Problem ihrer „Messbarkeit" auf. Hier wird nur eine qualitative Aussage möglich sein. Es ist schwierig, bereits die einfache Frage zu beantworten, ob, wie und warum ein politisches System die Entstehung der Unternehmensgewinne überhaupt beeinflusst. Das dabei als Pauschalerklärung häufig verwendete „Wirtschaftsklima" ist eine Größe, die sich in Zahlen nur schwer ausdrücken lässt. Der offensichtliche Zusammenhang zwischen der Börse und der Politik dürfte – falls er überhaupt besteht – nur indirekter Natur sein.

Durch die vielen „Wenn" und „Aber" darf unser Anleger nicht gleich zu Beginn der Lektüre entmutigt werden. Erwartet er doch von Fachleuten klare Aussagen. Er wird ein wenig irritiert sein, da die wirtschaftlichen Faktoren der Gewinne ihm verständlich erscheinen. Diese Klarheit erwartet er auch von der Analyse der politischen und sozialen Faktoren. Es müssen demnach Wege gefunden werden, ihm diesen Zusammenhang verständlich zu erklären.

Einen brauchbaren Anhaltspunkt liefert die Ordnungspolitik, ein Gebiet der Wirtschaftspolitik, das vor mehr als 50 Jahren von den deutschen Ökonomen von Hayek, Eucken und Müller-Armack (die Begründer der sogenannten Ordoliberalen Schule) formuliert wurde. Das Thema Ordnung war schon immer eine deutsche Stärke, nicht nur auf dem analytischen Gebiet. Was ist aber Ordnungspolitik und welchen Erklärungsansatz liefert sie für unsere Fragestellung? Im engen Sinne bezeichnet sie alle staatlichen Maßnahmen, die auf die rechtlichen und organisatorischen Rahmenbedingungen des Wirtschaftens ausgerichtet sind. Dazu gehören insbesondere die Fragen der Eigentumsordnung, die Wettbewerbs- und Antikartellgesetze, die Regelung des Vertrags- und Haftungsrechts und schließlich die Tarif- und Arbeitsmarktordnung. Zwar wurde die Ordnungspolitik keineswegs für die Schwellenländer ins Leben gerufen, dennoch dürften ihre Erkenntnisse im Wirtschaftsleben überall auf der Welt Anwendung finden. So sehen es auf jeden Fall die Wertpapieranalysten.

Die nachfolgenden Ausführungen werden nicht auf die qualitativ-verbalen „Wenn-Dann"-Aussagen beschränkt, sondern um einige quantitative Messkonzepte (Indikatoren) erweitert. Diese Aufgabe ist nicht einfach. Selbst wenn es seitens der Analyse gelingen sollte, solche Konzepte zu finden, bleibt immer noch offen, welche numerischen Werte sie aufweisen müssen, damit der Ordnungspolitiker und der ihm folgende Anleger zufrieden gestellt werden.

Ein einfaches Beispiel mag dies verdeutlichen. Steht fest, dass von allen möglichen politischen Kriterien eine niedrige Staatsquote am stärksten das Wachstum und die Unternehmensgewinne fördert, ist mit dieser „Entdeckung" allein nicht viel gewonnen. Die Hauptfrage, welche Quote für ein Land die günstigste ist, bleibt unbeantwortet und erlaubt viele Interpretationen. Zwei Extremfälle sind denkbar. Eine zu hohe Quote könnte die Wachstumskräfte lähmen, da hohe Steuern die Unternehmensinitiative bremst. Es gibt allerdings auch eine zweite Seite der Medaille. Eine zu niedrige Staatsquote kann, zumal in Schwellenländern, zur echten Wachstumsbarriere werden, wenn das Geld in der Staatskasse fehlt und die vernachlässigte Infrastruktur und das marode Bildungssystem die Standort- bzw. Förderkosten übermäßig verteuern.

NEM 14-Land	Staatshaushalt 2006 in % des BIP	Haushaltssaldo in % des BIP
Mexiko	15	-5,9
Chile	18	7,9
Indonesien	8	-1,7
Vietnam	6	-6,3
Türkei	19	0,7
Pakistan	6	-7,4
Südafrika	13	0,6
Nigeria	10	> 0
Ägypten	10	-2,0
Polen	13	-3,9
Ukraine	10	< 1,0
Kasachstan	13	0,8
Rumänien	20	-1,9
Tschechien	28	-2,9
(-) - Defizit Quelle:bfai, unctad, CIA World Factbook 2007		

Abbildung 4: Staatsquoten und Neuverschuldung in den NEM14-Ländern

Die publizierten Staatsquoten (Staatshaushaltsanteile am BIP in Prozent) für die NEM14-Gruppe fallen auf den ersten Blick unglaublich niedrig aus. Sind solche Zahlen überhaupt realistisch? Werte unter 10 Prozent wären in einer westlichen Welt unvorstellbar, betragen doch bereits die durchschnittlichen Einkommensteuersätze mindestens 20 Prozent und der Staat verfügt darüber hinaus über Zusatzeinnahmen aus Verbrauchsteuern und Gebühren. Wie sieht es allerdings aus, wenn in einem Schwellenland kaum Steuern erhoben werden, der Staat keine echten Sozialaufgaben wahrnimmt und die „eigentliche" Volkswirtschaft sich außerhalb der offiziellen Marktwirtschaft abspielt? Dann werden womöglich 10 Prozent niemanden verwundern.

Am Anfang steht der Aufbau einer marktwirtschaftlichen Ordnung

In den Schwellenländern muss in der Regel eine marktwirtschaftliche Ordnung erst aufgebaut werden. Wie sehen die Einzelschritte und die Entwicklungsphasen auf dem Weg dorthin aus? Welches sind die Anzeichen für eine Beschleunigung dieses Prozesses und umgekehrt die Gefahren einer Verlangsamung? Diese Fragen dürften den ausländischen Finanzinvestor brennend interessieren. Ihre Beantwortung kann in mehrere Teilabschnitte zerlegt werden:

1. Hat ein Schwellenland Gesetze erlassen, die eine funktionierende Marktwirtschaft vorsehen?

Beobachter stellen fest, dass viele aufstrebende Länder ihre Gesetzgebung der rasanten Entwicklung vom Agrar- zum Industrieland nicht anzupassen vermochten. Sie haben zwar von den ehemaligen Kolonialmächten geerbte Rechtssysteme. Diese Kodizes reichen im allgemeinen Zivilrecht aus, nicht aber wenn es um moderne Fragen des Wirtschaftsrechts geht. Im Zweifel werden Verträge mit Ausländern nach dem internationalen Recht abgeschlossen.

Den Auslandsinvestor wird vorrangig die praktische Normenumsetzung interessieren. Er wird fragen, ob von der dortigen Legislative die Marktwirtschaft anstelle der Planwirtschaft mit mehr oder weniger starken Staatselementen überhaupt gewollt wird. Der Staat kontrolliert gern überall auf der Welt und sieht darin eine wichtige Aufgabe. Nicht ohne Grund beklagen westliche Investoren in den Schwellenländern die fehlende Rechtssicherheit und die staatliche Willkür. Aber nicht nur dort tun sie es. Laut Befragungen haben Weltkonzerne mehr Angst vor Prozessen in den USA als in den massiv gerügten Ländern Russland oder China. Zudem muss der Investor in den Schwellenländern eine wirkliche Rechtsbarriere von der allgegenwärtigen Korruption unterscheiden, die als wesentlicher Teil der Transaktionskosten einer Investition kalkuliert werden kann. Wie ein Rechtssystem de facto funktioniert, lässt sich am ehesten anhand von Erfahrungsberichten erfragen. Eine reine Deklamation seitens offizieller Stellen wird einer wahrheitsgetreuen Lagebeschreibung nicht gerecht. Werden doch alle betroffenen Ländern nach außen marktwirtschaftskonforme Regelwerke vorgeben.

Einige Indikatoren erlauben weitere Aussagen darüber, ob die reale Rechtsordnung des untersuchten Landes nun wachstumsfreundlich oder -hinderlich ist. Der Doing Business Indicator der Weltbank (www.weltbank.de) gibt zum Beispiel Auskunft über Probleme bei der Aufnahme von Bankdarlehen, die Dauer für die Eröffnung eines Unternehmens oder für die Durchsetzung von Verträgen. Je kürzer diese Zeiten ausfallen, umso positiver die Einschätzung der Investoren. Günstige Werte können allerdings eine schlichte Falle bedeuten. Denn viele Regierungen beabsichtigen, das Auslandskapital schnell ins Land zu locken und verkürzen die notwendigen Genehmigungsverfahren. Nicht selten fangen erst danach die eigentlichen Probleme an. Denn das bereits investierte Kapital kann dann in der Regel das Land nicht mehr oder nur unter großen Schwierigkeiten verlassen. Unseriöse kurzsichtige Praktiken werden sich allerdings schnell herumsprechen. Wer mehrmals die Investoren enttäuscht hat, wird irgendwann deren Vertrauen verlieren. So einfach lauten die Spielregeln.

Die Analyse des formalen Rechtssystems ließe sich um zahlreiche Detailfragen erweitern. So wäre es zum Beispiel interessant zu erfahren, welche der Wirtschaftrechte einen Verfassungsrang genießen. Ist das Eigentum durch die Landesverfassung geschützt?

2. *Besitzt ein Schwellenland neben den formalen Regularien starke und stabile Institutionen, die eine Durchführung der marktwirtschaftlichen Ordnung garantieren?*

Es kommt ferner vor, dass manche Regierungen freundlich zur Marktwirtschaft eingestellt sind, während die verkrustete Bürokratie diese torpediert, wenn nicht sogar offen bekämpft. Die staatlichen Institutionen müssen stabil und zuverlässig sein, nicht selten von Grund auf reformiert werden, wenn sie den Gesetzesauftrag erfüllen und den Aufbau der Marktwirtschaft durchsetzen wollen. Auf die Gefahr hin, dass es irgendwann langweilig klingen wird, ist die alte Binsenweisheit zu wiederholen: Unsicherheit und Instabilität schrecken die Investoren ab. Sie behindern die unternehmerische Initiative und machen die ökonomische Kalkulation unmöglich.

Lässt sich im Wirtschaftsalltag die Funktionstüchtigkeit (Effizienz) staatlicher Institutionen messen oder irgendwie anders beurteilen? Um hierauf eine Antwort zu finden, gilt es alles zu analysieren was unter den Begriffen „Rechtspflege" und „Rechtsklima" im breitesten Sinne zu verstehen wäre.

Wir greifen an dieser Stelle erneut auf Bekanntes zurück. Der Investor weiß, dass es auf die Anzahl der Ämter und ihre wohlklingenden Namen nicht ankommt. Wenn morgen Nigeria ein neues Ministerium für Auslandsinvestitionen gründet, heißt dies für den Auslandsinvestor noch gar nichts. Erst spezielles Wissen um das „Rechtsumfeld", wie das Entlohnungssystem der Staatsbeamten und Richter, um die Haftungsregeln der Staatsorgane, die Vergabemodalitäten von Staatsaufträgen oder um die Klageusancen gegen bürokratische Entscheidungen bringt ihn womöglich weiter. Er wird sicherlich hier die vorerwähnten Quellen zu Rate ziehen müssen und erfährt mehr über die lokalen Rechtsgepflogenheiten aus den Erfahrungsberichten westlicher Geschäftsleute und den Urteilen internationaler Schiedsinstanzen als aus den Rankings und Kennzahlen, geschweige denn dem bloßen Paragrafenstudium.

Angaben zu diesen Spezialfragen sind sporadisch in der Fachliteratur, den Magazinen oder Informationsdiensten der Verbände, in den Sonderstudien der Forschungsinstitute oder in den Broschüren spezialisierter Stellen für die Außenhandels- und Wirtschaftsförderung (in Deutschland bei www.bfai.de) zu finden. Eine erste Hilfe bei der Suche kann problemlos das Internet liefern (zum Beispiel www.finanzlinks.de). Skeptisch zu beurteilen ist dagegen das vorgenannte Research spezialisierter Investmentbanken. Banken wollen ihre neu kreierten Finanzprodukte zu den verschiedenen „Schwellenland-Themen" verkaufen und müssen die Wirtschaftslage in diesen Ländern positiv darstellen. Wer kann ihnen das verdenken?

3. Zeichnet sich die Wirtschaftpolitik eines Schwellenlandes – insbesondere seine Ordnungspolitik – durch die erforderliche Kontinuität aus?

Jede Wirtschaftspolitik ist umso wirkungsvoller, je marktwirtschaftsfreundlicher und je dauerhafter sie angelegt ist. Ständig wechselnde Gesetze, Verordnungen, unklare Gesetzesinterpretationen verunsichern, fördern eine abwartende Haltung und behindern eine langfristige Planung. Nur wenn die inländischen Unternehmen eines Schwellenlandes langfristig planen können und einen festen Kalkulationsrahmen vorfinden, werden sie in die Wirtschaft investieren.

Gleiche Überlegungen gelten für ausländische Kapitalgeber – die Direkt- und Portfolioinvestoren -, welche Beteiligungen oder Aktien respektive Anleihen von inländischen Unternehmen erwerben wollen. Investoren suchen, wenn möglich, langfristige Anlagemöglichkeiten und haben kein Interesse, ihr Kapital rund um den Globus unsicher „vagabundieren" zu lassen.

Für die gewünschte „Kontinuitätsmessung" der Wirtschafts- und Ordnungspolitik gibt es leider ebenfalls kein allgemeingültiges Konzept. Als brauchbare Hilfsinstrumente kämen wohl in diesem Fall Angaben über die Häufigkeit der Gesetzesänderungen, die Anzahl der bestehenden Gesetze oder die parlamentarischen Änderungsvorlagen in Betracht. Ernsthafte Gefahren einer unsicheren und unsteten Wirtschaftspolitik gehen zudem von der Vielzahl zersplitterter Parteien und dem häufigen Koalitions- und Regierungswechsel aus. Günstig aus Anlagersicht ist es, Länder mit stabilen parlamentarischen Mehrheiten zu beurteilen, die darüber hinaus eine mehrjährige realistische Wirtschafts- und Finanzplanung vorweisen können. Zu ihnen gehören China, Indien und Mexiko.

4. Ist das untersuchte Schwellenland in die politische und wirtschaftliche Weltkarte eingebunden?

In der Menschheitsgeschichte überdauerte jedes Wirtschaftssystem höchstens ein paar Hundert Jahre. Der hoch gerüstete Ostblock – allen als Sozialismus gut in Erinnerung –, der als wirtschaftliche Alternative zum westlichen Kapitalismus vielen Entwicklungsländern lange Zeit als Vorbild diente, zerfiel nach knapp 70 Jahren.

In der letzten Zeit häufen sich die tatsächlichen und vermeintlichen Systemwechsel. Es steht zu befürchten, dass nach der kurzlebigen New Economy auch die Globalisierung bald von anderen Entwicklungen abgelöst wird. Die Kritiker dieser These werden bestürzt auf die Festigkeit des Kapitalismus hinweisen und die New Economy und die Globalisierung als seine Unterarten, also als „unechte" Systemwechsel, ansehen. Wie dem auch sei. Auf die Semantik kommt es in diesem Fall nicht an. Sicherlich werden die Wirtschaftsordnungen der Gegenwart nicht mehr in den Feudalismus zurückfallen. Vorsicht ist dennoch geboten. Die Wandlungen in Richtung mehr Plan- oder mehr Marktwirtschaft mit starken Mischelementen (Staatskapitalismus) sind heute auf der Tagesordnung. Die Welt bleibt im Wandel.

Den ausländischen Finanzinvestor interessieren in der untersuchten NEM-Region primär die Gefahren eines Rückfalls in sozialistisch-planwirtschaftlich geprägte Wirtschaftssysteme. Diese werden immer häufiger mit der These vom Rückzug der Demokratien in Verbindung gebracht. Das beunruhigt. Je nach politischer Machtkonstellation sind bestimmte der Marktwirtschaft feindlich eingestellte Regime durchaus in der Lage, sich hartnäckig (denkt man an Kuba oder an Nordkorea) über Jahrzehnte zu behaupten. Dort gibt es weder Kapitalmarkt noch Börse, sondern zunächst Enteignungen – so rufen verängstigte Stimmen.

Wie hängen Außenpolitik, Demokratie und Börsenerfolg zusammen?

Die Empirie zeigt, dass in politische und wirtschaftliche Weltorganisationen eingebundene Staaten wenig oder keine Neigung für diese planwirtschaftlichen Experimente zeigen. Dies mag zum einen am Reiz dieser demokratischen Strukturen, zum anderen an den wirtschaftlichen Vorteilen einer solchen Mitgliedschaft liegen, die als ein gewisser Stabilitätsbonus zu werten ist.

Der Aufnahmemodus in solche Organisationen ist relativ transparent. Anhand von Frühindikatoren lässt sich rechtzeitig erkennen, ob ein Schwellenland in Kürze mit einer verstärkten Einbindung in die Weltwirtschaft rechnen kann. Der Aufnahme eines Anwärters in eine Weltorganisation (WTO, EU, OECD, Weltbank) geht in der Regel die Mitgliedschaft in einem politischen und/oder militärischen Bündnis voraus. So waren die letzten EU-Beitrittsländer von 2004 lange Zeit davor NATO-Mitglieder. Die finanzielle Stützung der favorisierten Neuankömmlinge, – worauf de facto die wirtschaftliche Mitgliedschaft in den ersten Jahren hinausläuft, – kostet die Alt-Mitglieder Milliarden, wohingegen eine militärische Präsenz eher eine politisch willkommene Entlastung darstellt. Aus diesem einfachen Grund eilt die Aufnahme in eine wirtschaftliche Struktur grundsätzlich nicht. Am Beispiel der Türkei, dem Jahrzehnte treuen NATO-Verbündeten, aber ewigen „EU-Aspiranten" wird deutlich, wie lange selbst große Länder mit vagen Hoffnungen und Versprechungen warten müssen.

Dieses Muster könnte sich im Falle der Ukraine wiederholen, wobei die NATO-Mitgliedschaft der Ukraine als Druckmittel gegen Russland eine hohe Brisanz besitzt. Generell dürfte zutreffen, dass politisch opportunes Wohlverhalten gegenüber dem Westen früher oder später wirtschaftlich belohnt wird. Umgekehrt werden „Schurken-Staaten" mit einem Wirtschaftsembargo belegt. Wir haben dennoch einige Länder mit antiwestlichem Kurs in die NEM-Kandidatenliste aufgenommen. Denn vor einer zu starken politischen Abneigung ist der Anleger prinzipiell zu warnen, haben doch „politische Börsen kurze Beine". Was politisch „zu beanstanden" ist, muss wirtschaftlich noch lange nicht schlecht sein. Unvoreingenommene Investoren wissen, dass bei einer nüchternen Chancenbeurteilung es nicht auf den Etikettenaushang, wie Demokratie, Autokratie, Diktatur, Junta, Sozialismus, Kapitalismus, „Gulasch-Kommunismus" oder „Bananen-Republik", sondern auf die wirtschaftlichen Tatsachen ankommt.

Das kommunistische China, für seine massiven Menschenrechtsverletzungen bekannt, schneidet wirtschaftlich dauernd besser ab als das parteipolitisch verzankte demokratische Indien. Auch im Falle Russlands prangerten unzählige Wirtschaftslaien immer wieder die „Demokratiedefizite" (Oppositionsverfolgung, fehlende Pressefreiheit) an und wunderten sich, dass die unmoralische Wirtschaft keine Kenntnis davon nehmen wollte. Über diese „Defizite" weiß der Westen heute besser Bescheid, als dass sich in der Ära Putin das Landeseinkommen je Einwohner verdoppelte. Nur die Börsianer ließen sich von der polemisierenden Semantik nicht beirren und machten fette Kursgewinne. Die gängige Formel Demokratie + Marktwirtschaft = Wohlstand hat wohl im Falle Russlands nicht ganz funktioniert.

Was lernt der ausländische Finanzinvestor aus diesen Beispielen? Wie ersichtlich, ist für eine funktionsfähige Wirtschaft und gute Börsenlaunen nicht unbedingt die Demokratie, sondern ein stabiles politisches System unabdingbar. In der frühen Aufbauphase, kann ein Schwellenland mit einem autoritären Regime besser vorankommen. Dazu eine einfache Begründung: Die Autokratie besitzt die Macht mit Zwangsmaßnahmen Kapital zu akkumulieren und dieses in wachstumsstarke Infrastrukturprojekte zu investieren. Erwies sich zum Beispiel die fehlende Infrastruktur als Engpass beim Rohstoffabbau, kann dessen Beseitigung sofort „blockierte" Wachstumskräfte freisetzen. Andere Beispiele überzeugen ebenfalls. Neben der Fähigkeit zur Kapitalakkumulation haben solche Regime die Möglichkeit, Fehlentwicklungen zu verhindern, die mit einer ungehemmten Landflucht, der Verarmung der Städte, der Bildung städtischer Armutsvierteln oder den Demografie bedingten Sozialkosten entstehen. So leiden überbevölkerte Megacitys in der Dritten Welt unter chronischer Überfüllung ihrer Nahverkehrsbetriebe, unter verstopften und verschmutzten Straßen, mangelnden Wasserleitungs- und gesundheitsschädlichen Abwassersystemen und nicht zuletzt den immensen Abfallproblemen. Strom- und Produktionsausfälle sind an der Tagesordnung. Wer das rechtzeitig verhindern kann, „rettet" Wachstum.

In unserem NEM14-Universum befinden sich Staaten, in denen nach westlichen Standards undemokratische Regierungsformen (Vietnam, Kasachstan, Pakistan) vorzufinden sind. Von den Pessimisten werden hier potenzielle Investoren auf die Gefahr der Unruhen und Spannungen hingewiesen. Das ist nicht gerade schön und es mag alles stimmen. Ist jedoch eine verkehrte Wirtschaftspolitik in einer angeblich lupenreinen Demokratie nicht viel gefährlicher für die Auslandsinvestoren? Werden dort für sie diskriminierende Kapitalverkehrkontrollen, hohe Steuern und Transferverbote eingeführt, nützen ihnen noch so schöne Kursgewinne und die vorbildliche Einhaltung der Menschenrechte herzlich wenig. Sie werden hilflos zusehen müssen, wie ihre schönen Vermögen bei einer Währungsabwertung rapide schmelzen und der Staat ihnen die Gewinne „wegsteuert". Sicherlich kein schöner Anblick!

Fazit:

Die politische Stabilität ist auch in einem Schwellenland die unabdingbare Voraussetzung für ein nachhaltiges Wachstum. Ihre wichtigsten Merkmale sind die funktionierenden Institutionen und wirtschaftsfreundliche Gesetze. Auch muss die Wirtschafts- und insbesondere die Ordnungspolitik eine Konstanz aufweisen, damit sie langfristig als berechenbar und vertrauenswürdig angesehen wird. Bestimmte Schwellenländer, die politisch „prowestlich" agieren, können mit einer stärkeren Einbindung in die Weltwirtschaft rechnen. Das bringt ihnen klare wirtschaftliche Vorteile und verbessert den Status unter den anlageinteressanten Ländern. Demokratie als Regierungsform ist dagegen als Investitionskriterium nicht unbedingt notwendig. Autokratische Regierungsformen können vielfach wirtschaftlich viel „schlagkräftiger" sein.

2.1.2 Soziale Rahmenbedingungen

Ähnlich umfangreich ist der Katalog sozialer Investitionskriterien. Wie im Falle der Politik gilt es auch hier zu prüfen, ob diese Kriterien die Unternehmensgewinne fördern oder behindern. Denn es ist zwar richtig, dass die Sozialpolitik „Kosten" impliziert und damit und ex definitionem die Unternehmensgewinne schmälert. Andererseits ist ebenso unstrittig, dass diese „Kosten" Sozialinvestitionen in den Produktionsfaktor Arbeit darstellen, die zur Steigerung seiner Arbeitsproduktivität führen müssen. Diese Aussage mag auf den ersten Blick naiv und akademisch klingen. Ist doch allerorts zu erfahren, dass in den Schwellenländern heute auf Kosten von Mensch und Natur ein beispielloses Raubwachstum betrieben wird, das selbst die berüchtigten englischen Verhältnisse aus der Frühzeit des Kapitalismus in den Schatten stellt.

Wenngleich soziale Restriktionen derzeit das schwächste Glied in der Kette der Investitionskriterien darstellen, ist schon aus reinen Vorsichtsgründen zu fragen: Stellen diese Gegebenheiten tatsächlich keine Wachstumsbarriere dar und sind sie damit für die Börse ohne jegliche Bedeutung?

Gesundheitssystem – gewöhnlicher Kostenträger oder Wachstumsfaktor?

Damit sich der Anleger im Dschungel der Sozialkriterien nicht verirrt, werden exemplarisch nur die drei Bereiche Bildung, Gesundheit und Arbeitsmarkt inklusive Altersversorgung analysiert.

Die Zusammenhänge auf dem Gebiet des Gesundheitswesens sind sofort einleuchtend, wenn es um die Verbreitung gefährlicher Epidemien und Seuchen geht. Viele Staaten Schwarzafrikas scheiden wegen der HIV-Epidemien von vornherein als Investitionsstandorte aus. In Ländern wie Botswana, Lesotho, Namibia, Simbabwe oder Swasiland liegt die Ansteckungsquote bei über 20 Prozent der Gesamtbevölkerung. Diese Länder gelangen sodann genauso so wenig in den Fokus ausländischer Finanzinvestoren wie Staaten, die Kinderarbeit, Rassendiskriminierung und andere Menschenrechtsverletzungen zumindest juristisch nicht verbieten. Geschehen solche Praktiken dennoch im Stillen und sind darin internationale Konzerne, Banken oder Fonds verwickelt, müssen diese mit einem Konsumenten- oder Anlegerboykott rechnen, wenn die Skandale publik werden.

Ansonsten tangiert das Gesundheitssystem die Ökonomie nur indirekt über die verschiedenen volkswirtschaftlichen Zusammenhänge. Eine gute Versorgung beeinflusst positiv die Lebenserwartung und vermindert die Kindersterblichkeit. Damit stimuliert sie das Bevölkerungswachstum, das eine wichtige Komponente des Wirtschaftswachstums darstellt. Letztendlich fördert das Gesundheitssystem auf diesem Umweg die Unternehmensgewinne.

Ist dieser Makrozusammenhang dargestellt worden, bereitet seine Umsetzung in die Anlagepraxis einige Probleme. Schwierigkeiten gibt es, wenn ein Investor nach den sozialen „Orientierungsdaten" für seine Kapitalanlage fragen würde. Wo liegen da die Grenzwerte? Kann ihm allein aufgrund der Intuition bei einer durchschnittlichen Lebenserwartung im Land X von 45 Jahren „noch" zur Investition, darunter aber nicht mehr, geraten werden? Wie sind darüber hinaus schlechte soziale Kennzahlen mit guten wirtschaftlichen Werten zu „verrechnen"? Würde Südafrika nicht viele andere positive Faktoren besitzen, die für eine Finanzinvestition sprechen, müsste es wegen der HIV-Ansteckungsrate von fast 19 Prozent aus unserem Anlageuniversum ausgeschlossen werden.

Formal gesehen kann das Gesundheitssystem eines Landes mit Hilfe einer Reihe von spezifischen Indikatoren abgebildet werden. Die gängigsten, von der Weltgesundheitsorganisation empfohlenen Kennziffern sind die durchschnittliche Lebenserwartung, der Bevölkerungsanteil zwischen 15 und 64 Jahren, die Anzahl der Ärzte pro 1.000 Einwohner oder die Gesundheitsausgaben in Prozent des BIP. Diese Daten werden häufig um Angaben über die Ausstattung mit sanitären Einrichtungen oder über die Erfüllung von Umweltschutznormen ergänzt. Aufschlussreiche Schlussfolgerungen sind aus dem Urbanisierungsrad zu gewinnen. Ein Urbanisierungsgrad von zum Beispiel 60 Prozent in einem Land, das nur zu 10 Prozent von der Landwirtschaft lebt, weist auf strukturelle Fehlentwicklungen hin.

Aus Gründen der geringen Praktikabilität werden soziale Aspekte aus den Anlageempfehlungen entweder ausgeklammert oder allenfalls am Rande behandelt. Gehen Analysten in ihren Ausarbeitungen darauf ein, so beschränken sich ihre Thesen auf wenig Praxis orientierte Allgemeinheiten, wie „junge Bevölkerungen", „hoch motivierte und qualifizierte Arbeitskräfte", „beständiges dynamisches Bevölkerungswachstum", „anspruchsvolle Neukonsumenten" oder „verbesserte soziale Infrastruktur". Was soll der Anleger damit anfangen?

Bildungssystem – mit Wissen allein reich zu werden ist nicht einfach!

Wissen, das aus Bildung und Erfahrung resultiert, besitzt einen Wert per se. Für das Bildungssystem – der wichtigsten Wissensquelle – und dessen Auswirkungen auf das Wachstum gelten ähnliche Thesen wie beim Gesundheitssystem. Die Zusammenhänge sind hier allerdings viel konkreter. Unter den Experten ist unumstritten, dass Bildung in viel stärkerem Maße die Produktivität prägt als die vorgenannten gesundheitsspezifischen Faktoren. Kein Wunder, wenn viele kapitalschwache Schwellenländer für sich darin einen konkurrenzfähigen Wettbewerbsfaktor für ihre Entwicklungschancen entdeckt haben wollen.

Denn anders als beim Finanz- und Sachkapital werden beim Aufbau von Wissen keine Generationen benötigt und es lässt sich bereits in wenigen Jahrzehnten akkumulieren. Es besitzt zudem den Vorteil, einfacher übertragbar und vermehrbar zu sein. Im Gegensatz zum Sachkapital, das, einmal investiert, nicht ohne weiteres abgeschraubt und in Kisten verpackt an einen anderen Ort verbracht werden kann, ist Wissen unvergleichbar flexibler. Qualifizierte englisch sprechende Fachkräfte lassen sich in der Globalisierungsära überall auf diesem Globus einsetzen. Der Gewinn für das Entsendeland fließt sprichwörtlich in Form von Geldüberweisungen als Bonus zurück.

Wissenschaftliches und technisches Know-how kann für die ehrgeizigen NEM-Länder schnell zum Exportschlager werden. Damit muss nicht einmal ein Standortwechsel einhergehen. Heute benötigen Dienstleistungsanbieter oft nur eine geringe Kapitalbasis, um ihr Angebot von jedem beliebigem Teil der Erde (Call-Center, Analysten- und Ingenieurbüros, Abrechnungsstellen, Forschungslabors, Verlage) anbieten zu können. Selbst wenn Wissen wenig Kapital, aber vielleicht mehr Intelligenz benötigt, so ist es dennoch nicht umsonst zu haben. Wie Beispiele zeigen, sind sich qualifizierte Fachkräfte sehr wohl ihres Wertes bewusst. Sie suchen sich die wirtschaftlich potenten und gesetzgeberisch flexiblen Länder als Arbeitsstandorte aus. Während für die US-Greencard jedes Jahr Tausende hoch qualifizierter Kandidaten Schlange stehen, haben sich vor zehn Jahren für das bescheidene deutsche Kontingent von 10.000 IT-Spezialisten aus Nicht-EU-Ländern kaum Interessenten gemeldet. Das Projekt wurde im Vorfeld zerredet, kein Fachmann aus dem „unterbezahlten" Ausland wollte im überbürokratisierten Deutschland arbeiten.

Das Reservoir an hoch qualifizierten Facharbeitern, Ingenieuren, IT-Spezialisten und Wissenschaftlern wird in der Ökonomie als eigenständiger Produktionsfaktor, als sogenanntes Humankapital, angesehen. Weil sich ein Know-how-Angebot – wie angedeutet – allerdings nur in Kombination mit leistungsfähigem Englisch unterbreiten lässt, wird der hohe Stellenwert dieser Weltsprache verständlich. In einigen Ländern ist sie als zweite oder sogar erste Amtssprache gesetzlich etabliert. Anders als in dem national (nationalistisch?) geprägten Alteuropa – in der EU gibt es 25 Amtssprachen und Brüssel erinnert durch seinen Sprachenwirrwarr an den biblischen Turm von Babel – läuft ohne Englisch in gewissen Breitengraden gar nichts!

Vor diesem Hintergrund haben besonders die rohstoffarmen Schwellenländer in der Förderung ihres Bildungssystems ihre Chance erkannt, ohne übermäßigen Kapitaleinsatz den etablierten Industriestaaten auf den Weltmärkten Paroli bieten zu können. Das auf diesem Gebiet erreichte Niveau und die Intensität dieser Bemühungen lassen sich an einfachen Kennzahlen ablesen. Als die am häufigsten verwendeten sind neben dem Anteil der Bildungsausgaben am BIP die Alphabetisierungsrate (Anteil der schreib- und lesekundigen Bevölkerung in Prozent der Gesamtbevölkerung), die durchschnittliche Dauer der Schulbesuche in Jahren sowie die Zahl der Fach- und Hochschulbesuche pro 1.000 Einwohner zu nennen. Aus Wettbewerbsgründen sind Kennzahlen, die die „technische Intelligenz" abbilden, die also die Fach- und Ingenieursausbildung beschreiben, aussagekräftiger. Mit Allgemeinwissen kann man auf den Weltmärkten nicht viel Geld verdienen.

Die schwache Seite der Erklärungsversuche mit Hilfe von Kennzahlen liegt, ähnlich wie in anderen sozioökonomischen Bereichen, darin, dass sie nur die Input-, nicht aber die Outputseite widerspiegeln. Die Qualität des Wissens und der Bildung lassen sich schwer messen.

NEM 14-Land	Altersstruktur (Anteil unter 15J. in %)	Urbanisierungsgrad (Stadtbevölkerung in %)	Gesundheitsausgaben in % BIP
Mexiko	31	69	3,0
Chile	25	88	2,9
Indonesien	28	48	1,0
Vietnam	30	26	1,5
Türkei	28	67	5,6
Pakistan	38	35	0,4
Südafrika	33	59	3,5
Nigeria	44	48	1,4
Ägypten	34	43	2,2
Polen	16	62	4,3
Ukraine	15	68	3,7
Kasachstan	23	57	2,3
Rumänien	15	54	3,4
Tschechien	15	74	6,5

Quelle: bfai, Fischer:Weltalmanach 2008

Abbildung 5: *Ausgewählte Sozialindikatoren in den NEM14-Ländernin in 2006*

So viel versprechend die Idee klingen mag, sich mit Bildung und Humankapital einen Wettbewerbsvorteil zu schaffen, so schnell stößt sie in der realen Welt an Grenzen. Der vorsichtige Investor sollte daher nicht zu viel Hoffnung in diese Entwicklungsstrategie eines Landes setzen und seine Anlage allein auf das Thema „Dienstleistung", „Humankapital" oder „Bildungspotenzial" abstellen. Gerade die Erfolgsstory Indiens mahnt zur Bescheidenheit: Das als das „Büro der Welt" bekannte Land erwirtschaftet heute wertmäßig gerade 2 Prozent der globalen Dienstleistungen mit Outsourcing-Aufträgen, obwohl 20 Prozent der Inder in diesem Sektor beschäftigt sind. Des Rätsels Lösung für diese Disproportion liegt im internationalen Preisgefüge. Der einfache Angestellte einer westlichen Consulting-Firma dürfte im Jahr vielleicht so viel verdienen wie zwanzig Inderinnen in einem Call-Center. Beide sind aber Dienstleister, die spezifisches Wissen oder Können besitzen. So verhalten sich die statistischen Relationen!

Arbeitsmarkt und Altersversorgung – auch steigende Arbeitskosten müssen noch kein Desaster für die Börse sein!

Der Leser wird sich an die etwas „wirklichkeitsfremd klingende" These erinnern, dass Sozialausgaben und ein angemessenes Lohnniveau, auch in einem Schwellenland eine Langfristinvestition in den Produktionsfaktor Arbeit darstellen, die in Zukunft zu steigender Arbeitsproduktivität führen. Mit Blick auf die Armut, Massenarbeitslosigkeit, Unterbeschäftigung und massive Landflucht mag so keiner richtig glauben, dass die dortigen Arbeitgeber freiwillig bereit wären, ihren Arbeitnehmern nur einen Cent mehr zu zahlen, der über das Existenzminimum hinausgeht. Ist dieser Pessimismus gerechtfertigt?

Eine abweichende Meinung zum allgemeinen Konsens sei an dieser Stelle erlaubt. Es ist eine verkürzte Vorstellung, die Arbeitsmarktproblematik beschränkt sich allein auf die Arbeitnehmerrechte und die Lohnfindung. Wäre dem so, würde die gewünschte Konstellation für den Anleger einfach lauten: Je schwächer die Arbeitnehmerrechte (kein Streikrecht, Verbot freier Gewerkschaften), insbesondere in Lohnfragen (Diktat statt Tarifverhandlungen, Existenzlöhne als Regel), umso so günstiger ist dies für die Gewinne. Es wäre eine leichte Aufgabe im NEM-Universum Länder zu finden, auf die diese beiden Merkmale zutreffen.

So einfach liegen die Dinge allerdings nicht. Empirische Beobachtungen und ökonomische Argumente widersprechen diesem Szenario. Auf einige Beispiele lohnt es sich hinzuweisen: Zwar trifft es zu, dass niedrigere Löhne ex definitionem höhere Gewinne bedeuten. Dies scheint aber nur vorrangig für die Industriestaaten zu gelten, wenngleich zuletzt weltweit ein von der Globalisierung ausgehender starker Druck auf die Lohnkosten zu beobachten war. In der Bundesrepublik hat sich in den vergangenen 10 Jahren die Lohnquote von 72 Prozent auf etwa 67 Prozent ermäßigt. In den meisten Schwellenländern sind die Quoten je nach Land jedoch mit 30 bis 40 Prozent so extrem niedrig, dass sie kein dominierendes „Kostenproblem" darstellen. In der Kostenstruktur dortiger Unternehmen spielen Posten wie Energie- und Transportkosten eine viel größere Rolle. So gesehen besteht für die lokalen Unternehmer durchaus ein beträchtlicher Verteilungsspielraum. Die Kapitalrenditen wären auch nach einer drastischen Lohnerhöhung immer noch hoch genug, um die Börsianer zufrieden zu stellen. Dies gilt in jedem Fall für die ausländischen Finanzinvestoren, die solche Renditen in ihren Heimatländern nicht erzielen können.

NEM 14-Land	BIP-Pro-Kopf in USD	Sparquote in % des BIP	Arbeitslosenquote in % Beschäftigung
Mexiko	5.900	20	3,6*
Chile	9.850	30	8,0
Indonesien	1.850	26	11,0
Vietnam	800	28	5,6
Türkei	6.300	20	9,9
Pakistan	870	18	7,7*
Südafrika	5.670	17	26,0
Nigeria	1.270	40	20,0
Ägypten	1.440	16	10,5*
Polen	8.060	18	14,9
Ukraine	2.900	27	6,4
Kasachstan	6.050	33	7,8
Rumänien	5.300	15	7,3
Tschechien	12.150	27	7,1

* - starke Unterbeschäftigung
Quelle: bfai, Fischer:Weltalmanach 2008

Abbildung 6: *Durchschnittseinkommen, Sparquoten und Arbeitslosenquoten in den NEM 14-Ländern (2006)*

Offizielle Statistiken helfen leider nicht, die getroffenen Aussagen zu konkretisieren. Weil Direktangaben zu den Lohnquoten nicht vorliegen, muss auf Hilfs- und Ersatzstatistiken zurückgegriffen werden. Besonders wenig Verlass ist dabei auf die Arbeitsmarktstatistik, obwohl diese der beste Indikator für den vorliegenden oder eben fehlenden Lohndruck wären. Arbeitslosenquoten, die auf Befragungen und nicht Registrierungen beruhen – so unter anderem in den USA – und in Arbeitsmärkten ermittelt wurden, die ein hohes Maß an Unterbeschäftigung ausweisen, sind wenig vertrauenswürdig. Nichtsdestotrotz lassen sich bereits aus Hilfsstatistiken bestimmte Trends erkennen, wenn sie mit anderen Quellen (Lohnkosten, Einkommensverteilung, BIP-Struktur) logisch übereinstimmen.

Verblüffend ist die fehlende Korrelation der Sparquoten mit den Einkommens- und Arbeitslosenzahlen. Eins steht auf jeden Fall fest: Würden in den untersuchten Ländern nur Hungerlöhne gezahlt, fielen die Sparquoten extrem niedrig aus. Das Gegenteil ist aber der Fall, was besonders der vergangene Aktienboom in einigen dieser Länder belegt. Bei dem damaligen Massenphänomen war völlig ausgeschlossen, dass nur die lokalen „Reichen" gespart und an der Börse investiert hätten. Berichten zufolge sollen es die Kleinanleger gewesen sein, die die Kurse in die Höhe getrieben haben.

Gegen die Hungerlohn-These sprechen zudem die kräftigen temporären Lohnerhöhungen, die weit über die Inflationsraten und die Gewinnsteigerungen der Unternehmen hinausgehen. Dies mag daran liegen, dass Lohnanpassungen nicht regulär, sondern in Schüben erfolgen.

Für höhere Löhne spricht in einigen NEM14-Ländern folgendes Phänomen. Besonders in den Ländern Lateinamerikas und zum Teil in den MOE-Staaten avancieren die ohnehin staatlich beeinflussten Gewerkschaften hin und wieder zu einem willkommenen Verhandlungspartner. Sie fungieren zwar für die politischen Machthaber in der Regel als gewöhnliche Stimmenbeschaffer und Kontrollinstanz zur Disziplinierung der Massen. Trotz dieser eher unrühmlichen Aufgabe darf ihre wirtschaftliche Relevanz aber nicht übersehen werden, wenn sie zur Durchsetzung staatlicher Konjunktur- und Stabilisierungsprogramme eingespannt werden. So dürfen Gewerkschaften als Verbündete der Regierung auf bestimmte Rechte hoffen. Im Kampf um die Abschaffung der oft spartanischen IWF-Stabilisierungsauflagen werden die Arbeitnehmervertreter von der Politik nicht selten missbraucht. Einen spürbaren Beistand wird es ihrerseits aber nur dann geben, wenn es bezüglich der Lohnhöhe und Arbeitsbedingungen vorher Kompromisse gab. Aus purem Selbsterhaltungstrieb greift in diesen Fällen der Staat mit Arbeitsgesetzen und Mindestlohnverordnungen prohibitiv ein und sieht sich gern in der Rolle des „ehrlichen Maklers" im Streit zwischen den Arbeitsmarktkontrahenten. So unterstützt man sich gegenseitig. Wenn es um den wirtschaftlichen Protest gegen das „feindliche" Ausland geht, sind Streiks in vielen Entwicklungsländern ein häufigeres Bild als im demokratischen Westen.

Ein weiteres Argument bedarf einer zusätzlichen Erläuterung. Angesichts der fehlenden Statistiken werden die Löhne in diesen Regionen fälschlicherweise aus den niedrigen Stundenlöhnen hochgerechnet, ohne die dortigen signifikant langen Arbeitszeiten zu berücksichtigen. Daraus werden falsche Rückschlüsse gezogen. Fallen in Westeuropa nur 1.700 bis 1.900 Arbeitsjahresstunden als Regel an, sind in der untersuchten Ländergruppe 2.300 bis 2.400 Stunden keine Seltenheit.

Damit ist unser Repertoire an Beispielen noch keineswegs ausgeschöpft. Der These von Hungerlöhnen widersprechen vor allem die ökonomischen Argumente. Das häufig unterstellte Massenüberangebot an Arbeitskräften entspricht heute schon lange nicht mehr der Realität und trifft keinesfalls auf den qualifizierten Facharbeiter zu. In Südafrika ist heute der Facharbeiter Mangelware. Er ist auch in anderen Schwellenländern „kostbar" geworden und wächst erst nach einem langen Umschulungsprozess aus dem gewöhnlichen Wander- und Industriearbeiter heraus. Daneben entsteht durch die staatlich gelenkten Sonderwirtschaftszonen mit dortigen Anreizen für die Beschäftigten (höhere Löhne, sozialer Wohnungsbau) quasi einen dualer Arbeitsmarkt. Die um Einfluss bemühten regionalen Gewerkschaften versuchen in der Regel eine sich bildende „Zwei-Klassen-Gesellschaft" unter den Arbeitnehmern zu verhindern. Die Regierungen dürften sie bei diesem Vorhaben unterstützen. Politiker haben vor dem Hintergrund des zitierten Machterhaltes ein vitales Interesse an einer zufriedenen Arbeiterschaft, die im Vergleich zu den Millionenheeren der Arbeitslosen als stabilisierender Faktor anzusehen ist. Wer Arbeit hat, rebelliert nicht.

Damit kann als Zwischenergebnis festgehalten werden, dass steigende Löhne nicht immer eine Bedrohung für die Unternehmensgewinne und die Börsenkurse bedeuten müssen.

Zu guter Letzt gibt es einen weiteren direkten Faktor, der die Aktienkurse in einem NEM-Land über das mit dem Arbeitsmarkt zusammenhängende System der Altersvorsorge beeinflusst. Die in die Pensionsfonds fließenden Rentenbeiträge können über den Liquiditätszufluss die Kapitalmärkte positiv tangieren. In den lateinamerikanischen und osteuropäischen Staaten, in denen die kapitalgedeckte Rente und die Pensionsfonds dominieren, schreibt der Staat in der Regel vor, wie die Pensionsgelder anzulegen sind. Logischerweise wird dieses Kapital primär in die eigene Volkswirtschaft (Aktien und Renten) fließen. So greift der Gesetzgeber ungewollt in das Kapitalmarktgeschehen ein und sorgt für freundliche Börsen. Der Effekt ist enorm. Bedingt durch den Massencharakter der anzulegenden Rentenbeiträge und die sehr langen Einzahlungszeiträume finden immense Kapitalansammlungen in den Pensionsfonds statt, die eine marktrelevante Nachfragekraft am betreffenden Kapitalmarkt darstellen. Gerade die Lösung in Chile stand für viele Transformationsländer Osteuropas (zum Beispiel Polen) Pate. Selbst im „reichen" Deutschland wird im Stillen gehofft, dass die Einführung der Pensionsfonds die „Germanen" zum Volk von Aktionären macht.

Fazit:

> Soziale Systeme (Gesundheit, Bildung, Arbeitsmarkt) haben nur indirekte Auswirkungen auf die Wirtschaft und das Wachstum. Als „Kosten" schmälern sie zwar die Unternehmensgewinne. Längerfristig führen sie jedoch zur Steigerung der Arbeitsproduktivität. Besonders Bildungsinvestitionen sind sehr rentabel. In den Schwellenländern dürften bereits kleine Verbesserungen der sozialen Infrastruktur überproportionale Produktivitätseffekte hervorrufen. In der Globalisierungsära werden die wettbewerbsfähigen Nationen dank des Know-hows, das sie aufgebaut haben, vom lukrativen Dienstleistungsexport profitieren. Hierin sehen viele kapitalarme Schwellenländer ihre größte, wenn nicht sogar die einzige Chance, den Anschluss an den Weltmarkt zu finden. Für den langfristigen Anleger gilt es nun-

mehr, diese aussichtsreichen „Dienstleistungsländer" innerhalb der NEM14-Staaten heraus zu finden. Auch die Form des Rentensystems und die Altersvorsorge können im System der kapitalgedeckten Rente den Kapitalmarkt stimulieren. Dieses System sorgt für einen kontinuierlichen Mittelzufluss und damit auf Umwegen für entsprechende Kursfantasie. Länder, in denen bereits enorme Volumina in den Pensionsfonds ruhen, sind für den Anleger besonders interessant.

2.2   Wirtschaftliche Kriterien

2.2.1   Wirtschafts- und Bevölkerungswachstum

Wirtschaftswachstum – ein nicht ganz einfaches Erfassungsproblem

Auf der Suche nach Anlagechancen in den NEM-Ländern sollte unser Investor ferner möglichst oft an eine weitere alte Börsenweisheit erinnert werden: Für die Kapitalmärkte generell und die Aktienmärkte insbesondere gelten dort die gleichen Börsengesetze wie anderswo auf der Welt. Danach sind Unternehmensgewinne und das Zinsniveau die wichtigsten Faktoren der Kursbildung. Steigende Gewinne treiben die Aktienkurse nach oben, weil ein Unternehmen welches pro Aktie mehr verdient, einen höheren Aktienkurs haben muss. Steigende Zinsen drücken dagegen die Aktienkurse nach unten, weil Anleihen, – die konstante Zinsen abwerfen – und Aktien in Konkurrenz um die begrenzten Anlegergelder stehen. Sind, wie in der Bundesrepublik zu Beginn der Neunzigerjahre, 10 Prozent Zinsen für 30-jährige Anleihen möglich, wird sich das Interesse für Aktien in Grenzen halten. Anleihen, die ein geringeres Risiko haben, werden grundsätzlich bevorzugt.

Wird – wie in diesem Buch – der Zinsaspekt ausgeklammert, beschränkt sich die Analyse der Kursfaktoren bei der Aktienanalyse auf die Unternehmensgewinne. Die sonstigen Gründe der Kursbildung bei den Aktien werden an einer anderen Stelle dieses Buches beschrieben. Die unten stehende Abbildung liefert uns eine Kurzaufzählung der wichtigsten mikro- und makroökonomischen Faktoren, die bei der Entstehung von Unternehmensgewinnen in Betracht zu ziehen sind. Weiterhin soll nur auf die Makrofaktoren in einem „typischen" Schwellenland eingegangen werden.

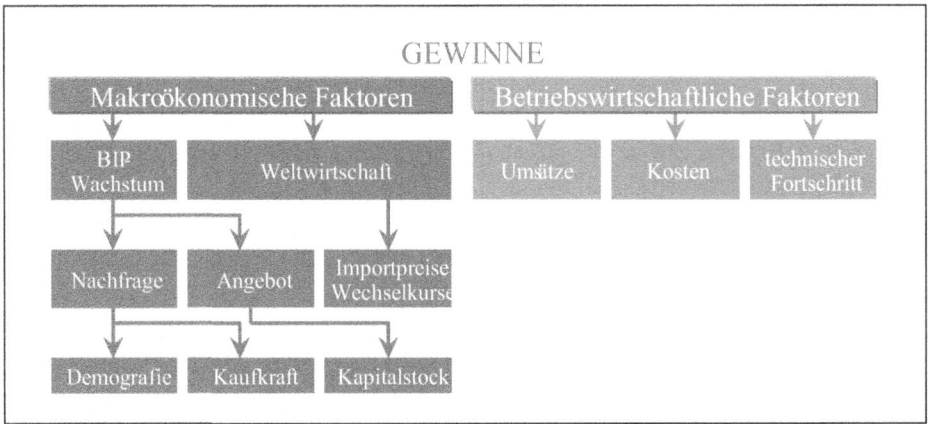

Abbildung 7: Wie entstehen Unternehmensgewinne?

Die makroanalytische Fokussierung führt uns zum Wachstum des Bruttoinlandsprodukts (BIP), das sich in der Volkswirtschaftlichen Gesamtrechnung (VGR) aus der Summe der Löhne und Unternehmensgewinne zusammensetzt. Nicht alles, was produziert wird oder andere wirtschaftliche Aktivität bedeutet, ist automatisch BIP-wirksam. Hierzu werden nur die Güter der sogenannten Endnachfrage berücksichtigt. Das, was im Produktionsprozess übrig bleibt, heißt im Unternehmen Gewinn, in der Volkswirtschaft Bruttoinlandsprodukt.

Es gilt zwischen der Entstehungs-, der Verteilungs- und der Verwendungsrechnung des BIP zu unterscheiden. Die beiden letzten Rechnungen sind für den Kapitalmarkt relevant. In der Verwendungsrechnung unterscheiden wir als Bestandteile den Konsum (staatlicher und privater), die Investition und den Außenbeitrag (Exporte minus Importe).

Formelmäßig gelten demnach für die absoluten Größen und (vereinfacht) für die Wachstumsraten folgende Gleichungen:

Verteilungsrechnung

$$BIP = Arbeitseinkommen + Gewinne$$

Verwendungsrechnung

$$BIP = Konsum + Investition + Außenbeitrag$$
$$BIP = Konsum + Sparen$$

Wie gezeigt, sind für die Börse die Unternehmensgewinne wichtiger als die Löhne (Arbeitseinkommen). Gemäß der Verteilungsrechnung steigen diese, wenn entweder die Löhne fallen, das BIP steigt oder beides gleichzeitig passiert. Im Unterschied zu den Industrieländern stellen Löhne in den Schwellenländern keinen ernsten Bremsfaktor für die Gewinne dar. Auf diesen Aspekt wurde anlässlich der Beschreibung der Lohnquote genauer hingewiesen.

So ganz einfach liegen die Dinge auch hier nicht. Der „Verteilungskampf" um das BIP vollzieht sich in den Schwellenländern auf einer anderen Ebene. Ausländische Kapitalanleger haben zu prüfen, ob die im Wachstumsprozess entstehenden Inlandsgewinne primär den hier ansässigen Auslandskonzernen oder den Inlandsunternehmen zufließen. Fließen sie primär den Konzernen zu, stimulieren sie deren Aktienkurse und nicht die der Inlandsunternehmen. Der Kapitalanleger wäre dann gut beraten, wenn er sein Geld in die Aktien der Konzerne und nicht in die der Inlandsunternehmen investiert. Wenn er dennoch auf die Aktien der Inländer setzen will, müssen diese an der heimischen Wertschöpfung in ausreichendem Maße beteiligt sein. Gleiches wie für die Gewinne gilt für die Inlandskonsumenten, deren Kaufkraft die Binnenkonjunktur stimuliert. Deswegen darf ihr Arbeitseinkommen nicht vorrangig für Importgüter ausgegeben werden. Besonders die bevölkerungsstarken Schwellenländer mit einer Einwohnerzahl von über 100 Millionen verfügen über ausgezeichnete Chancen, aus eigener Kraft zu wachsen und starke binnenwirtschaftlich orientierte Volkswirtschaften aufzubauen. Für dieses Wachstum brauchen die heimischen Unternehmen die Gewinne um Investitionen finanzieren zu können. Die Löhne der Konsumenten müssen im Lande bleiben und hier ausgegeben werden. Damit schließt sich der Kreis der wichtigsten Zusammenhänge.

Wirtschaftswachstum – Kapitalstock bestimmt das Angebot

Welches sind die ausschlaggebenden Wachstumskräfte und wodurch werden diese stimuliert? Die klassische Ökonomie unterteilt sie in verschiedene Angebots- und Nachfragefaktoren. Die nachfolgende Kurzanalyse beginnt mit der Aufzählung der wichtigsten Faktoren auf der Angebotsseite.

Während sich in den westlichen Ländern die Nachfrageschwäche vorwiegend als der Wachstumsbremser erweist, ist in den Schwellenländern dafür vor allem der unterentwickelte Kapitalstock (fehlende Produktionskapazitäten, schlechte Infrastruktur) verantwortlich.

Der Kapitalstock, der im Wirtschaftsprozess erneuert (Ersatzinvestitionen) oder erweitert (Erweiterungsinvestitionen) wird, lässt sich als die Summe aller in der Vergangenheit getätigten Erweiterungsinvestitionen definieren. Realwirtschaftlich besteht er aus Fabriken, Maschinen und Anlagen, Transportmitteln und der Infrastruktur (Straßen, Kanäle, Brücken, Häfen, Flughäfen, Raffinerien, Kraftwerke). Die Finanzierung der Ersatzinvestitionen erfolgt aus Abschreibungen, die Finanzierung der Erweiterungsinvestitionen aus nicht ausgeschütteten Unternehmensgewinnen (Innenfinanzierung) oder Krediten bzw. Investoren- und Eigentümeranlagen (Außenfinanzierung). Es leuchtet ein, dass wenn in einem Land die Erweiterungsinvestitionen wegen fehlender Finanzierung nur marginal getätigt werden, kein Kapitalstock aufgebaut werden kann.

Der Inhalt der sogenannten Produktionsgleichung des BIP erklärt auf relativ simple Weise, wie „seine Herstellung" erfolgt und welche Rolle der Kapitalstock dabei spielt. Danach setzt sich das BIP als Outputgröße aus der Summe der Teile, die durch den Produktionsfaktor Arbeit (AP * A) und den Produktionsfaktor Kapital (KP * K) erwirtschaftet werden, zusammen.

Produktionsgleichung des BIP

$$BIP = (AP * A) + (KP * K)$$
$$wBIP = (wAP + wA) + (wKP + wK)$$
w -Wachstumsraten

In komplizierten Wachstumstheorien wird als dritter BIP-Treiber der technische Fortschritt dazu gerechnet, der jedem Land, sozusagen von außen, zugute kommt. Dieses Bonbon ist in gewissem Umfang auf die kostenlose Verbreitung der Welttechnologie zurückzuführen. Wird aus Vereinfachungsgründen der technische Fortschritt vernachlässigt, kommt es in der Produktionsgleichung allein auf die Einsatzmengen der Produktionsfaktoren und auf ihre Leistungsstärke, die sogenannten Produktivitäten, an. Wir sprechen hier von der bekannten Arbeitsproduktivität und der Kapitalproduktivität (Leistungsfähigkeit des Kapitalstocks).

Die Kapitalproduktivität hängt von der Modernität des Kapitalstocks ab, da neue Technologien naturgemäß leistungsfähiger sind. Die Arbeitsproduktivität hängt vom Ausbildungsniveau der Arbeitskräfte, ihrer Motivation, der Organisation des Arbeitsprozesses und anderen Faktoren ab. Die beiden Produktivitäten bedingen einander. Kann ein moderner Kapitalstock nicht sachgerecht bedient werden oder bleibt er nicht ausgelastet, – was letztendlich vom Faktor Mensch abhängt – nützt auch die teure moderne Technologie wenig.

Zwar kann kurzfristig das BIP-Wachstum durch eine verstärkte Auslastung der vorhandenen Kapazitäten (Überstunden) gelingen. Langfristig kommt aber ein Land mit Wachstumsambitionen um neue Erweiterungsinvestitionen nicht herum. Es leuchtet ebenso ein, dass der kombinierte Einsatz der Produktionsfaktoren immer nur in bestimmten Grenzen erfolgen kann. Ein Land kann nicht beliebig das BIP-Wachstum steigern, indem es seinen im Überfluss vorhandenen Produktionsfaktor Arbeit bis zur physischen Ausschöpfung einsetzt. Irgendwann stößt diese „Produktionstechnik" auf abnehmende Grenzerträge. Wenn an einer Maschine zu viele Arbeiter eingesetzt werden, behindern sie sich gegenseitig und der Ausstoß sinkt. Der beste Arbeitswille allein erzeugt noch kein Wachstum, wenn es an technischen Produktionsanlagen mangelt. Die utopischen Experimente der Rot-Chinesen während Maos Kulturrevolution, die damals mit den in jedem Dorf aufgestellten primitiven Stahlkochern und der heroischen Arbeitsanstrengung so viel Stahl erzeugen wollten, bis der westliche Klassenfeind überholt wird, sprechen eine eindrucksvolle, wenngleich groteske Sprache.

Der Kapitalstock wächst jährlich durch neue Investitionen. Die Investitionsquote, – definiert als Anteil der Investitionsausgaben am BIP – gilt als der zuverlässigste Indikator für das Angebotspotenzial einer Volkswirtschaft. Der Zusammenhang zwischen ihr und der Sparquote ist nicht zwingend, wie häufig behauptet wird. Nehmen wir dazu folgendes Beispiel: Wenn die Banken in einem NEM-Land keine Kredite geben, die Unternehmer keine Gewinne machen und zu guter Letzt das Ausland nicht investieren will, bleibt von einer hohen Sparquote der Inländer für die Investitionstätigkeit nichts übrig, wenn sie voll zur Finanzierung des Staatsdefizits (hohe Beamtengehälter) aufgebraucht wird. Das Sparen schafft nur Finanzierungsspielraum. Wofür dieser verwendet wird, ist eine andere Frage. In unserem Beispiel wäre trotz hoher Sparquote kein Geld für Investitionen da. Die Investitionsquote läge bei Null.

Auch die erwartete Korrelation zwischen der Investitionsquote und dem BIP-Wachstum ist statistisch schwer nachzuweisen. Eine Schnelleinschätzung für die NEM14-Länder kann dies voll bestätigen. Diejenigen von ihnen, welche die niedrigsten Investitionsquoten von unter 20 Prozent haben (Pakistan, Südafrika, Ägypten), konnten respektable Wachstumsraten vorweisen, während umgekehrt die Staaten mit eher hohen Quoten (Tschechien, Rumänien, Kasachstan) sich relativ wachstumsschwach präsentieren. Hierfür könnten die stagnierende Bevölkerung und/oder die niedrigen Produktivitäten die Ursache sein. Im Falle von Vietnam, das aus der Reihe fällt, ist die Welt wieder in Ordnung. Hohes Wachstum ist dort Folge einer hohen Investitionsquote. Was die Finanzierungskomponente anbelangt, stimmen bei mehreren Ländern (Mexiko, Tschechien, Polen, Ägypten, Pakistan, Südafrika) die Investitions- und Sparquoten überein, während sie bei Nigeria oder Rumänien wiederum völlig auseinander laufen. Alles in allem ein sehr inhomogenes Bild, das keine generellen Aussagen zulässt.

NEM 14-Land	Wachstum in % 1980 - 2005	Sparquote (brutto) in % des BIP	Investitionsquote (brutto) in % des BIP
Mexiko	5,5	20	21,2
Chile	4,7*	30	23,4
Indonesien	7,8	26	22,7
Vietnam	6,7*	28	35,6
Türkei	7,4	20	25,7
Pakistan	5,2*	18	17,3
Südafrika	5,1	17	17,6
Nigeria	3,5*	40	22,3
Ägypten	4,9*	16	16,6
Polen	5,0	18	20,0
Ukraine	3,8*	27	19,1
Kasachstan	3,2*	33	24,0
Rumänien	3,1*	15	24,8
Tschechien	3,3*	27	27,8

Quelle: bfai, Fischer:Weltalmanch 2008
* - 1997 - 2007

Abbildung 8: Wachstum, Investitions- und Sparquoten in den NEM14-Ländern

Wirtschaftswachstum –
Bedarf und Finanzierung bestimmen die Nachfrage

Ohne die Nachfrage, namentlich die Konsumentenaufträge, wird es kein Angebot und keine Produktion geben. Zwar wird bei fehlender Nachfrage häufig auf Lager produziert, um einen Stillstand der Produktionskapazitäten zu vermeiden. Lange hält dennoch kein Produktionsunternehmen solch eine Flaute durch. Im Dienstleistungssektor sieht die Situation etwas komfortabler aus, aber auch hier werden die Arbeitskräfte nicht zu lange in Wartestellung gehalten. Werden primär fest angestellte Mitarbeiter beschäftigt, sind Löhne zu zahlen, egal ob die Angestellten ausgelastet sind oder nicht.

Die Stärke der Nachfrage hängt keinesfalls allein von den reinen Bedürfnissen ab, sondern vom verfügbaren Einkommen der Konsumenten. Es genügt also nicht zu behaupten, die Schwellenländer haben einen riesigen Nachholbedarf und müssen deswegen automatisch Wachstum generieren. Neben der Kaufwilligkeit ist die Kauffähigkeit also genauso wichtig. Immer wieder berichten Marketingteams und Analysten – bewusst oder unbewusst – von „riesigen Absatzchancen" in diesen Ländern und vernachlässigen den offensichtlichen Finanzierungsaspekt. Dabei lässt sich doch die dortige Kaufkraft der Konsumenten relativ einfach aus vorliegenden Einkommensstatistiken ermitteln. Bei 3.000 US-Dollar Jahreseinkommen pro Kopf werden keine Wunder zu erwarten sein.

In den meisten Schwellenländern kommen erschwerend soziale Ungleichgewichte hinzu. Die zitierten 3.000 US-Dollar sind als ein Durchschnittswert zu verstehen, der in der Alltagswirklichkeit breiter Bevölkerungsschichten kaum vorkommt. Dieser Wert ergibt sich zum Beispiel dann, wenn zwei Prozent der reichsten Einwohner ein Jahreseinkommen von 100.000 US-Dollar haben und 98 Prozent der Armen aber mit kläglichen 1.000 US-Dollar pro Jahr auskommen müssen. Eine schiefe Einkommensverteilung hat Konsequenzen für den Wachstumsprozess. Ökonomen ist seit langem das Gesetz der abnehmenden Konsumneigung bei steigendem Einkommen bekannt. Nur hohe Konsumausgaben kurbeln die Inlandskonjunktur und den Produktionsprozess an. Die lapidare Aussage, dass auch die reichen Eliten ihr Geld irgendwo ausgeben müssen und theoretisch einen Ersatz für den Konsumausfall der Armen schaffen würden, bringt keine Lösung. Denn die Eliten geben ihr Geld vornehmlich für Reisen, importierte Luxusgüter und Devisenbeschaffungen aus, also für Verwendungen, von denen der konjunkturwirksame Massenkonsum nicht begünstigt wird. Diese Wachstumshemmung wird in vielen euphorischen Länderanalysen übersehen. Für den kritischen Beobachter lohnt es sich daher, die internationalen Statistiken etwas genauer unter die Lupe zu nehmen. Die einfachsten Kennziffern basieren auf dem Vergleich der reichsten 10 Prozent (20 Prozent) zu den ärmsten 10 Prozent (20 Prozent) der Gesamtbevölkerung. Genauere Aussagen liefert der Gin-Index, der das Einkommensspektrum der Gesamtbevölkerung in einer Formel berücksichtigt. Der landesspezifische Aspekt ist dabei strikt zu beachten. Die ärmsten 10 Prozent der Deutschen könnten, als Gruppe gesehen, womöglich zu den 10 Prozent reichsten in Nigeria zählen.

NEM 14-Land	Platz in der Weltliste nach Gini-Index	Verhältnis der reichsten 10% zu den ärmsten 10%
Mexiko	109	45
Chile	113	40,6
Indonesien	43	7,8
Vietnam	59	9,4
Türkei	70	13,3
Pakistan	35	7,6
Südafrika	116	68
Nigeria	105	24,9
Ägypten	44	5,1
Polen	42	8,6
Ukraine	18	6,4
Kasachstan	30	7,5
Rumänien	21	8,1
Tschechien	5	5,2
Quelle:CIA World Factbook 2007		

Abbildung 9:   *Einkommensverteilung in den NEM14-Ländern*

In der Auswertung der NEM14-Staaten fällt das starke Ungleichgewicht in Südamerika auf, was nicht nur für Mexiko und Chile, sondern auch für Brasilien gilt, das erstaunlicherweise selbst weit hinter Indien, dem Inbegriff der Armut schlechthin, liegt. Der offensichtlich sehr schwach ausgebildete Mittelstand dürfte in Südamerika einer überzeugenden Erklärung die attestierte Schiefe liefern.

Welche Kräfte initiieren oder verhindern nun den beschriebenen Wachstumsprozess in einem „klassischen" Schwellenland?

Eingangs ist zu prüfen, ob der Wachstumsschub von externen (exogenen) oder von den internen (endogenen) Kräften ausgelöst wird. Wenn er von außen kommt, gehen dessen Impulse auf die Öffnung der Auslandsmärkte, die günstige Entwicklung der Exportpreise oder das herein fließende Auslandskapital zurück. Das Wachstum wird in diesem Fall dem untersuchten Land de facto „geschenkt", weil es dessen Anstrengungen hierbei nicht bedarf. Schwieriger ist es dagegen, die endogenen Gründe zu identifizieren. Grundsätzlich werden dabei als Wachstum unterstützend alle Maßnahmen angesehen, die zur Schaffung von marktwirtschaftlichen Verhältnissen führen. Sei es durch die neue Rechtssicherheit, die wirtschaftsfreundlichen Reformen oder die Verbreitung von akzeptierten Leistungsanreizen in allen Gesellschaftsschichten. Auf vorgenannte Aspekte wurde anlässlich der Beschreibung der politischen, sozialen und wirtschaftlichen Rahmenbedingungen fallweise eingegangen. Damals wurde allerdings nicht gefragt, wie realistisch eine solche, etwas esoterisch wirkende Erklärung ist.

Ginge es hierbei allein nach den Vorstellungen von Maria Vargas Llosa, des peruanischen Schriftstellers und Präsidentschaftskandidaten, ist Armut heute nicht mehr eine Frage des Schicksals, sondern eine Frage des Wollens jedes Einzelnen. Jede Nation hat es in der Hand, reich zu werden oder arm zu bleiben. Motivation ist alles! Soviel die freie Interpretation. Daran mag einiges wahr sein, wenngleich unseres Erachtens das Wachstum schon etwas mehr als reine Absichten benötigt. Verliefe alles so unkompliziert wie beschrieben, wäre die Lehre von den Produktionsfaktoren überflüssig. Absicht, Motivation, Ehrgeiz, Eifer, Initiative, Reformen sind allein für sich genommen keine Produktionsfaktoren. Dennoch werden sie mit Sicherheit die Arbeitsproduktivität beeinflussen.

In der realen Welt beginnt der Start eines Wachstumsprozesses häufig mit einem Regierungswechsel und umfangreichen Reformen, die aus dem Umdenken der politischen Eliten hervorgehen. Es kommt in der Wirtschaft zu der so oft schon zitierten Initialzündung. Die Umwälzungen in allen BRIC-Ländern bestätigen weitgehend diese These. Erst die Jahrzehnte von Irrungen und Wirrungen während der kommunistischen Herrschaft konnten Russland (Ära von Glasnost und Perestrojka unter Gorbatschow) und China (postmaoistische Reformen unter Deng Xiaoping nach der gescheiterten Kulturevolution) auf den „richtigen Entwicklungsweg" bringen. Von einer vergleichbaren, wenn auch gewaltfreien Vorgeschichte hätten Indien (Reform von Rao nach Beendigung der Herrschaft des Ghandi-Clans) und Brasilien (Reformen nach Jahrzehnten Militärdiktatur) zu berichten. Leider lassen sich die wirtschaftlichen Erfolgsaussichten solcher Initialzündungen nicht a priori erkennen und einige Staaten (Chile, Indonesien) haben auf ihrem Weg zur Marktwirtschaft bittere Rückschläge hinnehmen müssen, bevor sie heute wieder in der ersten Liga mitspielen dürfen.

Länder, die im Besitz von wirtschaftlichen Potenzialen sind (darauf wird später eingegangen), haben es sehr viel leichter, Wachstumskräfte zu aktivieren. Aber auch Länder ohne diese Vorteile sind im internationalen Wachstumsspiel nicht ganz chancenlos. Oft genügt bei der Initialzündung schon ein kleiner Impuls, um den multiplikativen Prozess in Gang zu setzen. Folgendes Beispiel mag dies verdeutlichen. Die Leser kennen die öffentlichen Konjunkturprogramme, welche nach der gängigen Meinung helfen, eine lahmende Wirtschaft zu beleben. Die Finanzierung solcher Programme erfolgt entweder – wie in den Westländern – über die Staatsverschuldung, wenn die Bürger Sparkapital besitzen. Oder sie wird – wie im Falle der unterentwickelten Länder – über die Auslandverschuldung dargestellt. Die Weltbank, der IWF und andere internationale Geldgeber sind von der UNO beauftragt worden, derartige „Anstoßprojekte" in diesen Ländern zu finanzieren. Insbesondere den kleinen und mittleren unter ihnen kann hierdurch ein erfolgreicher Start gelingen.

Ist der reformierten Wirtschaft erst einmal dieser Anfang gelungen, treten – falls externe Störungen ausbleiben – gewöhnlich Multiplikatoreffekte ein und der Wachstumsprozess gewinnt an Eigendynamik. Diese Multiplikatoreffekte resultieren aus den Skalenerträgen, sprich aus sogenannten Kostendegressionen, die mit steigender Produktionsmenge einhergehen. Infrastrukturinvestitionen liefern hierfür ein Paradebeispiel. Vom Segen der Skaleneffekte dürften im NEM14-Universum besonders die bevölkerungsreichen „Blockbuster" mit über 100 Millionen Einwohnern, wie Mexiko, Nigeria oder Pakistan profitieren. Diese Herausforderer sind willens und fähig in kurzer Zeit starke Binnenwirtschaften aufzubauen und müssen nicht so stark wie die Tiger-Staaten auf den Export und den launischen Weltmarkt setzen. Solche exportunabhängigen Binnenwirtschaften sind laut Definition in ihrer Entwicklung losgelöst von der Weltkonjunktur, was in Haussezeiten Nachteile, in der Rezession aber Vorteile bringt.

Wie sehr sollte internationalen Statistiken vertraut werden?

Welche Schlüsse hat der Anleger, der in einem der NEM14-Länder investieren will, aus der Fülle dieser Zusammenhänge zu ziehen?

Er sollte in erster Linie darauf achten, dass er von den vielen Rekordzahlen nicht getäuscht wird. Denn, wie überall auf der Welt, versuchen es diese Länder durch Statistiken und bilanzielle Gestaltungsmethoden sich ebenfalls „reich zu rechnen". Das ist nicht illegal und weltweit gebräuchlich. Erfolgsrhetorik und Propaganda gehören nun einmal im Wirtschaftsleben zum Alltagsgeschäft. Zudem dürften die untersuchten Staaten die „statistischen" Tricks angesichts geringerer interner Kontrollmöglichkeiten durch unabhängige Gremien noch intensiver anwenden. Den internationalen Regeln entsprechend, nehmen anschließend deutsche und westliche Medien und Offizielle nolens volens diese Zahlen in ihre Statistiken auf. Die Folge ist eine Fortsetzung der systematischen Fehler in der Zukunft. Auf diese Weise entsteht nach Jahren ein ganz falsches Bild.

Beliebte Makroaggregate, an denen immer wieder „herumkorrigiert" wird, sind neben dem BIP die Inflationsrate, die Arbeitslosenzahlen sowie die Daten zur Staats- und Auslandsverschuldung. In den letzten Monaten sind dabei besonders die Türkei und Argentinien negativ aufgefallen. Solche Zahlenspielereien erweisen sich dennoch für die Machthaber als nicht ungefährlich. Denn zu günstige Daten erzeugen bekanntlich Misstrauen. Spätere Aufdeckungen von offensichtlichen Fälschungen könnten den Zustrom der ausländischen Hilfe und Vergünstigungen durch internationale Geldgeber versiegen lassen.

Nicht nur bei den amtlichen Statistiken ist Vorsicht geboten. Obgleich die nichtamtlichen Statistiken häufig von namhaften Adressen, wie Universitäten, Forschungsinstituten, Geheimdiensten oder volkswirtschaftlichen Abteilungen der Zentralbanken stammen, beruhen sie oftmals auf gewöhnlichen Schätzungen. Wo es Schätzungen gibt, gibt es Fehler.

Auf zwei gefährliche Fehlerquellen gilt es den Investor aufmerksam zu machen.

Internationale BIP-Vergleiche ergeben nur dann Sinn, wenn sie in der gleichen Währung stattfinden. Bis auf wenige Ausnahmen wird hierfür der US-Dollar genommen. Folglich führen starke Wechselkursschwankungen der jeweiligen Landeswährung zum US-Dollar, die spekulativen Kapitalströme entspringen, zu unerwünschten Verzerrungen. Abgesehen davon herrschen in den Schwellenländern andere Preisniveaus als auf dem Weltmarkt. Wird auf der Basis der Kaufkraftparitäten (englisch: PPP = purchasing power parity) ein Wertvergleich der statistischen Warenkörbe vorgenommen, ergeben sich gänzlich andere Umrechnungskurse als bei den Wechselkursen. Kostet der vergleichbare Warenkorb in Mexiko 400 Peso und in den USA 100 US-Dollar, gilt die Umrechnungsrelation 4:1 (Peso zu US-Dollar) und nicht der offizielle Wechselkurs von derzeit etwa 10:1. Nach der Wechselkursmethode wären die BIP-Zahlen aller NEM-Länder im Vergleich zu den Industriestaaten stark unterbewertet. Als 2007 die Medien plötzlich Alarm schlugen, weil das chinesische BIP (Wert damals 2,5 Billionen US-Dollar) das der europäischen Staaten, wie Frankreich, Italien oder Großbritannien eingeholt hatte, so ist dies eigentlich eine Falschmeldung. Nach der Kaufkraftparität erwirtschaftete das Land der Mitte nämlich 9 Billionen US-Dollar und hätte die größten Europäer schon vor Jahren überholt. Geht es in dem beschriebenen Eiltempo weiter (die chinesische Wirtschaft wächst etwa drei bis vier Mal schneller als die amerikanische), werden die USA schon in 10 und nicht erst in 40 Jahren eingeholt. Dass diese Faktenlage gravierende Konsequenzen für die Anlagepolitik hat, versteht sich von selbst. Nach der Kaufkraft gemessen, werden Mexiko und Indonesien große Chancen eingeräumt, die vorgenannten europäischen Nationen spätestens in 20 Jahren zu überholen. An dieser Stelle bleibt dennoch zu erinnern: Es handelt sich hierbei jeweils um die absoluten und nicht um die Pro-Kopf-Berechnungen. Eine Nivellierung des Wohlstandgefälles geht mit diesen Rekordzahlen nicht einher.

Ein weiteres Beispiel, welches zu Irritationen führen könnte, ist der sogenannte „inoffizielle" Sektor. Neben dem staatlich erfassten offiziellen Teil der Wirtschaft existiert in vielen Schwellenländern eine bedeutsame „Schattenwirtschaft" („Parallelwirtschaft"), die nirgendwo steuerlich oder statistisch erfasst ist. Nach Schätzungen der Weltbank beträgt ihr Anteil in einigen Ländern Lateinamerikas und in Indien bis zu 50 Prozent der lokalen Gesamtwirtschaft, wonach das dortige BIP auch aus diesem Grund erheblich unterschätzt wird. Ein ähnliches Erfassungsproblem bildet der Naturaltausch im Handwerk und im Agrarsektor, der in Ermangelung einer genügend entwickelten Geldwirtschaft weit verbreitet ist.

Fazit:

> Der eindrucksvolle Wirtschaftsaufschwung der BRIC- und der Tiger-Staaten ist wachstumsbedingt. Am Anfang des Wachstumsprozesses stand die Entfesselung der „klassischen" Wachstumskräfte durch wirtschaftsfreundliche Reformen. Die von den internen Faktoren ausgehende Initialzündung wurde bald von den externen Faktoren (Außenhandel, Rohstoffnachfrage, geopolitische Lage) unterstützt. So konnten die bis dato latenten Defizitstaaten binnen kürzester Zeit zu wichtigen globalen Kapitalgebern aufsteigen. Sobald die Außenwelt die enormen Erfolge bemerkte, zog das Positivbeispiel bald neue Investoren heran. Es kam somit weiter zu neuen erheblichen Multiplikatoreffekten, ganz analog zum Börsenspruch „Die Hausse nährt die Hausse!" Wo viel Geld plötzlich in Strömen herein floss, stellte der immer noch unzureichende Entwicklungsstand der lokalen Volkswirtschaften keine echte Investitionsbarriere mehr dar. Das gute Standing tat das Weitere. Dabei ereignete sich der beschriebene Aufstieg in einer Zeitspanne, für die die meisten europäischen Länder einige Jahrhunderte benötigten. Es ist also nur folgerichtig, von einem „Wirtschaftswunder" zu sprechen. Eine ähnlich günstige Entwicklung ist aufgrund der Reformen, der klugen Wachstumspolitik und den vorhandenen Reserven (Potenzialen) zukünftig bei den NEM14-Ländern zu erwarten, welche in den oben zitierten Vorreitern die besten Vorbilder haben.

Bevölkerungswachstum –
ist Demografie ein Wachstumsfaktor per se?

Folgende Grundgleichung zeigt, wie sich das absolute BIP eines Landes aus der Multiplikation des durchschnittlichen BIP-Einkommens pro Kopf mit der Bevölkerungszahl ergibt (bei Wachstumsraten gilt die Addition entsprechend).

BIP	=	BIP / Pro-Kopf	x	Bevölkerungszahl
wBIP	=	wBIP / Pro-Kopf	+	wBevölkerung
w - Wachstumsraten				

Obwohl die Formel keine Kausalität darstellt, wird unten gezeigt, dass in vielen Fällen das BIP mit der Bevölkerungszunahme ebenfalls ansteigt.

NEM 14-Land	Bevölkerungszuwachs 1990 - 2005 in %	BIP-Wachstum 1980 - 2005 in %	Einwohner 2005 in Mio.
Mexiko	1,6	5,5	104
Chile	1,4	4,7*	16
Indonesien	1,4	7,8	221
Vietnam	1,6	6,7*	83
Türkei	1,6	7,4	72
Pakistan	2,3	5,2*	156
Südafrika	1,7	5,1	47
Nigeria	2,5	3,5*	132
Ägypten	1,9	4,9*	74
Polen	0,1	5,0	38
Ukraine	-0,7	3,8*	47
Kasachstan	-0,7	3,2*	15
Rumänien	-0,4	3,1*	22
Tschechien	-0,1	3,3*	10
Zusammen			1037
Welt			6438
Anteil NEM 14 in %			16,6
Anteil alle NEM in %			24,2

* - 1997 -2007
Quelle: bfai, Fischer:Weltalmanch 2008

Abbildung 10: Bevölkerungs- und Wirtschaftswachstum in den NEM14-Staaten

Wie erwartet, entfallen in einigen „jungen" NEM14-Gesellschaften (Nigeria, Ägypten, Pakistan) zwischen einem und zwei Dritteln des Wirtschaftswachstums auf die demografische Komponente. Wenn Nigeria in der Periode 1990 bis 2005 mit durchschnittlich 3,5 Prozent wuchs, entfielen allein 2,5 Prozent davon auf die Demografie! Dagegen wird in den alternden Gesellschaften der Transformationsländer das Wirtschaftswachstum ausschließlich mit nicht demografischen Faktoren (Kapitalstock, Produktivitäten) generiert. Ein demografisch bedingtes BIP-Wachstum ist kein Alleinstellungsmerkmal der Schwellenländer, sondern kommt auch in vielen Industrieländern vor. Die USA generieren zum Beispiel seit Jahrzehnten etwa ein Prozent ihres BIP-Wachstums aus der Zuwanderung, zwei bis drei Prozent sind dagegen operativen Ursprungs.

Ist also Demografie per se schon ein Wachstumsfaktor?

Die Antwort ist problematisch, wenngleich in manchen Bankstudien unkritisch der Slogan „Demografie als Wachstumschance" apostrophiert wird. Die Wahrheit wird irgendwo in der Mitte liegen. Erfahrungsgemäß führt selbst in den ärmsten Entwicklungsländern heute ein hohes Bevölkerungswachstum selten zu einer gleich starken Verarmung der Bevölkerung. Noch vor wenigen Jahrzehnten war dagegen der durch die Bevölkerungsexplosion verursachte „Teufelskreis von Armut und Unterentwicklung" in vielen Breitengraden anzutreffen. Damals führte ein unkontrolliertes Bevölkerungswachstum zu sinkendem BIP-Pro-Kopf, was wiederum breite Bevölkerungsschichten an die Grenze des Existenzminimums drängte. Sparen und Kapitalbildung waren in der damaligen Situation eine utopische Vorstellung, Ersatzinvestitionen wurden notgedrungen vernachlässigt. Die Produktionsfähigkeit schrumpfte immer mehr. Die Wirtschaft geriet nur deswegen nicht in eine tödliche Abwärtsspirale, weil internationale Organisationen und Finanzinstitute permanente Überlebenshilfe leisteten.

Diese Pauschalierung als Erklärungsversuch für die weiter bestehende Armut in der Dritten Welt gilt heute als eindeutig überholt. An der Bevölkerungszunahme kann es nicht liegen, wenn gewisse Länder in ihrer Entwicklung nicht vorankommen. Denn ökonomisch gesehen verbessert gerade Demografie die Wirtschaftsaussichten eines Landes, wenn andere Nebenbedingungen stimmen. Sie bedeutet Zuwachs an Erwerbspersonen, die im Arbeitsprozess eingesetzt Wachstum generieren.

Neben dem Wachstum der Bevölkerung ist deren Alterstruktur (Alterspyramide) die zweite wichtige Frage der Demografie. Alle Entwicklungsländer, nicht nur die meisten Schwellenländer, zeichnen sich durch eine günstige Altersstruktur aus. Dort ist der produktive Kern, also der Prozentsatz der arbeitsfähigen Bevölkerung zwischen 15 und 64 Jahren, größer als in anderen Ländern. Es liegen Welten zwischen den alternden, stagnierenden Gesellschaften der Industrieländer und diesen jungen Populationen. Beträgt das Durchschnittsalter in einigen NEM14-Ländern 15 bis 18 Jahre (Nigeria, Ägypten), beläuft es sich in Alteuropa heute auf über 35 Jahre (in Deutschland sogar auf 41 Jahre). In 20 Jahren soll es weiter auf 50 Jahre ansteigen. Auch die NEM14-Länder wie die Ukraine, Polen und Tschechien sind von der Bevölkerungsstagnation merklich betroffen.

Bekanntlich reicht ein höheres Arbeitskräftepotenzial noch nicht aus, damit Wachstum entsteht. Es muss – wie dargestellt – auch die Nachfrage mitspielen. Durch die gestiegene Bevölkerungszahl ist zunächst ein zusätzlicher Bedarf entstanden. Die neuen Einwohner benötigen neue Verbrauchs- und Gebrauchsgüter, das Land verbraucht mehr Energie und benötigt eine erweiterte Infrastruktur. Selbst wenn nur ein kleiner Teil dieses Zusatzbedarfs befriedigt wird, kann der Wachstumsmotor der Inlandskonjunktur in Gang gesetzt werden. Denn um den Zusatzbedarf mit teuren Importen zu befriedigen, müssten die Schwellenländer viele Devisen besitzen. Was noch fehlt, damit die Initialzündung zum Wirtschaftswachstum auch von der Nachfrageseite gelingt, ist die Bedarfsfinanzierung. In Normalfall sollte es keine Barrieren geben, wenn im Land bereits Kapital vorhanden ist. Wie wir wissen, kommt aber ein fremdfinanziertes Wachstum genauso in Frage.

Was schließlich den fehlenden Leistungswillen anbelangt, damit der Wachstumsprozess in Gang gesetzt wird, zählt gerade dieses Attribut zu den wichtigsten Aktivposten der „aufstrebenden" Länder.

Dass das Bevölkerungswachstum das absolute BIP-Wachstum determinieren kann, sollte nach obigen Ausführungen unstrittig sein. Zu fragen bleibt: Was passiert mit den Unternehmensgewinnen für den seltenen Fall, dass trotz des absoluten BIP-Wachstums das Pro-Kopf-Einkommen stagniert oder rückläufig ist? Werden diese nicht ebenfalls stagnieren und die Börsenkurse belasten?

Die Antwort ist relativ einfach. Wenn absolutes BIP-Wachstum vorliegt und die Anzahl der Produzenten gleich bleibt, muss deren Gewinn sich erhöhen, egal ob die Bevölkerung und das Pro-Kopf-Einkommen gestiegen oder gefallen sind. Weist ein Land ein Bevölkerungs- und ein absolutes BIP-Wachstum von 10 Prozent aus, erhöht sich das Pro-Kopf-Einkommen nicht. Gibt es in diesem Land beispielsweise allerdings nur einen Schuhproduzenten als Monopolisten, kann der seinen Gewinn um 10 Prozent erhöhen. Diese elementare Erkenntnis ist wichtig für die Aktienkurse. In der Vergangenheit schlugen Analysten zu häufig unnötig Alarm, wenn die Statistiken sinkendes Pro-Kopf-Einkommen registrierten.

Fazit:

> Grundsätzlich bedingt Bevölkerungswachstum auch Wirtschaftswachstum, steht aber mit diesem nicht in kausaler Beziehung. Ob nun der einzelne Einwohner reicher oder ärmer wird, ist schwer zu prognostizieren und für die Börse irrelevant. In der heutigen Realität der Schwellenländer steigen meistens alle drei Größen (BIP, Bevölkerung, Pro-Kopf-Einkommen) gleichzeitig und bewirken einen Nachfrageschub. Ferner steigen die Unternehmensgewinne solange überproportional, bis neue Anbieter in den Markt drängen, welche bislang der Nachfragesteigerung misstraut haben. Erst wenn sich der Nachfrageschub als nachhaltig erweisen sollte, kommen Nachahmer mit neuen Produktionskapazitäten. Dann kommt es zur Gewinnerosion und zu einer Marktbereinigung.

2.2.2 Außenwirtschaftliche Verflechtungen

Wachstum versus Exportüberschüsse und -defizite

Nach der Verwendungsgleichung erhöht ein positiver Außenbeitrag das BIP. Es leuchtet ein, dass wenn ein Land wertmäßig mehr Waren aus- als einführt, es damit mehr produziert als es im Inland verbraucht hat. Wir sprechen dann von einem Exportüberschuss oder vom positiven Saldo der Handelsbilanz. Wachstumsorientierte Länder müssten an solchen Überschüssen interessiert sein, sichern sie doch Vollbeschäftigung und Einkommen, sprich ermöglichen Wachstum von der Nachfrageseite. Die Begünstigung des Exportüberschusses erfolgt durch verschiedene legale und weniger legale Förderungsmaßnahmen (Subventionen, Steuergeschenke, Schutzzölle). Deutschland ist ein klassisches Land, das auf dem legalen Weg über Exportüberschüsse Wachstum generiert.

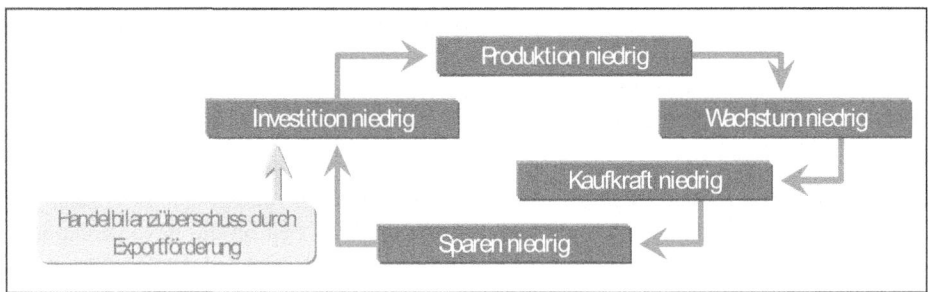

Abbildung 11: *Mit Exportüberschüssen kann der „Teufelskreis aus Armut und Unterentwicklung durchbrochen werden*

Gerade in den Schwellenländern basiert das Wirtschaftwachstum in hohem Maße auf Exportüberschüssen. Für viele Länder ist es die einzige Möglichkeit den befürchteten „Teufelskreis aus Armut und Unterentwicklung" zu verlassen, indem der Überschuss zur Finanzierung der Investitionen oder für Importe von Know-how eingesetzt wird. Mit der importierten modernen Technologie kann die Wachstumsbarriere auf der Angebotsseite gebrochen werden. Andererseits kann der Exportüberschuss genauso gut als die gebrauchte Initialzündung auf der Nachfrageseite eingesetzt werden, wenn die vorhandenen Produktionskapazitäten brach liegen und erst durch staatliche oder staatlich initiierte Aktivitäten „wach gerüttelt" werden müssen. Dann handelt es sich um ein klassisches Konjunkturprogramm. Der Staat setzt in diesem Fall als Auftraggeber die von den Exporteuren geliehenen Gelder ein, um die restliche Wirtschaft anzukurbeln. Egal wie man es nimmt, ein Exportüberschuss ist für die Volkswirtschaft eines Schwellenlandes immer von Nutzen.

Umso mehr verwundert die Feststellung, dass auch ein Defizit willkommen sein kann, wenn das fehlende Know-how auf Kreditbasis gekauft wird. Wie lange dies akzeptiert wird, hängt vom Vertrauen des Auslandes ab. Es wäre illusorisch zu glauben, ein solcher Zustand kann von Dauer sein. Im Endeffekt bleibt es bei der eingangs gemachten Feststellung: Ein Ausbruch aus dem Teufelkreis der Unterentwicklung gelingt in erster Linie dem Land, das einen florierenden Exportsektor aufgebaut hat oder das Glück hat, gesuchte strategische Rohstoffe zu besitzen. Nur in diesem Fall wäre auf Dauer der Technologieimport gesichert.

Ob nun Überschüsse und/oder Defizite letztendlich für ein Schwellenland in jeder Entwicklungsphase, nicht nur in der Aufbauphase, vorteilhafter sind, soll später erklärt werden.

Systeme fester Wechselkurse:
über- und unterbewertete Währungen

Der Wechselkurs stellt den in der Inlandswährung ausgedrückten Preis der ausländischen Währung dar. Im Mittelpunkt der Wechselkursanalyse – egal ob eines Schwellen- oder eines Industrielandes – steht die von der Zentralbank gefahrene Wechselkurspolitik. Sie hat aus zwei Blickwinkeln zu erfolgen:

Erstens interessiert den inländischen, binnenwirtschaftlich orientierten Unternehmer, wie die Wechselkurspolitik seiner Regierung die Gewinnlage seines Unternehmens direkt oder indirekt tangiert. Ob der Wechselkurs selbst im Betrachtungszeitraum gestiegen oder gefallen ist, will er nicht unbedingt wissen. Hierzu ein konkretes Beispiel: Ein mexikanischer Unternehmer schenkt der Frage, ob der mexikanische Peso im Vergleich zum US-Dollar hoch, das heißt bei 8 US-Dollar (= 1 US-Dollar kostet 8 Peso), oder niedrig, das heißt bei 12, notiert, wenig Beachtung. Sein Interesse gilt nicht vorrangig den „klassischen" Fragen: Ist die Inlandswährung im Verhältnis zum US-Dollar zu hoch oder zu niedrig bewertet, sondern der Überlegung, ob durch die Wechselkurse seine Gewinne beeinträchtigt (begünstigt) werden.

Eine andere Sicht haben der mexikanische Exporteur und der mexikanische Importeur sowie der ausländische Finanzinvestor, der im mexikanischen Kapitalmarkt investiert ist. Für sie ist der Wechselkurs, zu welchem sie ihre Exporterlöse, Importausgaben oder Kursgewinne (Kapitalerträge) umtauschen sehr wohl von Bedeutung. Damit ist noch nicht Schluss. Die Wechselkursanalyse könnte um den Gesichtspunkt des im Mexiko-Handel beteiligten US-Exporteurs und US-Importeurs erweitert werden. Wer besonders spitzfindig sein will, zieht die Konsumenten beider Länder in seine Analyse mit ein. Irgendwie beeinflussen sie alle den mexikanischen Kapitalmarkt, der hier untersucht wird.

Im diesem Buch werden Prioritäten gesetzt. Bevor auf die uns interessierenden Auswirkungen von Wechselkursränderungen aus der Sicht des ausländischen Anlegers (hier des US-Investors) eingegangen wird, soll an die wichtigsten Implikationen des Systems der festen Wechselkurse erinnert werden:

- Sie haben universalen Charakter, das heißt, sie besitzen Gültigkeit sowohl in einem Industrie- als auch in einem Schwellenland.

- Sie werden autonom von der Zentralbank festgelegt und müssen nicht den am freien Markt herrschenden, Angebots- und Nachfragerelationen entsprechen.

- Die Währungen können von der Zentralbank in einem Verwaltungsakt auf- bzw. abgewertet werden. In unserem Fall wird aus der Sicht Mexikos der US-Dollar bei einer Änderung des Umtauschverhältnisses von 8 auf 12 Peso (für 1 US-Dollar) der Peso abgewertet. Eine konträre Aussage gilt für den US-Dollar, der aufgewertet wird.

- Schwache Währungen werden – falls es wirtschaftspolitisch gewünscht ist – von der eigenen Zentralbank (mehrere Zentralbanken) gestützt, in dem sie von ihr am Markt gekauft werden. Es entsteht eine künstliche Nachfrage.

- Hinter der Wechselkurspolitik verbergen sich knallharte Interessen. Sie wird als Konjunktur- und Preisstabilisator benutzt und „missbraucht". Wird der US-Dollar aufgewertet (Peso abgewertet), geschieht dies nicht, um den US-Touristen in Mexiko einen schönen, billigen Urlaub zu schenken, sondern um über den verbilligten Peso mexikanische Exporte zu fördern.
- Über- bzw. unterbewertete Währungen dürfte es theoretisch nur im System der festen Wechselkurse geben, denn sonst müsste theoretisch der Ausgleichsmechanismus der Handelsbilanz zu einem „fairen", das heißt gleichgewichtigen Wechselkurs führen. Warum dieser in der Realität nicht funktionieren will, wird unten gezeigt.
- Die Handelsbilanz – das gilt auch für die anderen, unten beschriebenen, Teilbilanzen der Zahlungsbilanz – kann sowohl in der Landeswährung als auch in der Währung des Handelspartnerpartners aufgestellt werden.

Was zur Handelsbilanz gesagt wurde, gilt gleichermaßen für die Leistungsbilanz, die aus der Handels-, der Dienstleistungs- und der Übertragungsbilanz besteht. So führen feste Wechselkurse häufig zu Ungleichgewichten in der Leistungsbilanz, was ebenfalls volkswirtschaftliche Auswirkungen hat.

So impliziert ein hoher Leistungsbilanzüberschuss starkes Wirtschaftswachstum. Die Wirtschaft ist ausgelastet, es herrscht Vollbeschäftigung. Das Geld (Devisen), mit dem die Ausländer gezahlt haben, kauft die Zentralbank inländischen Exporteuren ab und „bunkert" es in ihren Tresoren. Leider bergen diese Devisenreserven beträchtliche Inflationsgefahren, die noch beschrieben werden.

Um den entstandenen Überschuss auszugleichen, muss die Inlandswährung aufgewertet, das heißt „verteuert" werden. Das geschieht prinzipiell auf Druck des Importlandes, das seinerseits möchte, dass es ihm genau so gut geht wie dem Exportland. Nach der Aufwertung erzielt der Exporteur weniger pro Exporteinheit und verkauft weniger Waren und Dienstleistungen, der ausländische Importeur zahlt mehr und kauft weniger. Irgendwo in der Mitte sollten sich die ungleichgewichtigen Zahlungsströme angleichen. Passiert trotz der permanent hohen Überschüsse gar nichts, steht die Währung eines Landes mit hohen Leistungsbilanzüberschüssen unter permanentem Aufwertungsdruck. Heute herrscht ein derartig ungesunder Zustand in den Handelsbeziehungen zwischen Rot-China und den USA. Die Chinesen haben Überschüsse, Devisenreserven und eine boomende Konjunktur, die Amerikaner das Defizit, die Chinesen sind die größten Gläubiger (bei den Staatsschulden) und zudem haben die Amerikaner Angst um ihre Arbeitsplätze.

Umgekehrt ist es bei einem Leistungsbilanzdefizit so, dass dieses in der Regel im Defizitland zu Konjunkturschwäche, Arbeitslosigkeit und steigender Auslandsverschuldung führt. Für die Defizitwährung besteht ein permanenter Abwertungsdruck.

Der alte „Trick" mit der Abwertung, um die eigene Konjunktur zu retten

Heute ziehen die meisten Länder die Inflation als das kleinere wirtschaftliche Übel der Arbeitslosigkeit vor. Wie Wechselkurse in den Dienst der schwachen Konjunktur eines Schwellenlandes gestellt werden können, illustrieren nur zu deutlich die permanenten Abwertungsschritte. Viele von ihnen sind auf die uralte Idee gekommen, statt der Exportförderung über Kostensenkungen zu verbessern, und sich über die Abwertung ihrer Währungen Wettbewerbsvorteile zu verschaffen. Die Abwertung reduziert sich auf einen Verwaltungsakt, bei der Kostensenkung gilt es sich wirtschaftlich hart anzustrengen.

Der Mechanismus funktioniert folgendermaßen: Jeder versteht, dass wenn ein Auto in Mexiko 10 Prozent billiger produziert wird, es auch 10 Prozent billiger in die USA verkauft werden kann. Eine gleiche Preissenkung für den US-Autokäufer ergibt sich alternativ, wenn der Peso um 10 Prozent abgewertet wird, ohne dass sich die Produktionskosten in Mexiko geändert hätten. Dazu ein einfaches Zahlenbeispiel: Der anfängliche Wechselkurs US-Dollar/Peso beträgt 1:10. Wenn der verkaufte mexikanische Pkw 10.000 US-Dollar kostet, vereinnahmt der Exporteur 100.000 Peso. Nach der Peso-Abwertung auf 1:11 verkauft er den Wagen für 9.500 US-Dollar und erzielt 104.500 Peso (9.500 x 11). Der Mexikaner verdient also 4.500 Peso mehr und der US-Amerikaner zahlt für den Pkw 5 Prozent weniger (9.500 US-Dollar). Ein gutes Geschäft für beide Seiten! Alle bis auf den US-Automobilarbeiter, der wegen der Billigimporte vielleicht morgen seinen Job verliert, wären mit diesem Szenario zufrieden. Es lässt sich in der Ökonomie nicht allen Wirtschaftssubjekten alles und das noch zur gleichen Zeit recht machen.

Der „Trick" mit der Abwertung ist uralt. Während der Weltwirtschaftskrise 1929 bis 1933 brach in den großen Industrieländern ein wahrer Abwertungswettbewerb aus. Alle Länder wollten ihre zusammenbrechenden Konjunkturen über die Exportschiene auf Kosten der Handelsnachbarn sanieren. Sie vergaßen dabei, dass wenn alle Kontrahenten gleichzeitig auf diese Idee kommen, die Wirkung verpufft. Ohne penible Handelsabkommen zwischen einzelnen Ländern käme es auch heute zur unlauteren Wettbewerbsmethoden, die bis in „Handelskriege" münden könnten. So herrscht gegenwärtig im Welthandel alles andere als der postricardianische Freihandelsfrieden. Der so oft beschworene freie Handel wird durch die Bildung von Wirtschaftsblöcken, Zollunionen und Freihandelszonen (EU, NAFTA, MERCOSUR, ASEAN), also durch Regionalisierungstendenzen und staatlichen Protektionismus, behindert. Diese Einrichtungen fördern zwar durch die Integration ihrer Mitglieder den Intra-Unions-Handel, wirken aber diskriminierend gegenüber Drittländern, denen ein ungehinderter Marktzugang versperrt wird.

Zudem bringen wechselkursbedingte Preissenkungen lediglich bei homogenen Güterarten die ersehnten Konjunktureffekte, wohingegen der Welthandel doch zu 90 Prozent auf der Heterogenität des Angebotes basiert. Die Homogenität dagegen, die tatsächlich einem starken Preiswettbewerb ausgesetzt ist, wird es wohl verstärkt nur bei Massengütern (Autos, Unterhaltungselektronik) geben. Bei den einzeln gefertigten Investitionsgütern ist die Lage weitaus komplizierter, da es hier um Qualität und Sonderanfertigungen geht. Im Maschinenbau kann sich zum Beispiel die nicht gerade billige aber dafür weltbekannte „deutsche Wertarbeit" noch am ehesten durchsetzen. Dennoch gibt es heute so gut wie in keinem Bereich Monopolisten. Selbst im Großflugzeugbau steht die amerikanische Boeing mit EADS im harten Wettbewerb, in der Raumfahrt kämpft die NASA mit der europäischen ESA um Aufträge.

Für einige Außenhandelsgüter kann es rein physisch keinen Ersatz geben. Es lohnt sich in diesem Zusammenhang, die Warenstruktur des heutigen Welthandels etwas genauer anzuschauen. Sie besteht zu 26 Prozent aus Energie- und Rohstoffen, auf die kein Land auf diesem Globus verzichten kann. Die Rohstofflieferanten stammen dabei mehrheitlich aus den Schwellenländern. Die Preisbildung der strategischen Rohstoffe orientiert sich hier keinesfalls nach den edlen Regeln des Freihandels. Sie werden vorwiegend von Kartellen (zum Beispiel OPEC) diktiert.

Es existiert demnach keine heile Welt in den globalen Wirtschaftbeziehungen. Willkürliche (feste) Wechselkurse sind nur eine Art der überall vorzufindenden Handelshemmnisse. Wenngleich die Schwellenländer im augenblicklichen Kräftespiel am Weltmarkt schlechtere Karten haben, sind sie dennoch keine Engel und werden später ihre Stärken rücksichtslos ausnutzen.

Ausgleichsmechanismen im System flexibler Wechselkurse

Welche Konsequenzen ergeben sich für den musterhaften US-Anleger, wenn das Wechselkursregime in Mexiko liberalisiert wird und die Kurse frei gegeben werden?

Ausgegangen wird in der Außenhandelsgleichung 1 (verwendete Symbole: E = Exportgüter, I = Importgüter, WK = Wechselkurse) von einem mexikanischen Handelsbilanzüberschuss mit den USA bei einem festen Wechselkurs US-Dollar/Peso 1:10. Die nachfolgenden Gleichungen sind bewusst einfach konstruiert und damit auch für einen Nicht-Volkswirt gut verständlich.

Wie leicht zu errechnen ist, übersteigen in der Außenhandelsgleichung 1 die Exporteinnahmen in Peso mit 150 – die Wertangaben könnten ebenso gut in Milliarden erfolgen – die ihnen gegenüberstehenden Importausgaben von 120. Mexiko weist hiernach einen Exportüberschuss von 30 aus. Auf die Dauer kann sich ein solcher Überschuss nicht halten. Darauf wurde bereits hingewiesen.

Investitionskriterien für die Kapitalmärkte der Neuen Emerging Markets 53

System der festen Wechselkurse

Außenhandelsgleichung 1:

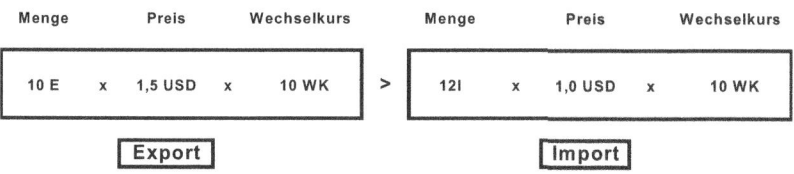

Was passiert, wenn der Wechselkurs frei gegeben wird? Wie passen sich die einzelnen Elemente der Gleichung im System der flexiblen Wechselkurse an?

Es gibt viele Anpassungsmechanismen, die die ungleichgewichtige Handelsbilanz ins Gleichgewicht bringen können, zum Beispiel über die Anpassung des Wechselkurse und der Exportmenge. Dies kann über eine Aufwertung des Pesos auf 8,0 (Abwertung des US-Dollar auf 0,125) und der Reduzierung der Exportmenge von 10 auf 8 geschehen. In diesem Fall kommt es zu einem wertmäßigen Ausgleich beider Zahlungsströme bei der Summe von 96 (Außenhandelsgleichung 2). Mexikos Handelsbilanz mit den USA ist dann ausgeglichen.

System der freien (flexiblen) Wechselkurse

Außenhandelsgleichung 2:

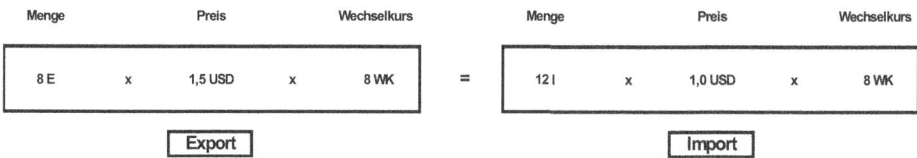

Es ist unwahrscheinlich, dass nur die Exortmenge auf die Wechselkursänderung reagiert. Da die Exportwaren für den US-Importeur jetzt teurer geworden sind und im Gegenzug die US-Waren für die Mexikaner billiger, sollte es Mengen- und Preisanpassungen auf beiden Seiten geben. Eine solche Variante stellt dann die Außenwirtschaftsgleichung 3 dar. Bei einem Wechselkurs von US-Dollar/Peso von 9,0 kommt es zu einem gleichgewichtigen Handelsvolumen von 105,3:

Außenhandelsgleichung 3:

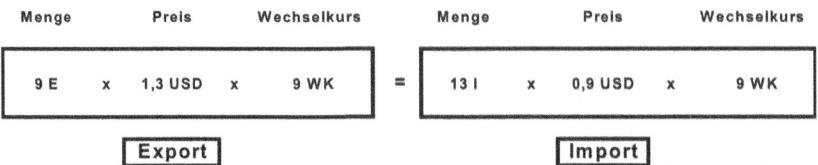

Wie erwähnt, interessiert den US-Investor – analoge Aussagen würden auf den deutschen Privatanleger zutreffen, der in Euro kalkulieren müsste – sowohl die Gewinnlage des mexikanischen Exportunternehmens, dessen Aktien er besitzt, als auch der veränderte Wechselkurs, zu dem er seinen Gewinn aus dieser Anlage in die USA transferieren will.

Die geschätzten Veränderungen in der Kalkulation des mexikanischen Exporteurs und des US-Investors zeigt die untere Tabelle:

Verkaufte Exportmenge	Exportpreis in USD	Wechselkurs USD/ Peso	Gewinn Exporteur (bei fixen Kosten pro Exportgut 10 Peso)	Kurs Exportaktie in Peso	Kurs Exportaktie in USD
10	1,5	10	50	100	10,0
8	1,5	8	16	75	9,4
9	1,3	9	15,3	72	8,0

Die konkrete Gewinnermittlung für den mexikanischen Exporteur ergibt bei einem Wechselkurs von US-Dollar/Peso von 9,0 folgende Rechnung:

Exporteinnahmen	9	x	1,3	x	9	= 105,3
Exportausgaben	9	x	10			= 90,0
(Kosten pro Einheit 10 Peso)						

Gewinn   15,3

Der Aktienkurs gibt infolge des Gewinneinbruchs von 50 auf 15,3 von 100 Peso auf 72 Peso (-28 Prozent) nach, was allerdings nur eine Annahme darstellt, denn der Kursrückgang muss nicht so stark ausfallen, wie es der obige Gewinnrückgang suggeriert. Der unterstellte Rückgang des Aktienkurses wird den, für den US-Investor positiven Währungseffekt der Peso-Aufwertung (von 10 Peso auf 9 Peso je US-Dollar) überkompensieren. Er verliert per saldo 2 US-Dollar, weil der in US-Dollar ausgedrückte Aktienkurs von 10 auf 8 fällt.

Der Einwand, obiges Negativszenario bezieht sich primär auf den hier isolierten mexikanischen Exporteur und den konkreten US-Investor, ist nicht richtig. Durch die Aufwertung büßt die gesamte mexikanische Wirtschaft an Wettbewerbskraft ein, die Exporte und die Gewinne in der Gesamtwirtschaft gehen zurück. Das BIP fällt, wenn an einer anderen Stelle kein Ausgleich geschaffen wird. Infolge dessen leiden die Börsenkurse.

Wechselkurse –
Unberechenbare Störungen durch die Kapitalverkehrsbilanz

Ist eine verlässliche Wechselkursanalyse immer möglich, wenn die Handelsströme durch namhafte Volkswirte zuverlässig geschätzt werden können? Führt ein hoher Überschuss in der Handelsbilanz irgendwann automatisch zu einer Aufwertung der Währung des Überschusslandes? Ein klares Nein ist die Antwort. Warum das so ist, wird anhand der Kurzanalyse der Teilbilanzen der Zahlungsbilanz gezeigt.

```
1.      Leistungsbilanz
1. 1.   Handelsbilanz
1. 2.   Dienstleistungsbilanz
1. 3.   Übertragungsbilanz
2.      Kapitalverkehrsbilanz
3.      Ausgleichsposten
        (Devisenreserven, Kredite)
=       Zahlungsbilanz
```

Abbildung 12: Die Teilbilanzen der Zahlungsbilanz

Die Summe aus *Kapitalverkehrsbilanz* (Abbildung) und *Leistungsbilanz* ergibt die *Zahlungsbilanz*. Diese Leistungsbilanz besteht wiederum aus der *Handels-, der Dienstleistungs- und der Übertragungsbilanz* (diese umfasst Dividenden, Zinsen und andere Kapitalerträge). Sie wird verschiedentlich als die Bilanz der laufenden Posten bezeichnet. Die Kapitalverkehrsbilanz beinhaltet dagegen die Vermögensströme. Von der „bilanztechnischen Seite" gesehen, muss die Zahlungsbilanz immer ausgeglichen sein, durch die Zunahme/Abnahme von Devisenreserven der jeweiligen Zentralbank. Wer keine Reserven besitzt, gleicht die Lücke mit Krediten aus. Es muss sich dabei nicht unbedingt um einen Bankkredit handeln, denn es kann auch ein Lieferantenkredit (offene Rechnung) in Frage kommen.

Nicht allen Teilbilanzen der Zahlungsbilanz kommt die gleiche Bedeutung zu wie der Kapitalverkehrsbilanz, deren Hauptposten die Direktinvestitionen in das Sachkapital, die Portfolioinvestitionen in Währungen und Wertpapiere sowie die Bankkredite darstellen. Das Ergebnis der durch die Kapitalverkehrsbilanz verursachten spekulativen Zahlungsströme ist oft „unberechenbar". Obwohl das System der variablen Wechselkurse gilt, führen diese zu keinem Saldenausgleich in der Handelsbilanz, wie es die reine Theorie verlangt. Denn der für alle Handels- und Kapitaltransaktionen gültige Wechselkurs hängt, wie wir wissen, zu 90 Prozent vom Kapitalverkehr ab.

Wie die Außenwirtschaftsbeziehungen zwischen der EU und den USA lehren, wird ein noch so dramatisches Handelsbilanzdefizit keine Währungsabwertung auslösen müssen. Ende der Neunzigerjahre kauften EU-Investoren im großen Stil US-Beteiligungen, mit der Folge, dass der US-Dollar gegenüber dem Euro trotz riesiger Löcher in der US-Handels- und Leistungsbilanz stark gestiegen ist. Heute hat die Realität die USA eingeholt und angesichts der kräftig gefallenen Direkt- und Portfolioinvestitionen einen Zusammenbruch der US-Währung verursacht.

Bei einem Schwellenland gelten in Währungsfragen die gleichen Zusammenhänge wie bei den Industriestaaten. Da diese Länder weiterhin feste Wechselkursregime fahren, ist die Analyse ihrer Währungen viel komplexer als bei den großen Weltwährungen (Euro, US-Dollar, Yen, Pfund Sterling) in den Systemen der flexiblen Wechselkurse. Auch sind zahlreiche Sonderfaktoren zu beachten, wie die Auflagen internationaler Finanzinstitutionen (Weltbank, IWF), die Koppelung der Landeswährung an eine Leitwährung oder einen Währungskorb, Usancen im Außenhandel (Zölle, Abgaben), wechselnde Terms of Trade (Verhältnis der Export- zu den Importpreisen), sprunghafte Wechselkurspolitik und andere.

Auf die Besonderheiten in den einzelnen Ländern wird im empirischen Teil des Buches eingegangen. Nichtsdestotrotz kann bereits eins schon jetzt festgehalten werden. Es gibt kein „klassisches" Muster einer Zahlungsbilanz in einem NEM-Land. Es werden in diesem Universum alle möglichen Varianten anzutreffen sein, die von imposanten Überschüssen bis zu tief roten Defiziten in allen Teilbilanzen reichen.

Binnenkonjunktur und Wechselkurse

Auch binnenwirtschaftliche Faktoren beeinflussen die Wechselkurse. So kann es im System fester Wechselkurse zu einem Abwertungsdruck und später zum Handelsbilanzdefizit infolge des vom Inland ausgehenden inflationären Drucks kommen. Dieser hatte in jüngster Vergangenheit seine Ursache in zu hohen Löhnen und der extremen Staatsverschuldung.

Schauen wir uns den ersten Aspekt genauer an.

In Ländern mit unsoliden Finanzen ist das in den westlichen Industrieländern längst vergessene Phänomen der Lohn-Preis-Spirale heute noch akut. Im NEM14-Universum liefern die Ukraine und Rumänien dafür die besten Beispiele. Historisch gesehen, waren derartige „Spiralbewegungen" vor 20 Jahren besonders häufig in Lateinamerika anzutreffen.

Folgende simple Erklärung erläutert den Bezug der Lohn-Preis-Spirale zu den Wechselkursen. Lohnsteigerungen sind allgemein dann zu hoch, wenn sie die Produktivitätszuwächse übersteigen. Die Leute haben infolge dieser Disproportion „zu viel" Geld und aufgrund dieser Geldillusion konsumieren und importieren sie über ihre Verhältnisse. Die Inlands- und Importpreise steigen. Im System der festen Wechselkurse führt dieser Preistrend zum Handelsbilanzdefizit und zum Abwertungsdruck, im System der variablen Wechselkurse direkt zu fallenden Wechselkursen. So war es sehr oft in der Vergangenheit.

Damit der Abwertungsdruck beseitigt werden konnte, gewährten internationale Finanzinstitutionen unter Sparauflagen dem Defizitland Überbrückungskredite. Das „Volk" auf der Straße interessierte weniger der wahre Defizithintergrund als vielmehr die Sparmaßnahmen, die mit den Appellen zur Lohnmäßigung verbunden waren. Sparen mag keiner, die Front der Gegner war schnell formiert. Wenn es ums gemeinsame Vorgehen gegen internationale Finanzinstitutionen ging, waren die Regime in so manchem Defizitland immer sehr einfallsreich. Sie verstanden die Massen mit stark populistischen Aufrufen gegen die ausländischen Geldgeber, die vertragsgemäß finanzielle Solidität forderte, zu mobilisieren. Es bedarf keiner Zusatzerläuterung, dass solche Perturbationen die Börsen negativ beeinträchtigten. Die beschriebenen Verhaltensmuster spielten sich mit erstaunlicher Regelmäßigkeit weltweit über Jahrzehnte genau so ab.

Aber auch Handelsbilanzüberschüsse waren für die „fleißigen" unter den damaligen Entwicklungsländern nicht unbedingt segensreich. Die Preissteigerung hatte ihre Ursache dann nicht in den Löhnen, sondern in den zu starken Exporten. Das Überschussland besaß plötzlich mehr Devisenreserven, aber weniger Waren. War einmal die Inflation im Lande da, lief alles andere nach dem bekannten Muster ab. Die Arbeitnehmer verlangten höhere Löhne, es folgten Leistungsbilanzdefizit und Abwertungsdruck, der zunächst den Exportüberschuss reduzierte. Die infolge des Exportüberschusses einfließende Geldmenge verschärfte die Lage zusätzlich. Die Zentralbank war gezwungen, den Exporteuren die Devisen abzukaufen und zahlte mit der Inlandswährung, die als zusätzliche Kaufkraft in den Binnenmarkt floss. Dies verstärkte weiter die Inflation und den Abwertungsdruck. Eine verrückte Welt! Bevor man sich richtig umgesehen hat, konnte im System der festen Wechselkurse aus einem fetten Leistungsbilanzüberschuss schnell ein riesiges -defizit werden. Zahlreiche Statistiken belegen diesen krassen Wandel.

So viel zur Vergangenheit. Heute führen viele der inzwischen wirtschaftlich erstarkten Schwellenländer eine selbstbewusste Geld- und Konjunkturpolitik. Diese erschöpft sich nicht in passiven Wechselkursanpassungen und „Bettelrufen" nach neuen Überbrückungskrediten. Auf jeden Fall haben diese Länder keine Angst mehr vor ausbleibenden Auslandsinvestoren, wenn sie ihre Währungen abzuwerten gedenken. In diesem Fall verschaffen sie sich zwar Exportvorteile – wie unser vorheriges Beispiel mit dem mexikanischen Pkw-Exporteur zeigte – müssen aber gleichzeitig den Rückzug des Auslandskapitals fürchten. Diese Rückzugsgefahr ist heute deutlich geringer geworden. Wenn die „Rendite hungrigen" Ausländer an die Konjunktur- und Exporterfolge in einem Schwellenland glauben, werden sie trotz der Abwertungsgefahr dort investieren, weil die Kursgewinne die eventuellen Abwertungsverluste überkompensieren können. Darüber hinaus sind die vielen Überschussländer unter den Schwellenländern ohnehin nicht auf das Auslandskapital angewiesen.

Die Stärkedemonstration beschränkt sich nicht auf die Wechselkurspolitik. Die selbstbewussten Newcomer in der Region setzen zunehmend komplizierte wirtschaftspolitische Instrumente ein. So werden die Leitzinsen gesenkt, damit die Inlandskonjunktur anspringen kann. Man macht es genau so, wie es die Profis bei der mächtigen US-Zentralbank machen. Springt darauf die Inlandskonjunktur an, ging alles gut. Springt sie nicht an, ist auch alles gut gegangen.

Denn Zinssenkungen tun niemandem besonders weh und stimulieren irgendwo doch zusätzlich die Aktienkurse, weil die Anleihen unattraktiver werden. So haben wenigstens die Aktionäre etwas von den Zinssenkungen.

Was ist das Ziel der Wechselkurspolitik in einem Schwellenland?

Wie gezeigt wurde, ergeben hohe Überschüsse in der Leistungsbilanz und das Horten von Devisenreserven keinen dauerhaften Vorteil. Die Überschüsse können zu einer unerwünschten Konjunkturüberhitzung und Inflation führen, die dann irgendwann zusammenbricht und in der Baisse endet. Dann wird ein Musterland Opfer des eigenen Erfolges. Die Geschichte des japanischen Wirtschaftswunders in den Achtzigerjahren lässt an dieser Stelle alle Optimisten grüßen. Heute zeigen China und Indien die ersten Anzeichen einer herannahenden Inflationsgefahr. Umgekehrt dürfte eine Auslandsverschuldung ebenfalls kaum wünschenswert sein. Länder, die ein permanentes Defizit im Außenhandel ausweisen und auf die Auslandshilfe angewiesen sind, sollten in kein Anlageuniversum aufgenommen werden. Sie bleiben die ewigen Verlierer, zumal in der Globalisierungsära.

Welches außenwirtschaftliche Ziel sollte nun ein Schwellenland angesichts dieses Pensums an sich oft widersprechenden Effekten anstreben? Wäre vielleicht ein ausgeglichener Saldo vielleicht der gesuchte Königsweg?

Die Antwort hängt vom Entwicklungsstadium des untersuchten Landes ab. Die Historie erfolgreicher Länder (Tiger-Staaten, BRIC-Länder) liefert klassische Beispiele des gelungenen Übergangs vom Stadium eines außenwirtschaftlichen Defizit- zu einem Überschussland.

Was liegt näher, als allen Entwicklungsländern, die sich noch in einem frühen Entwicklungsstadium befinden, zu raten, diesen erfolgreichen Weg zu kopieren? Wachstumsneulinge brauchen am Anfang solche Defizite für die Finanzierung ihrer Investitionsprogramme, denen die Initialzündung für den wirtschaftlichen Start zugedacht wird. Dagegen wird für die „reifen" Schwellenländer eher ein mäßiger Leistungsbilanzüberschuss als Ziel der Wechselkurspolitik anzusehen sein, der temporäre Nachfrageausfälle in der Inlandskonjunktur kompensieren soll. Der Überschuss darf jedoch später nicht zum Selbstzweck werden und so stark anwachsen, dass er zur Überhitzungsgefahr führt. Zweistellige, exportinduzierte Wachstumsraten über Jahrzehnte hinweg sind schlichtweg als ein Warnzeichen zu deuten. Eine richtige Balance zu finden ist ein schwieriges Unterfangen.

Zum Schutz der eigenen Wirtschaft wird in den Entwicklungsländern zunächst ein System der festen Wechselkurse gefahren. Diese Lösung ist zeitweise ebenfalls vernünftig und wurde nach dem Zweiten Weltkrieg von den Industriestaaten verwendet, die ihre ruinierten Volkswirtschaften nach den Kriegsschäden aufbauen mussten.

Neben der Frage der Über- und Unterbewertung von Währungen ist ebenso die nach der Stärke der Außenhandelsintensität von Bedeutung. Jeder Handel auf freiwilliger Basis müsste als wirtschaftliche Aktivität ex definitionem für alle Parteien vorteilhaft sein. Abgesehen von Ausnahmefällen könnte niemand dazu gezwungen werden, ihn zu betreiben. In der Wirtschaftsgeschichte sind viele Länder (Niederlande, Hanse, italienische Staat-Städte im Mittelalter) reich durch Handel geworden, nicht unbedingt jedoch durch den Freihandel, wie es die vor 200 Jahren formulierte wirklichkeitsfremde Theorie der komparativen Kosten von David Ricardo uns glauben machen will.

Ist das heute mit den Vorteilen des internationalen Handels genau noch so wie damals? Werden durch ihn alle Partner reich oder nur die wenigsten, die wirtschaftlich starken Nationen, die anderen schwachen Länder dagegen arm, wie es die Globalisierungsgegner behaupten?

Die Antwort ist auch hier nicht einfach. Einige NEM-Länder „müssen" heute aus dem einfachem Grunde Außenhandel treiben, weil sie auf die benötigten Deviseneinnahmen, sei es für die strategischen Importe (Energie, Rohstoffe), sei es für die Rückzahlung von Währungskrediten und den Schuldendienst, nicht verzichten können. Wenn sie heute den Eindruck gewinnen, sie wären von ihren Handelspartnern übervorteilt, müssen sie versuchen, dennoch „in den sauren Apfel zu beißen" und sich irgendwie zu spezialisieren, bis sich das Blatt zu ihren Gunsten wendet. Einen anderen Weg gibt es nicht.

Wie stark ein Land mit der Weltwirtschaft verflochten ist, kann am Grad der Außenhandelsverflechtung abgelesen werden:

$$\text{Außenhandelsverflechtung} = \frac{\text{Exporte} + \text{Importe}}{\text{BIP}}$$

Je höher der Verflechtungsgrad, umso höher die Vorteile für das betreffende Land. Erstaunlicherweise weisen die meisten NEM14-Länder deutlich höhere Verflechtungsquotienten als die bekannten europäischen Handelsnationen aus, so auch höhere als der „Exportweltmeister" Deutschland. In der EU liegt der Wert etwa bei 40 Prozent, was dem Niveau von Pakistan entspricht!

NEM 14-Land	Außenhandelsaldo in % BIP	Ausländische Direktinvestitionen in % BIP	Verpflechtungsquote in % BIP	Schuldendienst in % BIP
Mexiko	-0,8	2,4	66	5,8
Chile	17,3	5,8	83	7,3
Indonesien	6,9	1,8	49	6,5
Vietnam	-10,5	3,7	112	1,9
Türkei	-14,4	2,7	61	11,6
Pakistan	-10,9	2,0	41	2,3
Südafrika	-2,5	2,6	52	2,0
Nigeria	19,2	2,0	49	10,2
Ägypten	-19,6	6,0	66	2,8
Polen	-0,4	3,2	62	11,6
Ukraine	-6,7	9,4	101	7,2
Kasachstan	25,3	3,5	111	25,5
Rumänien	-15,3	6,7	66	7,1
Tschechien	1,1	5,1	121	5

Quelle: bfai, Fischer:Weltalmanch 2008

Abbildung 13: Außenwirtschaftszahlen der NEM14-Länder in 2006

Was andere außenwirtschaftliche Kennzahlen anbelangt, liefert die obige Statistik ein interessantes Bild zur Lage in den Einzelstaaten. Die NEM14-Gemeinschaft ist „außenwirtschaftlich" de facto zweigeteilt. Zum einen haben die Rohstoff exportierenden Länder (Chile, Kasachstan, Nigeria) sehr hohe Überschüsse, die sie teilweise in eigenen Staatsfonds anlegen. Andererseits „leiden" Pakistan, Vietnam, Rumänien, Türkei und Ägypten unter massiven Defiziten. Zumindest im Falle von Vietnam ist bekannt, dass diese Lücke gewollt ist und dass sich dahinter eine uns bekannte Entwicklungsstrategie verbirgt. Sie zielt auf einen fremdfinanzierten Know-how-Import ab. Dagegen wird das Defizit in der Leistungsbilanz im Falle Rumäniens und Ägyptens durch den Zustrom von ausländischem Kapital (Direktinvestitionen ohne Portfoliokäufe) abgemildert, bei der Ukraine sogar deutlich überkompensiert.

Fazit:

> Für die Beurteilung der Börsenattraktivität eines Schwellenlandes sind dessen Wirtschaftswachstum und die außenwirtschaftliche Verfassung von primärer Bedeutung. Während hohes Wachstum grundsätzlich immer stimuliert, haben außenwirtschaftliche Faktoren keine eindeutige Wirkung. So kann ein Leistungsbilanzüberschuss positiv für die jetzige Konjunktur sein, ein Defizit aber für die Zukunft des Landes als wertvoller eingestuft werden, wenn damit Know-how gekauft wird. Eine „künstliche Stimulierung" der außenwirtschaftlichen Aktivitäten durch die Wechselkurspolitik ist auf die Dauer zum Scheitern verurteilt.

2.2.3 Fortschritte bei der Industrialisierung

Das klassische Drei-Phasen-Modell der wirtschaftlichen Entwicklung

An welchen Kennzahlen sind Schwellenländer überhaupt zu erkennen?

Hohes bzw. niedriges BIP-Wachstum, Zinsen, Verschuldungsrelationen unterschiedlicher Art, Exportquoten und Arbeitslosenquoten werden in allen Wirtschaftsregionen der Erde gemessen. Sie schwanken je nach Phase des Konjunkturzyklus, in der sich ein Land gerade befindet. Der Entwicklungsstand eines Landes lässt sich an diesen Daten nicht ablesen. Daher legen internationale Organisationen als Übergangsgrenze zur OECD-Zugehörigkeit ein Pro-Kopf-Einkommen von 10.000 US-Dollar jährlich zugrunde. Ein Anleger, der die Antwort nicht allein auf diese Kennzahl abstellen will, wird andere Methoden suchen.

Bis zum heutigen Tag durchliefen alle führenden Wirtschaftsnationen der Welt hauptsächlich drei klassische Entwicklungsstufen. Begonnen haben sie als Agrarländer (primärer Sektor) und erreichten über die Phase des Industrieaufbaus (sekundärer Sektor) nach Jahrhunderten langsamer Entwicklung das Stadium der Dienstleistungsgesellschaft (tertiärer Sektor). Wenn heute von den Industriestaaten gesprochen wird, ist dies nicht korrekt, da diese Länder eindeutig „Dienstleistungsländer" heißen müssten. Was aber erstaunt, ist, dass nicht nur sie allein so heißen müssten es. Die Dominanz des tertiären Sektors in der BIP-Entstehung lässt sich ebenso in zahlreichen Schwellenländern feststellen.

Der vermeintliche Widerspruch wird mit der These von der ungenügenden Entwicklungstiefe der Einzelsektoren in den Schwellenländern erklärt. Die Dienstleistungsländer unter den Schwellenländern haben de facto keinen der drei Sektoren – Landwirtschaft, Industrie, Dienstleistungen – richtig entwickelt. Ihre BIP-Strukturen sind rein zufallsbedingt. Ein schlichter Vergleich des Agrarsektors (nehmen wir als Beispiel die Ernteerträge pro Hektar) in den USA und der europäischen Kornkammer, der Ukraine, verdeutlicht diesen Sachverhalt.

Bei ähnlicher BIP-Struktur in beiden Ländern sind hierbei ganz unterschiedliche Niveaus vorzufinden. In dem herangezogenen Agrarbereich wird die Ukraine den USA wahrscheinlich auf lange Zeit unterlegen bleiben, da die Amerikaner stärkere Akzente auf die Mechanisierung und Industrialisierung des Agrarsektors setzen können. Würden jetzt Experten von den Osteuropäern verlangen, sie müssen erst ihre Landwirtschaft das Niveau der USA anpassen, bevor sie mit dem Aufbau der Industrie und danach mit dem des Dienstleistungssektors beginnen, wäre dies eine völlig utopische Forderung.

Wenn andererseits ein Schwellenland den Dienstleistungssektor zu einseitig fördert – um nach außen als besonders „modern" zu wirken oder um auf dem Weltmarkt mit seinen Dienstleistungsexporten Fuß zu fassen – und die anderen Sektoren vernachlässigt, wird sich diese Strategie bald rächen. Bei einem Preis- oder Nachfrageverfall für seine Dienstleistungsexporte auf dem Weltmarkt, wenn die Deviseneinnahmen für die notwendigen Agrar- und Industrieimporte fehlen, kann das von blindem Ehrgeiz getriebene Land über Nacht verarmen. Die Wirtschaftgeschichte kennt eine ganze Reihe von Beispielen fehlgeschlagener Mammutprogramme, bei denen sich Länder über sinnlose Kraftakte von der unteren Agrarstufe direkt in den hoch entwickelten Dienstleistungsbereich „hoch zu katapultieren" versuchten. Ein böser hausgemachter Börsencrash wäre die Folge einer derartigen Fehlentwicklung. Für einen gutgläubigen ausländischen Anleger, der auf eine zu schnelle „Modernisierung" seines Favoritenlandes gesetzt hat, würde sein Engagement katastrophale Folgen haben!

Aber nicht nur die BIP-Struktur kann Irritationen bei der Einstufung in „moderne" und „zurückgebliebene" Länder auslösen. Obgleich auf diese Weise verfahren wird, lässt sich der Entwicklungsstand einer Volkswirtschaft ebenfalls nicht an der Außenhandelsstruktur korrekt ablesen. Viele Importprodukte werden lediglich zur Veredelung in ein Schwellenland („Werkbankstatus") eingeführt und danach wieder reexportiert. Der erbrachte Mehrwert des Landes an diesem scheinbaren „Exportgut" ist hierbei gering. In solchen Fällen weisen die Statistiken fälschlicherweise in der Export- und Importstruktur durch überschätzte Anteile der Industriegüter einen zu hohen Entwicklungsgrad aus.

Gibt es keinen vernünftigen Weg, wenn ein zielstrebiges Schwellenland versuchen möchte, die strittigen Entwicklungsgesetzmäßigkeiten zu „überspringen"? Jeder Anfänger weiß, dass die Chancen der Globalisierung nicht in der Landwirtschaft und der industriellen Old Economy liegen. Es erscheint insofern nur legitim, wenn ein souveräner Staat sofort in der obersten Entwicklungsliga spielen will. Wird es tatsächlich auf die Gefahr der makroökonomischen Ungleichgewichte achten oder sich vielleicht auf seine Intuition und Glück verlassen, wie einst Deng Xiaoping, dem in knapp zwei Jahrzehnten die Modernisierung Rot-Chinas nach Maos gescheiterten „Großem Sprung" gelang?

Um das Dilemma zu umgehen, beschreiten heute viele Länder einen Mittelweg. Sie fahren eine gemischte Wirtschaftspolitik und setzen nicht alles auf eine Karte. Damit vermeiden sie die gefährlichen Ungleichgewichte in der Sektorenstruktur, indem sie moderne Wachstumskerne („Fortschrittsinseln") punktuell gründen. Kluge pragmatische Wirtschaftspolitiker, die längst der Demagogie abgeschworen haben, wissen um die Knappheit des Faktors Kapital in ihren Ländern. Indem sie die Kräfte auf Einzelprojekte (welche in ausgewählten Bereichen Weltstandard erreichen) konzentrieren, bleiben sie international konkurrenzfähig. Die massive Förderung dieser Sonderwirtschaftszonen durch staatliche Beihilfen, Steuererleichterungen, Schutzzölle oder Importquoten wird von Lokalpolitikern durchaus als ein mit der Marktwirtschaft verträglicher Akt angesehen. Von den favorisierten Wirtschaftskernen erhofft sich die Politik später die bitter benötigte Initialzündung für die restliche Volkswirtschaft.

Woher kommt das Geld für den Industrialisierungsprozess?

So vernünftig die Strategie der Inselentwicklung anstelle des martialischen Aktes der „großen Sprünge" auf den ersten Blick erscheint, so offen bleibt die Frage ihrer Finanzierung. Woher soll dafür das benötigte Startkapital genommen werden?

In den Diktaturen des ehemaligen Ostblocks, in denen es keine Kapitalmärkte gab und die Bevölkerung kein nennenswertes Geldvermögen ansparen konnte, vollzog sich die Finanzierung des industriellen Wachstumskernes durch den Staat über die zwangsweise Ressourcenverschiebung aus der Landwirtschaft in die Industrie. Selbst brutale Hungersnöte wurden in der Sowjetunion und China billigend in Kauf genommen. Die Sektorenpolitik ist nicht von den Kommunisten erfunden worden. Die Subventionierung eines Sektors durch einen anderen ist so alt wie die Wirtschaftsgeschichte der Menschheit selbst. Der Staat muss dabei keinesfalls gewaltsam vorgehen, er kann übermäßig starke Steuern und Abgaben auf den benachteiligten Sektor erheben und durch Zuwendungen den favorisierten Sektor begünstigen.

Er geht zuweilen auch einen indirekten Weg, indem er administrative Preise festlegt und das freie Spiel der Marktkräfte außer Kraft setzt. Diese Methoden werden heute in vielen NEM-Staaten (Indonesien, Mexiko, Nigeria) tagtäglich angewandt. Ob der Staat dabei über das Ziel hinaus schießt oder einem richtigen Konzept folgt, ist letztendlich eine Frage des Pragmatismus und des „Feingefühls" der Machthaber. Wenn Güter des täglichen Bedarfs subventioniert werden, steht dahinter eine politische Notwendigkeit. Wer satt ist, revoltiert nicht.

Einfacher gestaltet sich die Lage, wenn in einer Volkswirtschaft, die bereits ein signifikantes Sparkapital gebildet hat, der Staat Geld auf dem Kapitalmarkt aufnehmen kann. Solche Mittel sind, wie wir wissen, in vielen NEM-Staaten ausreichend vorhanden. Auf die extrem hohen Sparquoten in diesen Ländern wurde in diesem Zusammenhang mehrmals hingewiesen.

Neben dem Geldvermögen der Privaten kommen ebenfalls die Leistungsbilanzüberschüsse, die Budgetüberschüsse oder das Auslandskapital (Direktinvestitionen) als Finanzierungsquelle in Frage.

Somit stellt die Finanzierungsseite in der NEM-Region heute keine Barriere mehr dar, um einen modernen industriellen Kern zu schaffen oder ein großes Infrastrukturprojekt zu bauen. Im Gegenteil: Die Region zeichnet sich eher durch enorme Liquiditätsüberschüsse aus. Drei Viertel aller Devisenreserven der Welt befinden sich heute in Zentralbanktresoren der Schwellenländer. Wurden diese Gelder früher etwas „fantasielos" und einseitig zur Finanzierung der chronischen US-Staatshaushaltsdefizite verwendet, wird heute über die neu gegründeten Staatsfonds (im unserem NEM14-Universum besitzen Chile, Kasachstan und Nigeria solche Fonds) ein anspruchsvoller Weg gegangen und das Kapital primär realwirtschaftlich, das heißt in Beteiligungen an westlichen Unternehmen und Banken, angelegt. Die BRIC-Länder China und Indien, die zusammen Devisenreserven in Höhe von zwei Billionen US-Dollar (!) besitzen, finanzieren mit Japan etwa die Hälfte des US-amerikanischen Haushaltsdefizits! Dieser Hinweis auf die Finanzstärke der Schwellenländer mag auch den letzten Skeptiker überzeugen.

2.2.4 Ausbau des Dienstleistungssektors

Die vorerwähnte Struktur des BIP-Sektorenbeitrages ergibt nach dem, was bislang eruiert wurde, kein klares Bild, ob ein Land schon als Industrie- oder „noch" als Schwellenland eingestuft werden muss. Wenn beide Länderkategorien ähnliche Strukturen aufweisen, wäre es vielleicht sinnvoll, nach den inhaltlichen Besonderheiten des Dienstleistungssektors in einem Schwellenland zu fragen. Gibt es dort womöglich Unterschiede, an denen eine genauere Eingruppierung erkennbar wäre?

Folgende Besonderheiten wären unseres Erachtens hier zu beachten.

Erstens: Bei der Ermittlung der Anteile des Dienstleistungssektors besteht die Gefahr der Überschätzung. Überhöhte Daten für ein Land können dem Anleger ein falsches Allokationssignal senden. Der einfache Vergleich hinkt, weil die Beschäftigten im Westen nicht nach ihrer Tätigkeit, sondern nach ihrer Arbeitsstätte zugeordnet werden. So gehört zum Beispiel ein Jurist in einer Kanzlei zum tertiären, aber der im Management eines Industrieunternehmens tätige zum sekundären Sektor. Außerdem verwischen in modernen High-Tech-Industrien die Grenzen zwischen produzierender und Dienstleistungstätigkeit. Mit anderen Worten: Ein Beitrag des tertiären Sektors zur BIP-Wertschöpfung von 70 Prozent in Deutschland ist mit gleich hohem Wert in Mexiko nicht gleich zu setzen. In jedem NEM14-Land liefert der Dienstleistungsbereich den höchsten BIP-Beitrag, der zwischen 40 und 80 Prozent liegt.

Zweitens: Ein signifikantes Erfassungsproblem entsteht, wenn das BIP nicht zuverlässig gemessen werden kann, worauf bereits hingewiesen wurde. Werden bestimmte Leistungen nicht am Markt verdient, sondern statistisch geschätzt, ist ihre Zurechnung wie immer problematisch. Ohne auf die Mehrwertlehre von Marx zurückgreifen zu wollen, der den Begriff „nicht produktiver" Sektor extrem einengte, sollten besonders in den Schwellenländern mit breiten „informellen Wirtschaftskreisläufen" darauf geachtet werden, dass die marktfern erbrachten Dienstleistungen in der BIP-Rechnung nicht überschätzt werden. Diese Gefahr besteht bei unseren Anlageländern, vor allem in der Türkei und in Mexiko.

Drittens: Bei der BIP-Struktur ist nicht nur der absolute Wertschöpfungsbeitrag der Sektoren ausschlaggebend. Vielmehr ist dessen Veränderungstempo wichtig. Derartige Wertverschiebungen verursachen wiederum Umstrukturierungen in der Beschäftigtenstruktur, die bedingt durch die Automatisierung und Robotisierung der Produktion oder durch die Landflucht oft direkt aus dem primären Sektor in den tertiären abwandern. Seit Jahrzehnten ist weltweit eine „Tertiarisierung" der Wirtschaft zu beobachten, die sich in der Globalisierung noch beschleunigt hat. Schwellenländer mit einem starken Bevölkerungswachstum verzeichnen in der Regel ein zunehmendes Gewicht des tertiären Bereiches. Der Verdacht auf verbreitete „Scheinbeschäftigung" ist hier gegeben.

Viertens: Auch die Zusammensetzung der Dienstleistungen spielt mit Blick auf zukünftige Preisentwicklung auf dem Weltmarkt eine wesentliche Rolle. Denn nicht jede Dienstleistung ist gleichermaßen rentabel. Die Statistik unterteilt die Arten in Handel, Verkehr und sonstige Dienstleistungen. Die unterschiedliche Preisgestaltung der verschiedenen Frachtraten im Straßen-, Schienen-, Wasser- und dem Luftverkehr könnten hierfür als typische Beispiele dienen. Bedeutsamer als die Preise im Massengeschäft sind die Arbeitskonditionen für die Spitzenkräfte in der Wissenschaft und Technik in diesen Ländern, die gelegentlich zu unerwünschten Abwanderungstendenzen führen können. Es fällt auf, wie sehr die Regierungen von Russland und Indien bemüht sind, ihre naturwissenschaftlichen und technischen Eliten im Land zu halten. Deswegen richten sie ihnen moderne Forschungszentren von internationalem Rang ein. Denn Geld ist nicht alles. Ein gewisser Lokalpatriotismus und Stolz auf das eigene Land spielen bei den Eliten eine nicht zu vernachlässigende Rolle.

Fünftens: Schließlich sind von den Dienstleistungsexporten Multiplikatoreffekte für die potenzielle Produktionsansiedlung von Ausländern zu erwarten. Haben zum Beispiel deutsche Baufirmen hierzulande gute Erfahrungen mit polnischen Bauarbeitern gemacht, werden sie überlegen, Teile der Fertigung nach Polen zu verlegen. Von welcher Seite, dem Handel, dem Kapital oder den Arbeitskräften, letztendlich die zukünftigen Investitionsimpulse ausgehen, ist für den Aufbau von lukrativen Außenwirtschaftsbeziehungen irrelevant.

Fazit:

> Ohne weitergehende Analysen lassen sich anhand von „reinen" BIP-Anteilen der Industrie und des Dienstleistungssektors keine direkten wirtschaftlichen Vor- oder Nachteile für ein Land ablesen. Wie bei der Thematik „Humankapital & Co." sollten sich Anleger bei ihren Anlageentscheidungen nicht blind von Schlagworten „Industrialisierung" und „Tertiarisierung" leiten lassen.

2.2.5 Besondere wirtschaftliche Potenziale (Rohstoffe, Humankapital, attraktive Touristikregionen, Steueroasen)

Wurde bislang der Einfluss der politischen, sozialen und wirtschaftlichen Rahmenbedingungen auf die Unternehmensgewinne hinterfragt, so soll jetzt auf die besonderen wirtschaftlichen Potenziale, über die die NEM14-Staaten konkret verfügen, eingegangen werden. Die Potenziale helfen, diese Gewinne zu erhöhen. Deswegen kann hier auch von Gewinnreserven gesprochen werden. Die Potenziale unterscheiden sich von den analysierten Rahmenbedingungen insofern, als sie Aktiva darstellen, deren Nutzung im Wirtschaftsprozess Wachstumseffekte auslösen oder auch verstärken können. Rahmenbedingungen können günstig oder ungünstig sein. Potenziale sind dagegen definitionsgemäß immer wachstumsfördernd.

In den Schwellenländern kann unter den Potenzialen konkret eine Reihe von Ressourcen (Wachstumsreserven, Wachstumsverstärkern) verstanden werden, die womöglich zunächst „ruhen" können. Sie stellen mit andern Worten das „spezielle Extra" eines Landes dar, das dieses neben seinen normalen Wachstumskräften in Reserve anzubieten hat. Ein „gewöhnliches" Land, das keine Potenziale besitzt, kann zwar hohe wirtschaftliche Steigerungsraten aufweisen, wird es aber bei diesem Vorhaben schwieriger als ein mit Potenzialen gesegnetes Land haben.

Um die Kurschancen des Auslandinvestors in einem Schwellenland zu erhöhen, sind Länder mit hohen Potenzialen zu suchen. In der Regel lassen sich die „herkömmlichen" Wachstumskräfte in den Wertpapieranalysen einigermaßen zuverlässig quantifizieren und das, was die Börse kennt, ist für sie nicht mehr so spannend. Die Potenziale sind dagegen die geheimnisvollen Komponenten, die erst richtig für die Kursfantasie sorgen.

Der Zusammenhang lässt sich gut am Beispiel der Aktienkurse veranschaulichen. Diese werden bekanntlich neben den Gewinnen von einer Reihe anderer Faktoren bestimmt, die, falls sie negativ sind, als Risiken oder Belastungen, falls sie positiv sind, als Chancen, Fantasien oder Potenziale bezeichnet werden. Sprudelnde Unternehmensgewinne determinieren die Solidität jeder Aktienanlage. Sie kommen in einer günstigen fundamentalen Bewertung der Aktie nach dem sogenannten KGV (KGV = Kurs-Gewinn-Verhältnis) zum Ausdruck, worauf später eingegangen wird. Dennoch weiß jeder Börsianer, dass die fundamentale Solidität allein für ein Investment in Dividendenpapieren nicht ausreichen sollte. Ja, die Solidität kann, im Gegenteil, auch irgendwann langweilig werden und Kurssteigerungen verhindern. Denn Gewinne sind das Resultat einer launischen Konjunktur und diese kann dem Anleger einmal mehr, einmal weniger einen Strich durch die Rechnung machen. Also sucht er nach zusätzlichen Stimulatoren für sein Aktienengagement, eben nach Potenzialen.

An den westlichen Börsen lassen sich die Potenziale mit den unterschiedlichen Sonderfaktoren vergleichen, die die Aktienkurse stimulieren. Zu nennen wären hier Aktienrückkäufe, Leerverkäufe, Großakquisitionen, Kapitalerhöhungen, Fusionsfantasien, Indexaufnahmen, Aktiensplittungen und andere. Das Instrumentarium möglicher Kursfaktoren gilt – wie auf jedem entwickelten Kapitalmarkt – als sehr verfeinert und kann beliebig lang erweitert werden. Ob die Sonderfaktoren sich im Nachhinein als relevant erwiesen haben, ist unwichtig.

Im Endeffekt ist es eine Glaubensfrage, denn der Einfluss einzelner Faktoren auf die Kursänderung lässt sich weder messen noch überhaupt nachweisen. Wichtig ist, dass die Anleger an sie glauben und die Analysten mit solchen Kausalitätsthesen Käuferschichten anziehen können.

In den schwach ausgebildeten Kapitalmärkten der Schwellenländer sind die Sonderfaktoren noch ziemlich rar. Bei einer bescheidenen Titelauswahl kommen nur wenige lokale Großunternehmen in Frage. Eine wirkliche Auswahl auf der Ebene der Einzeltitel ist damit illusorisch. Daher hat der Anleger nicht die Aufgabe, Einzelunternehmen, sondern Länder zu finden, die neben der günstigen KGV-Bewertung – verglichen wird in einem solchen Fall mit der Bewertung eines repräsentativen Landesindizes – andere Aspekte besitzen, die für Kursfantasie sorgen könnten. Diese Aspekte wurden von uns als Potenziale (alternativ: Investitionsthemen) bezeichnet.

Ein solches konkretes Investitionsthema wäre im NEM14-Universum zum Beispiel die Fußball-Europameisterschaft in Polen und in der Ukraine im Jahr 2012. Ein Investor, der darauf setzt, müsste folgendermaßen vorgehen: Logisch ist, dass Polen als das wirtschaftlich stärkere Land von dem Sportereignis im höheren Maße profitieren wird. Weiterhin dürften auf der Branchenebene in erster Linie große Baukonzerne daraus Vorteile ziehen. Zu suchen sind demnach Gesellschaften mit den besten Vergabechancen bei der Ausschreibung von großen Infrastrukturprojekten (Bau von Stadien, Hotels, Straßenabschnitten, Ausbau von lokalen Flughäfen). Summa summarum bleiben als die aussichtsreichsten Anlagekandidaten die polnischen Baukonzerne übrig. Was konkret die besagten Bauunternehmen an der Meisterschaft verdienen werden, ist zweitrangig. Wie oben gesagt: Wichtiger ist, dass die Analysten das Investitionsthema „Fußball-Europameisterschaft" überzeugend darstellen und dadurch die Fantasie des Anlegers anregen.

Sinnvoll erscheint die Einteilung der Potenziale in vier Kategorien:

Rohstoffe

Die Rohstoffthematik regt seit eh und je die Fantasie der Anlagewelt an. Rohstoffanlagen (Aktien, Zertifikate, Fonds) zählen mittlerweile zu einer eigenen Assetklasse und fehlen in keinem breit gefächerten Depot. Es handelt sich hier zwar oft nur um eine Depotbeimischung, ähnlich wie bei Gold, Währungen oder Immobilien. Aufgrund ihrer Zyklizität zählen Rohstoffe allerdings zu den volatilsten Anlagen, bei denen sich die Risiken und Chancen oft die Waage halten.

Rohstoffe werden grob in organische (tierisch und pflanzliche) und anorganische (bergbauliche Rohstoffe, Metalle, Energierohstoffe) unterteilt. Zu den Potenzialen im Bereich der anorganischen Rohstoffe (die wegen ihrer dominierenden Bedeutung allein behandelt werden) sind Ereignisse zu nennen wie die Entdeckung neuer Lagerstätten, Verschiebungen der Nachfrage-, Substitutions- und Preisrelationen, Senkung der Explorationskosten durch neue Fördermethoden und Erschöpfung lokaler Quellen, Veränderung der Transportkosten und andere.

Leider sind die genannten Detail- und Einzelaspekte ohne Spezialexpertisen kaum realistisch einzuschätzen. Das entbindet den Privatanleger nicht von der Aufgabe, bei diesem „Investitionsthema" auf die Seriosität der Quellen zu achten. Besonders in Haussezeiten, wenn verwöhnte Spekulanten immer „gieriger", und viele unseriöse Börsenbriefe machen sie diese uralte Schwäche der Menschen zu Nutze. Sie empfehlen en masse unbekannte, angeblich extrem niedrig bewertete und illiquide Gold- oder Diamantenminen, von denen weder Bilanzzahlen noch Geschäftsberichte vorliegen. Falls die empfohlenen Firmen überhaupt physisch existieren, werden sie in den seltensten Fällen das Stadium der Erstexplorationsphase verlassen haben. Leider sind der Anlegerfantasie, genau so wie der Anlegernaivität, kaum Grenzen gesetzt.

Ein anderer häufiger Gesichtspunkt muss dagegen den Anleger kurzfristig nicht beunruhigen. Bekanntlich werden in den nach Wachstum dürstenden Schwellenländern die ökologischen Folgen der Rohstoffgewinnung sträflich missachtet. Ein häufiger Raubabbau wird von der „nicht moralisch" handelnden Börse selten negativ sanktioniert, sondern eher belohnt.

Humankapital

Die Definition des Humankapitals ist nicht eindeutig und die Abgrenzungen zu den Begriffen Wissen, Können, Leistung, Wert des Produktionsfaktors Arbeit, Arbeitskräftepotenzial oder Know-how strittig. Zum Humankapital könnten in „wachstumstechnischer Sicht" die Menge der Erwerbspersonen und die Menge der von ihnen verrichteten Arbeitszeit (normale tägliche Arbeitszeit, Überstunden, Erwerbsjahre) zählen. In den ehemaligen kommunistischen Planwirtschaften war diese „technische" Denkweise sehr verbreitet. Auf die Qualität der produzierten Güter und der Arbeitsleistung kam es damals in einer Gesellschaft ohne Markt und mit permanenten Angebotsdefiziten nicht an. Die kommunistischen Technokraten merkten aber bald, dass die Menschen in physischer und geistiger Hinsicht sehr unterschiedlich sind. Sie standen dennoch hilflos vor dem unlösbaren Problem, die Qualitätskomponente der Arbeitsleistung ihrer Werktätigen in die ambitionierten Pläne einzubauen. Dass die demotivierte kommunistische Gesellschaft unter ihrer Leistungsfähigkeit arbeitete, war allgemein bekannt. Selbst in einer Welt der systemimmanenten Planübererfüllungen muss der Zentrale eine „Normübererfüllung" des Bergarbeiters und Arbeitshelden der Sowjetunion Jurij Stakhanov um 1200 Prozent suspekt vorgekommen sein. Hier war die „Planvorgabe" eine Farce. Die Technokraten werden mit Sicherheit irgendwann festgestellt haben, dass es beim Humankapital auf die reine Einsatzmenge genau so wenig ankommt wie bei der Größe einer Produktionsanlage beim Sachkapital.

Denn das Humankapital einer Nation besteht nach unserer Auffassung aus dem kumulierten Wissen (Grundlagenwissen, Technologien) und den wirtschaftlichen und fachlichen Fähigkeiten (Prozessorganisation, Kenntnis der technischen Abläufe, Handelstalent). Der Transfer des einfachen technologischen Grundlagenwissens kennt zwar keine Zollgrenzen und ist somit, vereinfacht gesagt, „kostenlos" zu haben. Sein Besitz bringt, umgekehrt gesehen, auch keine sichtbaren Vorteile, wenn er nicht allein in Kombination mit einer Produktionstechnologie genutzt werden kann. Diese wird wiederum nicht umsonst zu haben sein und ist und höchstwahrscheinlich durch Patente geschützt:

Auf die Lage in den NEM14-Ländern übertragen, sind folgende Besonderheiten des Humankapitals hervorzuheben:

- Heute werden Technologien oft einfach gestohlen, am liebsten an Ort und Stelle von einem Joint-Venture-Partner. Rot-China soll auf diesem Gebiet besonders einfallsreich sein. Es ist denkbar, dass einige große Länder aus der NEM14-Gruppe, wie Mexiko oder Indonesien, sobald sie weiter wirtschaftlich an Gewicht gewinnen, diesem Beispiel folgen werden.

- Gastarbeiter aus den Entwicklungsländern bedeuten für ihre Heimatländer einen doppelten Segen. Nach dem Weltbankbericht arbeiteten 2005 über 70 Millionen Menschen in der Fremde und überwiesen insgesamt 232 Milliarden US-Dollar nach Hause, was etwa dem damaligen BIP von Südafrika entsprach. Von dieser Summe entfielen 70 Prozent auf alle Entwicklungsländer. In unserem NEM 14-Universum machen die regulären Geldüberweisungen der Türken, Vietnamesen, Pakistanis oder Mexikaner vier bis acht Prozent des jährlichen BIP dieser Länder aus. Bedeutsamer als vorgenannte Dotierungen sind das Startkapital und das Know-how, welches die Rückkehrer ins Land mitbringen. Zwar liegen hierzu keine Zahlen vor, aber sie dürften ebenso in die Milliarden US-Dollar gehen. Derartige Kapitalspritzen lassen sich gut mit einem Konjunkturprogramm mittlerer Größenordnung vergleichen und würden vielfach für die Initialzündung zum wirtschaftlichen Start ausreichen.

- Ebenso wird beträchtliches Startkapital von Immigranten aus der ersten Welt mitgebracht, die in ausgesuchte Schwellenländer auswandern und dort eine Existenz aufbauen. In der heutigen Zeit sind solche Immigrationen noch selten und nur wenige Einwanderungsländer kommen für Europäer mental in Frage. Das könnte sich bald ändern. Bei einer weiteren Verschlechterung der Wirtschaftslage auf dem alten Kontinent wird der Trend an Bedeutung gewinnen. UNO-Zahlen nennen für die Zeit nach dem Zweiten Weltkrieg eine hohe Zahl von 187 Millionen Einwanderern. Im NEM14-Universum rangieren die Ukraine (6,7 Millionen), Pakistan (3,2 Millionen) und Kasachstan (2,3 Millionen) auf den vorderen Plätzen. In diesen Fällen dürfte es sich allerdings eher um Kriegs- und politische Flüchtlinge handeln sowie die Rückwanderung ethnischer Minderheiten. Bei wirtschaftlich motivierten Einwanderungen war bis vor kurzem Südafrika hoch im Kurs, gefolgt von Polen und Tschechien. Es darf nicht als eine reine Utopie klingen, wenn im vereinten Europa die Migrationströme aus dem Westen des Kontinents in den Osten für beide Seiten – wie vor Jahrhunderten – wirtschaftliche Vorteile ergeben würden.

Geografische Lage

Eine günstige Geografie brachte in der bisherigen Menschheitsgeschichte jedem Land zwangsläufig politische und wirtschaftliche Vorteile. Die ersten Hochkulturen (Ägypten,

Babylon, Indus-Tal) entwickelten sich bekanntlich an den großen Flüssen auf der Grundlage einer auf Bewässerung basierenden Landwirtschaft. Ihnen folgten Handel treibende Nationen mit einem eigenen Zugang zum Meer. Beginnend mit den Phöniziern und der Seemacht Cartago im Altertum, über die Hanse und die italienische Stadt-Staaten im Mittelalter, bis zu den Niederlanden und England in der Neuzeit, profitierten alle Länder vom Handel. In der Industrialisierungsära war es wiederum wichtig, ob ein Land selbst über Rohstoffe verfügte (USA, Russland, Deutschland) oder sich diese als eine mächtige Handelsnation (Großbritannien) beschaffen konnte. Die Geografie kennt auch umgekehrt viele negative Beispiele. Länder, die auf diesem Erdball geografisch ungünstig liegen, unter außergewöhnlichen klimatischen Härten (Wassermangel, Extremtemperaturen) leiden, konnten in der Vergangenheit und werden es wohl auch in der Zukunft nicht schaffen, eine wirtschaftliche Bedeutung zu erlangen.

Wenn heute in der These vom „globalen Dorf" behauptet wird, dass in der Globalisierungszeit die Geografie nur eine sehr untergeordnete Rolle spielen wird, so ist dies ein gewaltiger Trugschluss. Denn die Globalisierung als Trend ist umkehrbar, die Geografie nicht. Wenn sich die Länder wieder mit Zoll- und Handelsbeschränkungen sowie Kapitalverkehrskontrollen abschotten sollten, ist es mit dem „globalen Dorf" vorbei. Vor diesem Hintergrund scheinen geografische Potenziale weit wichtiger zu sein. Allerdings wird sich unter den Vorteilen (Nachteilen), die diese einem Land verschaffen, jeder Anleger etwas anderes vorstellen. Es erscheint lohnenswert, einige damit zusammenhängende Anlageideen genauer unter die Lupe zu nehmen.

Einige der Investoren könnten den Schwerpunkt auf die alternativen Energieträger (Wasser, Wind, Sonnenenergie, Erdwärme) legen. Ohne profundes Spezialwissen lässt sich leider dieser Ansatz a priori nicht weiter verfolgen. Führt der Investor eigene Recherchen durch, kann er in vielen Nachschlagewerken prüfen, in welchem NEM14-Land große Infrastrukturprojekte (Staudämme, Pipelines, energieeffiziente Anlagen, Gezeitenkraftwerke, Windturbinen, Straßen, thermische Müllverbrennung, Kraft-Wärme-Kopplungstechnologien, Hydro-Park-Anlagen) aktuell gebaut werden oder geplant sind. Er könnte versuchen zu klären, ob diese Großprojekte wirtschaftlich überhaupt konkurrenzfähig sind oder ob sie nur reine übberteuerte Prestigeprojekte darstellen, welche sich Diktatoren zu Lebzeiten als „Denkmäler" hingestellt haben. Dieses Spezialwissen kann zwar für ihn sehr aufregend sein, bringt ihn aber nicht weiter. Denn: Interessiert das alles die Börse? Wer nach derartigen detaillierten Einzelheiten fragt, muss dringend an die alte Grundregel erinnert werden: Investoren, Analysten und die Börse neigen grundsätzlich dazu, optische plakative Ereignisse – wie die Inbetriebnahme einer wichtigen Verkehrsader oder Eröffnung eines Flughafens – über zu bewerten. Wer möchte schon zu solch feierlichen Anlässen von nüchternen Zahlen gestört werden? Ob nun die Inbetriebnahme der Investition, die eine bescheidene zweiprozentige Gewinnsteigerung bringt, eine zehnprozentige Steigerung des Aktienkurses rechtfertigt oder nicht, ist in solchen Momenten zweitrangig.

Einem anderen Anleger kann umso mehr die Attraktivität seines NEM-Favoriten als Touristikland wichtig sein. Hier erlaubt uns die Wertpapieranalyse weniger mit Fantasie- als mit konkreten Wirtschaftsdaten zu operieren, da viele Länder den Saldo ihrer Reiseverkehrsbilanz veröffentlichen. Neben bekannten Adressen, die eher eine „Sättigung" (Türkei, Tschechien, Mexiko) zu erwarten haben, stehen anderen nach Expertenmeinung noch „rosige Zeiten" (Indonesien, Vietnam) bevor. Höhere Touristikeinnahmen lassen sich zudem kurzfristig über die Wechselkurskurspolitik und langfristig über Infrastrukturinvestitionen stimulieren. Durch international finanzierte Projekte – eine „touristenfreundliche Politik" ist nicht selten eine Frage des guten Willens – ist es bereits vielen Ländern gelungen, die hohe geografische Anziehungskraft zu nutzen. Es gibt noch einen weiteren Vorteil. Erfahrungen in der Touristikwirtschaft sind, anders als die Patente, quasi kostenlos durch bloßes Abgucken zu erwerben. Kein Wunder, dass in den Entwicklungsstrategien immer wieder auf diese Trumpfkarte gesetzt wird, ohne auf die Nachteile der damit verbundenen Einseitigkeit der wirtschaftlichen Entwicklung zu achten. Die Volkswirtschaften der Karibikstaaten sind seit Jahrzehnten im Durchschnitt zu 18 Prozent vom Massentourismus abhängig, in dem leider ein erbarmungsloser Verdrängungswettbewerb herrscht. In Einzelfällen wird sich ein Dutzend Länder finden, bei denen die Marke von 25 Prozent überschritten wird. Generell bedeutet jedoch ein guter Start in der Branche einen dauerhaften Devisensegen, der in besonders exotischen Südländern zum Selbstläufer werden kann. Wie wichtig die Touristik im Weltmaßstab ist, mögen folgende Zahlen verdeutlichen. 2007 betrug weltweit die Zahl der Touristen 850 Millionen, die Sektoreinnahmen beliefen sich auf 700 Milliarden US-Dollar (knapp vier Prozent des globalen BIP) und er umfasste etwa drei Prozent aller weltweiten Arbeitsplätze.

Geografische Potenziale können zudem aus der günstigen Lage als Transitland resultieren. Zwar werden im NEM14-Universum keine Einnahmen aus den Autobahngebühren zu finden sein. Dennoch ist die Nutzung des Straßen- und Schienennetzes, der Öl- und Gaspipelines, der Häfen oder der Wasserwege durch einen in der Region tätigen Ausländer nicht kostenlos. Experten messen dem Energietransport und damit Staaten wie Pakistan, Türkei (Nabucco-Projekt) oder Ukraine eine hohe Bedeutung als Durchleitungsländer zu. Infolge der raschen Wirtschaftserstarkung Russlands wird zunehmend Polen als Transitland ins Spiel gebracht.

Gilt die geografische Lage als Potenzial, sollte dieser Vorteil eher langfristiger Natur sein. In vielen Fällen lässt sich eine zeitliche Einstufung der Potenziale nur schwierig ausmachen. Zwei Beispiele mögen dies verdeutlichen:

In kleineren Entwicklungsländern werden Militärbasen, Flottenstützpunkte und vergleichbare Einrichtungen als signifikanter Wirtschaftsfaktor eingestuft. Nicht nur die Kaufkraft der stationierten Militärs, sondern ebenso die notwendige Infrastruktur wird ins Kalkül gezogen. Als Musterfall muss hier die Installierung des Raketenabwehrsystems durch das US-Militär in Tschechien gesehen werden. Eine zu große Euphorie wäre dennoch unangebracht. Noch so großzügige Stationierungserträge bleiben wohl eher eine ökonomische Randgröße. Ihr psychologischer Effekt für die Börse könnte nichtsdestotrotz beträchtlich sein. Es ist bekannt, dass den Gastgeberstaaten für ihr politisches Wohlverhalten eine großzügige Finanzhilfe gewährt und die Aufnahme in die internationalen Wirtschaftsorganisationen erleichtert wird. Das ist der Fakt, welcher an der Börse zählt. Die Folgeavancen schlagen schon unverhältnismäßig deutlicher zu Buche.

Ähnlich wie ein „kleines" Konjunkturprogramm wirken Investitionen an den Austragungsorten wichtiger internationalen Sport- und sonstiger Top-Ereignisse. Derartige Spektakel waren schon immer eine willkommene Eintrittskarte für den Weltmarkt. Olympische Spiele, Welt- und Europameisterschaften sind in dieser Kategorie genauso einzuordnen wie die Weltausstellungen, Kongresse und Großmessen. Ein gutes Beispiel aus dem NEM14-Universum: die Fußball-Weltmeisterschaft in Südafrika 2010 und, wie an anderer Stelle bereits erwähnt, die zwei Jahre später geplante Fußball-Europameisterschaft in Polen und der Ukraine. Davon sprechen schon viele Interessierte. Die Börsen haben noch Zeit, auf diese Ereignisse zu reagieren. Auch hier wäre zu viel Euphorie fehl am Platz. Die Wahl der Austragungsorte für das vorgenannte Fußballgroßereignis ist nicht anders als eine „Goodwill-Geste" gegenüber den neuen EU-Mitgliedern zu sehen.

Können Steueroasen zu den Potenzialen gezählt werden?

Weitere Beispiele sind anzuführen. Nicht nur Börsianer wissen, dass die Schweiz seit einem Jahrhundert von ihrem Ruf als internationaler Finanzplatz mit liberalen Steuergesetzen und einem wasserdichten Bankgeheimnis gut lebt. Dass dies zum Nachteil anderer Staaten geschieht, darüber sind sich die Experten ebenfalls einig. Solange der Aderlass an Fluchtkapital sich dennoch in Grenzen hält, wird der Sonderstatus der Alpenrepublik billigend in Kauf genommen. Die Schweiz hat jedoch mehr zu bieten als nur Briefkastenfirmen. Anders verhält es sich bei einigen Adressen in der exotischen Übersee (Karibik), die sich diese, irgendwo kostenlose Idee zunutze machten und versuchen, den Status der Eidgenossen zu imitieren.

Es geht noch weiter. Größere Länder des ehemaligen Ostblocks versuchten das „schweizerische Modell" auf die Steuer- und vereinzelt auf die Zollfreiheit zu übertragen, um knappes ausländisches Sachkapital im großen Stil anzuziehen.

Wider Erwarten bewerteten die Börsen die „neuen" Steueroasen mit ziemlicher Zurückhaltung. Warum wohl? So wie zum anerkannten Finanzplatz mehr gehört als ein paar Briefkastenfirmen und die großzügige Asylgewährung für finanzkräftige Steuerflüchtlinge, sondern die Existenz von weltbekannten Großbanken und Börsenplätzen, so wird auch der potenzielle Investor in den Steueroasen jenseits der Oder eine solide wirtschaftliche Basis erwarten. Diese Einrichtungen wird er aber nicht unbedingt vorfinden. Wenn von heute auf morgen das von Krisen geschüttelte arme Pakistan den niederlassungswilligen Auslandsinvestoren alle nur denkbaren Landessteuern erlässt, bedeutet das noch lange nicht, dass dort Fremdkapital in Strömen herein fließt.

Die wenigen Vergleiche dürften genügen, die temporären Steueroasen in einigen NEM14-Staaten (Rumänien, Tschechien) nicht als „echte" Potenziale anzusehen. Auch haben ausgewählte Länder für multinationale Konzerne ersichtliche Steuer- und Subventionsvorteile vorgesehen, falls sie dort Produktionsstätten gründen. Das Risiko des Fehlschlags darf dennoch nicht unterschätzt werden. Was passiert, wenn nach erfolgter Niederlassung andere Abgaben (Lohnnebenkosten) drastisch erhöht werden bzw. sich andere wirtschaftlichen Rahmenbedingungen massiv verschlechtern? Dann bleibt der unvorsichtige Investor in seinem Langfristprojekt gefangen. Diese Überlegungen sprechen für ihre relative Zurückhaltung. Großkonzerne möchten niedrige Sätze vorrangig dort nutzen, wo keine gravierenden Erschließungsinvestitionen anfallen, wie zum Beispiel an reinen Dienstleistungsstandorten. Mit der Kündigung der gemieteten Büroräume, der Schließung von Geschäftskonten und der Entlassung lokaler Arbeitskräfte für einen Ausstieg ist dann sein Rückzug als beendet anzusehen.

Von den temporären Steueroasen – in Fachkreisen wird hier verschiedentlich von „Steuerdumpingplätzen" gesprochen – sind die langfristig angelegten liberalen Steuergesetze zu unterscheiden, mit denen seriöse Außenhandelskammern und andere Förderstellen für ihr Land werben. Es dürfte einem Nicht-Fachmann leider schwer fallen, ad hoc zwischen kurzfristigen „Lockangeboten" und attraktiven Ansiedlungskonzepten für das Auslandskapital zu unterscheiden. Es sollte vorsichtshalber entsprechende Fachstellen konsultieren.

Fazit:

> Die Börse schätzt Fantasien mehr als die „trockene" Solidität. Gerade die verschiedenen Besonderheiten der NEM-Staaten, die hier Potenziale genannt werden, garantieren immer wieder neue Fantasien. Diese reichen von der Entdeckung neuer Rohstoffvorkommen bis zur Aufnahme eines Landes in die Riege der beliebten Touristikziele. Der Anleger sollte seine Anlagestrategie nicht allein auf der Basis kurzfristiger Steuer-, Zoll- oder Subventionsvorteile fällen, mit denen ein Schwellenland wirbt. Man beachte: Selbst das Mega-Thema Abgeltungsteuer konnte den Fall des deutschen Aktienmarktes nicht auffangen.

2.3 Entwicklung des Kapitalmarktes

2.3.1 Entwicklung des Aktien- und des Anleihemarktes

Kapitalmarktgröße und technische Börseninfrastruktur

Bevor mit der Beschreibung der Kapitalmärkte der einzelnen NEM14-Staaten begonnen wird, sollen hier einige börsenspezifische Grundbegriffe geklärt werden.

Der Kapitalmarkt eines Landes muss nicht unbedingt dessen wirtschaftliche Bedeutung widerspiegeln. Gerade Deutschland gilt als ein typisches Land, das als Finanzplatz seinem Wirtschaftsstatus nicht gerecht wird, also in dieser Beziehung als „unterentwickelt" bezeichnet werden kann.

Von der Größe des Kapitalmarktes ist dessen technische Börseninfrastruktur strikt zu unterscheiden. Selbst auf kleinen, dem Volumen nach stark unterentwickelten Märkten können zeitgemäße Zulassungsstandards, internationale Handelsusancen und die modernste, elektronisch gestützte, professionelle Handelstechnik eingesetzt werden.

Es gibt viele Kennzahlen, die den Entwicklungsstand des Kapitalmarktes eines Landes abbilden. Für den Aktienmarkt wird am häufigsten das Verhältnis von BIP zur Börsenkapitalisierung herangezogen, das weiter als Dichtekoeffizient definiert werden soll. Unter der Börsenkapitalisierung ist wiederum die Summe der Marktwerte aller gehandelten Aktien zu verstehen. Diese Marktwerte ergeben sich ihrerseits aus der Multiplikation der jeweiligen Aktienstückzahl und den stichtagbezogenen Aktienkursen. Selbstverständlich lässt sich der Börsenwert ebenso gut für ein Einzelunternehmen berechnen. Bei einer Aktienstückzahl von 4,36 Milliarden und einem Börsenkurs von 10,70 Euro je Aktie betrug er bei der Deutschen Telekom per 26.3.2008 rund 46,66 Milliarden Euro. Am gleichen Tag brachten es alle DAX-Titel auf eine Börsenkapitalisierung von 765 Milliarden Euro und der Gesamtwert für den deutschen Aktienmarkt – es kommen zum DAX noch die Titel im MDAX, TechDAX und SDAX hinzu – konnte grob auf 900 Milliarden Euro geschätzt werden. Bei einem BIP von etwa 1.850 Milliarden Euro im Jahr 2007 lag demnach der deutsche Dichtekoeffizient bei etwa 52 Prozent.

Neben den Volumina interessieren den Anleger die Handelsaktivitäten (Umsätze). Bei dem sogenannten Rotationskoeffizienten wird der Jahresumsatz aller gehandelten Aktien im Verhältnis zum BIP genommen. Befinden sich große Aktienpakete in festen Händen (so zum Beispiel wenn ein geringer Streubesitz vorliegt und die Börsenstimmung flau ist), fällt dieser Quotient naturgemäß niedrig aus. Er lag für den deutschen Aktienmarkt 2007 bei 127 Prozent, was international gesehen ein relativ hoher Wert ist. Die Anzahl der börsennotierten Aktiengesellschaften belief sich zum gleichen Zeitpunkt auf 660 Titel. Dabei darf von der reinen Anzahl der Börsenadressen nicht unreflektiert auf die Umsatztätigkeit geschlossen werden. Viele von den börsennotierten Gesellschaften sind so klein und unattraktiv, dass sie in Anlegerkreisen keine Beachtung finden und keine Umsätze aufweisen. In Verbindung mit einem hohen Dichtekoeffizienten weist ein hoher Rotationskoeffizient auf eine rege Handels- und Anlagementalität eines Marktes oder Nation hin. Umgekehrt, gemessen an den obigen Kennzahlen, gilt der Kapitalmarkt eines Landes als unterentwickelt, wenn er (relativ) niedrige Werte des Dichte- und des Rotationskoeffizienten aufweist.

Bei internationalen Vergleichen ist dabei auf folgende Besonderheiten zu achten:

- Es ist zwischen der Börsenkapitalisierung, die alle Aktien berücksichtigt und der Markt- oder der Indexkapitalisierung zu unterscheiden, nur die frei handelbaren Aktien umfasst. Zum Beispiel betrug bei einem Streubesitz von 64 Prozent die Indexkapitalisierung der Deutschen Telekom per 28.03.2008 nur 29,82 Milliarden Euro.

- Der statistisch nicht erfasste außerbörsliche Aktienhandel (OTC-Handel) kann bedeutsamer als der offizielle Börsenhandel ausfallen. Gegenwärtig gewinnt der Handel mit nicht verbrieften Unternehmensanteilen, die keine Wertpapiere darstellen, weltweit an Bedeutung.

- Auch die zusätzlichen Börsenumsätze mit Titeln des betreffenden Landes an anderen regionalen oder großen Weltbörsen sind zu beachten, da sie die Werte der Heimatbörse übertreffen können. So werden in Singapur und Hongkong große Umsatzvolumina in Aktien anderer südasiatischer Länder getätigt.

- In der Analyse sollte genau zwischen einzelnen Anlagearten unterschieden werden. Es gibt Länder (wie zum Beispiel Deutschland), die einen starken Anleihe-, aber im Verhältnis zu ihrer Wirtschaftskraft eher einen schwachen Aktienmarkt vorweisen können. In anderen Ländern wird wiederum das Geldvermögen vorwiegend in Fonds oder in Aktien gehalten. Generell wird die Struktur des jeweiligen Kapitalmarktes entscheidend von den Anlagepräferenzen der Bevölkerung mit bestimmt.

An den NEM14-Aktienmärkten fallen viele Besonderheiten auf. In erster Linie stechen bei der gleichen Kennzahl die extrem hohen Bandbreiten zwischen den einzelnen Ländern sowie die fehlende Korrelation zwischen dem Börsenwert, den Börsenumsätzen und der Anzahl der börsennotierten Unternehmen hervor. Eine Schnelleinschätzung erlaubt folgende Interpretation:

NEM 14-Land	Börsenwert in % von BIP (2007)	Börsenumsätze in % des BIP (2007)	börsennotierte Aktien (30.4.2008)
Mexiko	48	30	357
Chile	149	59	239
Indonesien	50	74	388
Vietnam	39	> 50	115
Türkei	52	130	319
Pakistan	53	165	680
Südafrika	292	57	414
Nigeria	73	30	212
Ägypten	136	71	400
Polen	57	41	408
Ukraine	36	> 10	960
Kasachstan	106	48	72
Rumänien	31	18	65
Tschechien	45	120	36

Quelle: World Federation of Exchanges, wto

Abbildung 14: *Kapitalmarktspezifische Kennzahlen der NEM14-Länder*

Die hohen Börsenkapitalisierungen Südafrikas und Chiles dürften auf die lange Tradition im Börsenhandel mit Minen- und Rohstofftiteln zurückzuführen sein. Die Ukraine hat eine veraltete Kapitalmarktgesetzgebung, was Unsicherheiten bedeutet und zu den eher symbolischen Börsenumsätzen führt. Für den ausländischen Anleger gibt es dort de facto keine Möglichkeit, ukrainische Aktien direkt zu kaufen. Andererseits lassen sich am Dniepr sehr wohl Aktien in einem regen außerbörslichen Handel erwerben. Traditionsländer, wie Ägypten oder Pakistan mit einer längeren Börsenhistorie, weisen relativ hohe Werte aller Kennzahlen aus, was auf gut entwickelte Aktienmärkte schließen lässt.

Investitionskriterien für die Kapitalmärkte der Neuen Emerging Markets

Will der Anleger hinter den Kulissen der anonymen Zahlen die tatsächliche Börsenwirklichkeit besser kennen lernen, muss er auf Erfahrungsberichte von Profis zurückgreifen. Einen ersten Hinweis auf diese Thematik dürfte ihm die Kenntnis der technischen Börseninfrastruktur geben, die folgende Fragekomplexe zu beantworten hilft:

- Wie streng sind die Börsenzulassungen (Prospekte, Berichterstattung, Listingusancen, Haftungsfragen) bei den einzelnen Wertpapieren und wie werden diese Gesetze in der Praxis gehandhabt? Die von Land zu Land deutlich abweichenden Standards schützen bzw. benachteiligen die Anleger unterschiedlich stark.

- Wie lauten die Konditionen bezüglich der Orderabwicklung, der Kosten und Gebühren, der Kursfeststellung, der Handelszeiten oder Depotaufbewahrung? Wie gut ist das inländische Banksystem entwickelt? Welche Auslandsbanken, die als Vertrauensbeweis für die Wirtschaftskraft anzusehen wären, sind am Ort vertreten? Ein leistungsfähiges Banksystem wird als Bedingung für einen funktionierenden Kapitalmarkt angesehen.

- Wie professionell ist der inländische Anlagemarkt ausgebaut, der auf vorhandene Börsenerfahrungen schließen lässt? Hierbei interessiert die spezialisierte Manpower (Anzahl der Anlageberater, Analysten, Broker und Fondsmanager), die Anzahl von privaten und institutionellen Depotkunden und Zahlen zu anderen Börsenakteuren. Wie lauten die rechtlichen und formalen Zulassungsbestimmungen für diese Berufsgruppen?

- Wie sind die Kapitalmarktgrundlagen im Aktien- und Gesellschaftsrecht des betreffenden Landes geregelt (Aktionärsrechte, Hauptversammlungen, Kapitalerhöhungen, Dividendenpolitik u. a.)? Ist die Gesetzgebung eher als aktionärsfreundlich oder als aktionärunfreundlich zu bezeichnen?

Als erste Informationsquellen zu den börsentechnischen Infrastrukturen können die Webseiten der einzelnen NEM-Börsen dienen (www.world-exchanges.org).

Im Dschungel der Börsenprodukte – ein Kompass wird unabdingbar

Die Kurzanalyse eines jeden Marktes umfasst die Vorstellung von zwei Hauptelementen. Zum einen sind die Aktivitäten, der rechtliche Status und ergänzend die Motive der einzelnen Akteure (hauptsächlich der Käufer und der Verkäufer) zu beschreiben. Zum anderen ist die Vielfalt der gehandelten Produkte verständlich darzustellen. Je nach dem, ob bestimmte Akteure oder Produkte abgegrenzt werden sollen, kann zusätzlich vom Gesamtmarkt oder von den einzelnen Teilmärkten gesprochen werden. Für den Kapitalmarkt wird die Kurzanalyse nicht anders aussehen.

Aus der Sicht des deutschen Privatanlegers bietet sich an, die Kapitalmärkte der NEM14-Länder nach der Art der Finanzprodukte horizontal in Primär- und Schattenanlagen und vertikal in direkte und indirekte Anlagen zu unterteilen. Das Ergebnis lässt sich in einer Matrix festhalten:

Markt	direkte Anlage	indirekte Anlage
Realmarkt	Aktien, Renten	Fonds, Optionsscheine
Schattenmarkt	x	Zertifikate, Derivate

Abbildung 15: Klassifzierung der Wertpapiere nach Anlagestilen und Märkten

Die gewählte Klassifizierung ist einfach zu verstehen. Am Realmarkt sind der Emittent und der Basiswert gleich. Der Emittent ist in diesem Fall das Unternehmen, das seine Aktien bzw. Anleihen an die Börse bringt und den Erlös aus dem Börsengang selbst vereinnahmt. Der Anleger kann entweder Beteiligter (Aktionär) an dem Unternehmen oder dessen Gläubiger (Besitzer seiner Anleihen) sein. Besitzt er zum Beispiel zehn Daimler-Aktien, hat er eine, wenngleich eine ganz winzige Beteiligung an dem Stuttgarter Nobel-Karossenbauer. Bei 400 Millionen umlaufenden Daimler-Aktien beträgt sein Besitzanteil dann genau 0,0000000025 Prozent! Der Basiswert ist demgegenüber die Bezugsgröße, sozusagen der Nominalbetrag, auf das das emittierte Wertpapier lautet. Er könnte ein wenig mit einer Banknote verglichen werden. Der sie herausgebende Staat wäre dann der Emittent, der auf der Banknote aufgedruckte Nominalbetrag, zum Beispiel „Zehn US-Dollar", der Basiswert. Bei unserer Daimler-Aktie, die am Realmarkt gehandelt wird, sind Emittent und Basiswert gleich. Denn wenn der Autokonzern (neue) Aktien herausgibt, sind es seine eigenen. Mit anderen Worten gilt in diesem Fall vollinhaltlich der Spruch: Wo Daimler drauf steht, ist Daimler drin!

Anders sieht es am Schattenmarkt aus. Dieser Markt könnte auch als Abbildungs- oder Porträtmarkt bezeichnet werden. Obwohl diese Bezeichnung kein Fachterminus aus der Börsenwelt ist, klingt Schattenmarkt unseres Erachtens passender. Hier hat der Basiswert nur einen indirekten Bezug zum Unternehmen, das er abbildet. So wie der Schatten eines realen Gegenstandes, länger oder kürzer sein kann, fallen am Schattenmarkt der Emittent und der Basiswert auseinander, obwohl sie doch irgendwie zusammen hängen. Hier gilt keinesfalls die Losung „Wo Daimler drauf steht, ist Daimler drin".

Bezogen auf ein Zertifikat der Deutschen Bank auf Daimler müsste die Losung „Wo Daimler drauf steht, ist die Deutsche Bank drin!" heißen. Der Besitzer des Zertifikats ist kein Beteiligter an Daimler, sondern Gläubiger der Deutschen Bank und erwirbt eine Bankanleihe (Bankschuldverschreibung). Im Unterschied zu einer normalen Anleihe bekommt er hier keine Zinsen. Er erwirbt lediglich das Versprechen, dass die Deutsche Bank ihm am Ende der Zertifikatlaufzeit die (je nach Formel) Differenz zwischen dem Basis- und dem Aktienkurs auszahlt. Was die Deutsche Bank mit dem erzielten Emissionsbetrag aus der Zertifikatemission letztendlich macht, steht ihr frei. Auf keinen Fall muss sie Daimler fragen, ob sie dessen Namen für den Basiswert benutzen darf. Wenn die Frankfurter Großbank in Schwierigkeiten geraten sollte, kann es dem Stuttgarter Autobauern noch so gut gehen. Der Zertifikatskurs wird wahrscheinlich fallen. Wie wir sehen, „verpfändet" die Emissionsbank bei der Zertifikatsemission eigentlich nur ihren Namen, verkauft aber keine realen Anteile an den Basiswerten.

Der Schattenmarkt für jeden Basiswert kann ein Mehrfaches von seiner eigentlichen Börsenkapitalisierung am Realmarkt betragen. So macht der Wert aller weltweit emittierten Gold-Zertifikate und -Derivate etwa das Zehnfache der physisch vorhandenen Goldbestände aus. Selbst auf Daimler dürfte es um die 500 Zertifikate von über 30 Emittenten geben. Zwar bedarf jedes in Deutschland vertriebene Zertifikat der aufsichtsrechtlichen BAFin-Genehmigung. Da diese heute wie damals im Fließbandtempo erteilt wird, sind der „Produktion" von Schattenmarktprodukten keine Grenzen gesetzt. Damit soll nicht behauptet werden, sie seien alle unseriös. Sie stellen dennoch eine „idiotensichere" Einnahmequelle für die Banken dar, die diese Gelegenheit ausnutzen.

Der Schattenmarkt darf nicht mit einem Zweit- oder Sekundärmarkt verwechselt werden, bei dem das Unterscheidungskriterium der Erst- bzw. Zweitkauf lautet. Die Unterschiede zwischen den Begriffspaaren können wie folgt verdeutlicht werden: Am Immobilienmarkt agiert der Käufer einer neu gebauten Immobilie auf dem Erstmarkt, der Käufer einer gebrauchten Immobilie auf dem Zweitmarkt. Beide bewegen sich unverändert auf dem Realmarkt. Wer dagegen ein Zertifikat erwirbt, das lediglich die als Wertpapier verbriefte Immobilienpreisentwicklung des Erst- bzw. des Zweitmarktes abbildet, agiert auf dem Schattenmarkt.

Die einführenden Erläuterungen waren notwendig, damit folgende Einteilung der Akteure und Finanzprodukte an den Kapitalmärkten der Schwellenländer besser verstanden wird. Es wurde erwähnt, dass am Schattenmarkt für den Basiswert verschiedene Investmentthemen in Frage kommen. Was ist für einen bekannten Bankemittenten einfacher, als bestimmte NEM-Wirtschaften zu einem solchen Thema zu erklären? Internationale Investmentbanken waren und sind auf diesem Gebiet besonders einfallsreich.

Das Universum der Börsenakteure – wer sorgt für saubere Börsenregeln?

Bei der Vorstellung des „bunten" Universums der Akteure auf dem Aktienmarkt ist es für das Leserverständnis einfacher, die etwas humorvollere Alltagssprache zu wählen und diese in „Spieler", „Spielmacher", „Trittbrettfahrer", „Aufpasser" und die „Neutralen" zu unterteilen. Nimmt jemand die Sache ernster, lassen sich die Gruppen aktiver Marktteilnehmer, Börsen- und Bankenorganisatoren des Wertpapierhandels, Informations- und anderer Dienstleistungszulieferer der Finanzbranche, Börsenaufsichtsorgane und schließlich Non-Profit-Einrichtungen unterscheiden.

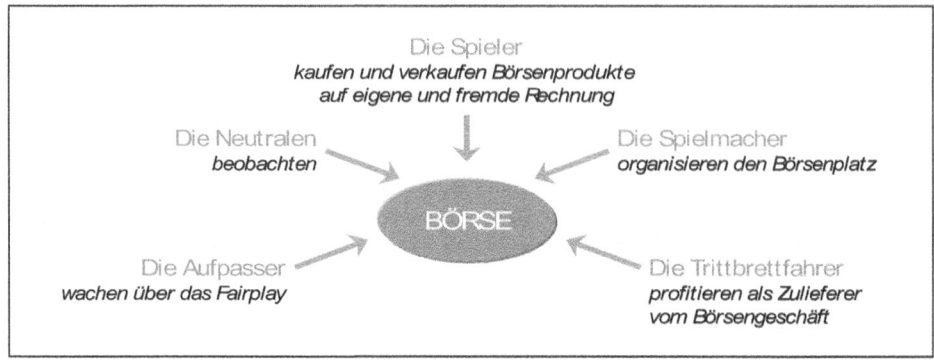

Abbildung 16: Börsenakteure und ihre Handlungsmotive

In Wirklichkeit ist die Anzahl der involvierten Gruppen viel größer als hier dargestellt. Wo die Grenze zwischen „Noch-Börsianern" und „Nicht-Mehr-Börsianern" verläuft, weiß niemand genau.

Das Hauptaugenmerk ist auf die Marktteilnehmer, die Nachfrager (Käufer) und die Anbieter (Verkäufer) zu richten, die auf eigene oder fremde Rechnung (Vermögensverwalter, Pensionsfonds, Versicherungen, Fonds) Börsengeschäfte durchführen. Im Unterschied zu anderen Teilnehmern diktieren sie durch ihr Kauf- und Verkaufsverhalten direkt das Marktgeschehen, das heißt, sie bestimmen, welche Volumina an welchen Wertpapieren zu welchen Kursen den Besitzer wechseln.

Nachfrager nach Finanzprodukten: Zu dieser Gruppe zählen die privaten und die institutionellen Anleger, der Staat und die Auslandsinvestoren. Die Bedeutung dieser Käufergruppen schwankt auch in Schwellenländern von Land zu Land erheblich. Der kaum noch überschaubare Schattenmarkt (Zertifikate) aller weltweit gehandelten Finanzprodukte, die als Basiswert irgendeine „Schwellenlandthematik" haben, erleichtert unterschiedlichen Käuferschichten den Einstieg, ohne dass sie sich nur annähernd mit diesem Anlagethema tiefer befasst hätten. Er erfreut sich besonders bei Privatanlegern großer Beliebtheit.

Dagegen diktieren auf den Realmärkten (Aktien, Anleihen) der Schwellenländer hauptsächlich die Ausländer und die inländischen Banken das Geschehen, während bei den Tiger- und BRIC-Staaten wiederum Staatsfonds eine große Bedeutung haben. Eine solche Machtkonzentration wird von den Börsenexperten als „ungesund" betrachtet. Denn die reibungslose Funktionsweise des Kapitalmarktes eines „jungen" Schwellenlandes hängt von der ausreichenden Marktpräsenz inländischer Privatanleger (Kleinanleger, Unternehmen) ab. Diese Präsenz ist notwendig, damit die Profis nicht unter sich bleiben und die Aktienkurse allein bestimmen. Insofern ist zu prüfen, ob in dem betreffenden Land eine ausreichend vermögende Mittelschicht existiert, die als aktiver Kapitalmarktakteur auftreten kann. Eine stark ungleiche Einkommens- und Vermögensverteilung wäre, wie beschrieben, unerwünscht.

Das Vermögen dieser Mittelschicht muss nicht unbedingt in Aktien angelegt sein, sondern kann in anderen Anlageklassen, wie auf dem Sparbuch, in Anleihen oder in Währungen ruhen. Es sollte allerdings eine gewisse Höhe haben. Besitzt der Durchschnittsanleger eines NEM-Landes vielleicht gerade 1.000 US-Dollar an Gesamtvermögen, so ist es egal, in welcher Anlageform er es hält. Ein breiter Aktien- oder Anleihenmarkt wird mit einem solchen Volumen nicht aufzubauen sein. Eine weitere Bedingung besagt, dass das Kapital faktisch im Inland verbleiben muss, damit es für Anlagen zur Verfügung steht. Ein ins Ausland transferiertes Vermögen kann definitionsgemäß diese Rolle nur auf vielen Umwegen erfüllen. Besonderheiten sind dennoch anzutreffen. Die zahlreichen Finanzholdings auf Zypern und in den Niederlanden, die russisches Geld in Russland anlegen, stehen dafür Pate. Das de facto russische Kapital zählt in diesem Fall juristisch als Auslandskapital und genießt in Russland besonderen Schutz.

Die Wertpapierstatistiken sind in den Schwellenländern lückenhaft und für tiefer gehende Analysen wenig brauchbar. Dadurch ist zwar bekannt wie viel Vermögen insgesamt in Aktien angelegt ist, nicht aber welche Gruppen von Aktionären wie viel besitzen. Nichtsdestotrotz geben, Berichten zufolge, eben unerfahrene Kleinanleger bei den Börsentreiben in den Schwellenländern den Ton an. Die Kursschwankungen an den noch „unreifen" Märkten fallen dementsprechend extrem aus.

Anbieter der Finanzprodukte: Beim Angebot von Wertpapieren in einem Schwellenland ist nach den Besonderheiten zu fragen, die von diesen Ländern selbst ausgehen. Hierbei interessieren zum Beispiel die mexikanischen Aktien (Anleihen) und nicht die Zertifikate mit der Thematik Mexiko. Weder Goldman Sachs noch die Deutsche Bank brauchen Mexiko zu fragen, wenn sie neue Mexiko-Zertifikate in ihren Mammutzentralen im fernen New York oder Frankfurt „produzieren", die dann von ihren Vertrieben untergebracht werden. Dieser Hinweis zeigt, dass auf der Angebotsseite der NEM-Wertpapiere ausschließlich der Realmarkt zu untersuchen ist, auf den diese Länder auch Einfluss haben.

Am Aktienmarkt der Schwellenländer lassen sich ganz ähnliche Anbieter wie in den Industrieländern des Nordens ausmachen. Das Hauptangebot stammt hier aus den Börsengängen (Börseneinführungen, Neuemissionen) privatisierter Sektoren. Die konkreten Privatisierungsprogramme der Einzelländer werden nach ihrer Verabschiedung durch die Parlamente publik gemacht, damit Investoren genügend Zeit haben, sich mit den Angeboten auseinander zu setzen. Die Erlöse aus den Privatisierungen fließen in der Regel in die Sanierung der maroden Staatshaushalte und der bankrotten Sozialsysteme. Außer zu staatlichen Börsengängen werden Portfolioinvestoren häufig als Finanzierungspartner zur Beteiligung an neuen Infrastrukturprojekten eingeladen. Eine noch andere Variante bilden die Platzierungen reduzierter Staatsanteile. Es ist im Einzelfall zu prüfen, wie viel „Tafelsilber" ein NEM-Land noch veräußern kann.

In der Vergangenheit wurden strikte Privatisierungsauflagen von ineffizienten Staatsbetrieben von internationalen Geldgebern zur Bedingung für eine Kreditvergabe gemacht. Hierdurch glauben die Geldgeber, aus dem maroden Staatskapitalismus einen modernen Privatkapitalismus schaffen zu können. Die Welt befindet sich jedoch im Wandel. Die Privatisierungsgänge sind nicht unumkehrbar. Viele der heute durch die Rohstoffhausse reich gewordenen Länder üben sich in mehr (Aktienrückkauf) oder weniger legalen (Enteignungen gegen Entschädigungen) Verstaatlichungen. Der Rückzug zum orthodoxen Staatskapitalismus ist mancherorts (Venezuela) unübersehbar.

Informationsbasis – der mühsame Weg zum eigenen Urteil

Nicht nur die Anbieter und die Nachfrager von Finanzprodukten haben in gewissen Börsenphasen Hochkonjunktur. Gleiches betrifft die Sphäre der Nachrichten und der Meinungsbildung. Ein Kurzporträt der Interessenslagen und Strategien der in und für die Schwellenländer tätigen Informationsdienste führt uns zu interessanten Überlegungen. Es spielt keine Rolle, wo die „Lieferanten" und „Nutzer" dieser Nachrichten und Meinungen sitzen, im Schwellenland selbst, vor dem Bildschirm im Arbeitsbüro eines deutschen Privatanlegers oder in der oberen Etage einer westlichen Investmentbank.

- Massenmedien (Tageszeitungen)

  Der Erfahrung nach verbreiten Massenmedien in extremen Börsenphasen entweder Kaufhysterie oder Verkaufspanik und verstärken damit den bestehenden Trend. In der Hausse bringt ihr Verhalten den Vorteil, dass breite Anlegerkreise erst durch die Medien auf die Aktie aufmerksam gemacht werden. Wird die Haussestimmung in einem Schwellenland selbst erzeugt, überträgt sie sich in der Regel erst mit einer gewissen Verspätung auf die ausländischen Investoren. In Ausnahmefällen ist es aber umgekehrt, wenn diese Investoren selbst für Unruhe auf fernen Märkten sorgen. Deutschen Zertifikatsinhabern wird nachgesagt, sie hätten die Aktienmarkthausse in Vietnam erst so richtig in Gang gebracht und damit entscheidend zum Zusammenbruch des lokalen Aktienmarktes beigetragen.

- Halb- und vollprofessionelle Printmedien (Börsenbriefe, Anlegermagazine)

  Die nachfolgenden Thesen beziehen sich in erster Linie auf die Welt der Schattenmarktprodukte. Eine alte Börsenweisheit besagt: Wer selbst nicht investiert, gibt gern anderen (entgeltliche) Ratschläge. Nach einem ähnlichen Konzept arbeiten die deutschen Börsenbriefe und Anlegermagazine. Ihre Herausgeber haben wohl rechtzeitig erkannt, dass sich in der Hausse mit Informationen und Meinungen genau so viel verdienen lässt wie mit Aktien selbst. Besonders Börsenbriefe sind auf dem Gebiet der Meinungsmache sehr aktiv. Sobald ein neues Megathema, wie „Rohstoffe", „Energie", „Demografie", „Emerging Markets" oder „Globalisierung" von den Investmentbanken kreiert wird und Akzeptanz findet, schießen „Reporte", „Fokusse" oder „Kompasse" wie Pilze aus dem Boden. Bei quasi fehlender Haftung für den Inhalt liegen die Vorteile der Herausgeber nicht in den höheren Auflagen. Die Publikationen gehen inhaltlich nicht wirklich in die Tiefe. Kritische Punkte werden kaum zu finden sein. Alles steht unter dem Zeichen der „Umsatzmache". Herausgeber, die die Chance hatten, mehrmals in ein Börsenfernsehen (ntv, bloomberg, ARD, 3SAT) eingeladen zu werden, dürften für längere Zeit ausgesorgt haben, wenn sie in diesen Sendungen ihre „Empfehlungen" präsentieren dürften. Empfohlen wurden meistens

Zertifikate. Wen wundert das bei den Provisionen? Kungeleien wie in der Ära des „goldenen" Neuen Marktes sind nicht zu übersehen. Der schnelle Privatanleger könnte eine Weile von diesem Trend profitieren. Aber wie lange? An der Börse wird zum Aussteigen nicht geklingelt! – besagt eine nächste alte Börsenweisheit.

- Fachzeitschriften und Wirtschaftsmagazine

Sie liefern dem Anleger profundes Basis- und Kulissenwissen, aber leider keine verwertbaren Kapitalmarkttipps. Eine benutzerfreundliche, journalistisch gut recherchierte Darstellung aus erster Hand, wie jede Art von Länderberichten, hilft ihm, einen Gesamteindruck über die exotischen Schwellenländer zu gewinnen. Den Quellen fehlt leider in der Regel der nüchterne ökonomische Hintergrund, was sie für Anlageentscheidungen nur bedingt brauchbar macht. Denn jeder weiß, dass Berichte und Artikel echte Wertpapier- oder Kapitalmarktstudien nur bedingt ersetzen können. Wie ein Börsianer sagen würde, sie sind „zu ernst" verfasst und stellen nur auf Fakten, nicht auf „Fantasien", ab.

- Unternehmensberichte und Informationen offizieller Wirtschaftsförderstellen

Es ist legitim, wenn sich Unternehmen nach außen positiv darstellen wollen. Damit solche Porträts professionell bleiben und nicht in schlichtes „Eigenlob" ausarten, wurden internationale Standards entwickelt. Hierzulande sind sie für die börsennotierten Gesellschaften als Ad-hoc-Meldungen gesetzlich geregelt. Für den Privatanleger reichen solche Kurzmeldungen völlig aus. Die Profis sind dagegen an detaillierten Berichten und Bilanzen interessiert. Diese strenge Fokussierung ist dennoch nicht sehr sinnvoll. Viel wichtiger ist unseres Erachtens die Kenntnis der Bilanzierungspraxis eines Landes. Denn das Risiko eines unterentwickelten Rechnungswesens darf nicht unterschätzt werden. Tatsächlich erwirtschaftete Unternehmensgewinne können nur aus einem aussagefähigen Bilanzwerk zuverlässig abgelesen werden. Ohne eine nachvollziehbare, kontrollfähige Methode steht zu befürchten, dass die Wirtschaft in diesen Regionen zu stark der Willkür lokaler Steuerbehörden ausgesetzt bleibt. Ein glaubwürdiges Rechnungswesen besitzt weitgehende Konsequenzen für den Kapitalmarkt. Denn die Bewertung anhand des Kurs-Gewinn-Verhältnisses (KGV) bleibt bei einer unsicheren Gewinnermittlung fraglich. Leider darf man die diesbezüglichen Erwartungen in Schwellenländern nicht zu hoch schrauben, bedenkt man, dass das IFRS-System (IFRS = engl. International Financial Reporting Standards) auch in Kontinentaleuropa erst ab 2007 verbindlich vorgeschrieben wurde. Was Unternehmen und Wirtschaftsverbände für sich in Anspruch nehmen, übernehmen für den Staat Informationsdienste und Förderstellen über Agenturen, Wirtschaftskonsulate, Auslandskammern und Informationsbüros. Derartige Erst-Hand-Informationen zeichnen sich zwar durch die Zuverlässigkeit der Datenbasis aus. Ihre Nachteile liegen allerdings in der fehlenden bzw. „zu milden" Schilderung der Risiken einer Investition oder einer Geschäftsgründung.

- Ratingagenturen

    Diese nach eigenen Angaben „unabhängigen" Kapitalmarktgutachter sind erst seit wenigen Jahren im Markt bekannt. Drei globale Rating-Oligopolisten, Moody's, Standard & Poor's und Fitch, vergeben Bonitätsnoten für Länder, Banken und Anleihen, nicht aber für Aktien! Mit ihren wenig transparenten Methoden bewerten sie zwar keine Anlagechancen aber doch die Ausfallrisiken. Im vergangenen Jahr zeigte die Praxis, wie wenig zuverlässig die Bonitätswächter sind, denen gravierende Interessenkonflikte mit Auftraggebern und Produkten – so bei den Flops mit den ABS- und Subprime-Anleihen – nachgewiesen wurden. Mit solchen Informationen kann ein kritischer Aktienanleger wenig anfangen. Abgesehen vielleicht von der Tatsache, dass die Aufnahme eines Landes bzw. einer Länderanleihe in den Investment-Grade-Status, der ein Mindestrating bei der Anlagewürdigkeit darstellt, ein Kaufsignal für erste Aktienpositionen senden kann.

- Non-Profit-Institutionen

    Es klingt seriös und für den Anleger beruhigend, wenn sich Anlageempfehlungen – zumal Kaufstudien – auf zweifelsfreie, neutrale Quellen von Zentralbanken, Forschungsinstituten oder Universitäten stützen können. Obgleich dies in der Anlagepraxis häufig geschieht, besagt diese Vorgehensweise nicht viel. Weil die zitierten Quellen keine Wertpapierempfehlungen herausgeben, werden die Forschungsergebnisse so interpretiert, wie es dem zitierenden Analysten, bzw. seinem Bankvertrieb ins Kalkül passt. Wenn aus einer solchen Studie hervorgeht, dass Pakistan riesigen Nachholbedarf bei Pkw hat, reicht diese Nachricht als Kaufargument für ein neues Landeszertifikat Pakistan gewöhnlich aus. Die Kehrseite der Medaille, dass ein noch so hoher Bedarf allein kein Ertragsbringer sein kann, wird dann im Lichte der internen Provisionszwänge der Banken wissentlich verschwiegen. Nicht alle Bankstudien sollten grundsätzlich als „befangen" abgelehnt werden. Es finden sich dennoch Adressen die hochwertiges Research-Material kostenlos anbieten.

2.3.2 Rechtlicher und faktischer Status des Auslandsinvestors

Bei der Sicherheitsbeurteilung einer Investition in einem Schwellenland sollte nicht irrtümlicherweise zwischen den Direkt- und Portfolioinvestoren allein aufgrund bilateralen staatlichen Schutzabkommen, den so genannten Bilateral Investment Treaties (BITs), unterschieden werden. Diese Verträge schützen weder die Direktinvestoren vor wirtschaftlichen Bilanzverlusten noch die Portfolioinvestoren vor Kursverlusten.

Die BITs bieten Investitionen ausländischer natürlicher oder juristischer Personen (Unternehmen) in einem fremden Staat rechtlichen Schutz, primär gegen Eigentum beeinträchtigende Maßnahmen. Erleidet ein ausländischer Unternehmer Schäden an seiner Investition aufgrund einer Verletzung der Investitionsschutzpflichten des Gaststaates, so kann dieser den fremden Staat vor einem internationalen Schiedsgericht verklagen. Während ältere Abkommen sich primär auf den Schutz bereits getätigter Investitionen beschränken, beziehen neue Verträge häufig auch die Frage des Marktzugangs, also der Möglichkeit, überhaupt als Ausländer eine bestimmte Investition vornehmen zu dürfen, in ihren Anwendungsbereich ein.

Auch im Portfoliobereich steht die Gleichbehandlung bzw. genauer formuliert die Andersbehandlung des Ausländers im Mittelpunkt. Sie beinhaltet nicht unbedingt eine unerwünschte Diskriminierung (Schlechterstellung). In einigen Ländern ist ohnehin eine Besserstellung der Ausländer notwendig und rechtlich verankert – zum Beispiel wenn es um den freien Devisentransfer geht – damit die gewünschte Finanzinvestition überhaupt zustande kommt.

Die Statusfrage des Auslandsinvestors ist per definitionem nur den am Realmarkt tätigen Akteuren zu stellen. Wenn ein Privatanleger Zertifikate am Schattenmarkt kauft, ist die emittierende Bank sein Vertragspartner. Ob diese ihrerseits in einem Schwellenland diskriminiert oder hofiert wird, ist für den Anleger irrelevant. Die unterschiedliche Behandlung der Auslandsinvestoren – der Einfachheit halber sollen des Weiteren lediglich Fälle der Diskriminierung untersucht werden – kann in der Praxis folgende Dimensionen annehmen:

- Welche Gruppen von Ausländern werden benachteiligt? Dürfen alle Ausländer Wertpapiere kaufen (verkaufen) oder nur institutionelle Träger oder Fonds? Kann der Investor sich die Depot führende Stelle persönlich aussuchen, damit er jederzeit einen ungehinderten Zugriff auf seine Vermögenswerte hat?
- Bei welchen Anlagearten wird Ausländern der Marktzugang versperrt? Dürfen sie Aktien oder nur Anleihen bzw. nur Fonds erwerben? Sind Auslandsbeteiligungen in den so genannten strategischen Branchen ganz oder bis zu einer gewissen Quote ausgeschlossen? Ist ein beliebiger Weiterverkauf dieser Anteile gestattet oder gibt es hier Restriktionen?
- Dürfen Ausländer nur bestimmte, mit untergeordneten Rechten (Stimmrechtsbeschränkung, Namensaktien, Vinkulierung) ausgestattete Aktiengattungen und andere Wertpapiere erwerben oder unterliegen sie solchen Restriktionen nicht?
- Welche Preise (Börsenkurse, Festpreise, Auktionspreise) werden in Rechnung gestellt? Sind Gewinnobergrenzen beim Verkauf vorgesehen? Unterliegen die Gewinne einer offenen oder einer verdeckten Sondersteuer (zum Beispiel auf Ausschüttungen)?

Wer genügend Fantasie besitzt, könnte den vorliegenden Fragenkatalog beliebig erweitern. Wie ersichtlich: Was in westlichen Industriestaaten als Alltagsgeschäft gilt, ist in einem Schwellenland noch lange keine Selbstverständlichkeit. All diese Formen der Ausländerdiskriminierung sind in der Praxis bereits vorgekommen und müssen daher weiter erwartet werden.

Die häufigsten Einschränkungen sind die Beteiligungsobergrenzen in bestimmten „strategischen" Branchen. Warum ist das so? Für ein gewisses Schutzbedürfnis ihrer Volkswirtschaften durch die jeweiligen Regierungen der Schwellenländer sollte angesichts der niedrigen Kapitalisierungen dortiger Börsen Verständnis aufgebracht werden. Finanzstarke Auslandsinvestoren wären dort in der Lage, mit wenig Geld ganze Sektoren aufzukaufen. Solche

Vorsichtsmaßnahmen sollten nicht verwundern. Selbst die G8-Staaten haben ein Schutzprogramm vor Übernahmen durch Staatsfonds bereits aufgelegt. Das ist ebenfalls eine klare Ausländerdiskriminierung!

Im Endeffekt kommt es immer auf den Grad der konkreten Benachteiligung an. Sind hohe Steuern auf ins Ausland transferierte Kursgewinne „noch tragbar" bei einem Steuersatz von 40 Prozent oder erst bei 80 Prozent? Solche und ähnliche Fragen enthalten einen hohen Grad an Subjektivität.

Es gibt Messkonzepte, um festzustellen, wann sich ein konkretes Schwellenland als Standort die Sympathien der Auslandsinvestoren verscherzt hat. Dies wird an der Bilanz der negativen Portfolioinvestitionen – die Kapitalimporte überwiegen in diesem Fall die Kapitalexporte – abzulesen sein.

Fazit:

> Das Kapital der finanzstarken Ausländer ohne Einflussnahme auf die Wirtschaft war noch in jüngster Zeit in so manchem Schwellenland sehr willkommen. Die Länder fürchteten um ihre Selbständigkeit. Heute wendet sich das Blatt. Durch fleißiges Sparen und hohe Exportüberschüsse haben die meisten von ihnen inzwischen enorme Devisenreserven aufgebaut. Wenige rohstoffarme Nationen sind dagegen weiterhin auf das Auslandskapital angewiesen. Die Anonymität und Möglichkeit der weltweiten Börsenkäufe erlaubt jedem Privatanleger rein theoretisch Wertpapiere eines Schwellenlandes in beliebiger Höhe und zu beliebigen Zeitpunkt zu erwerben. Dennoch werden aus politischen Gründen von allen Ländern auf diesem Globus – auch von den Industriestaaten – beim Beteiligungserwerb durch Ausländer verschiedene Schutzmauern aufgebaut.

3. Auswahl der chancenreichsten Neuen Emerging Markets (empirischer Teil)

3.1 Definition des untersuchten Länderuniversums

Wird der typische Anleger gefragt, warum er gerade in die NEM14-Ländern investieren will, dürften ihm ad hoc mehrere Argumente einfallen:

- Die Wirtschaftskraft dieser Länder hat sich in ihren Kapitalmärkten noch nicht genügend niedergeschlagen. Es genügt, auf die Weltanteile am BIP und an der Börsenkapitalisierung zu schauen, um dies festzustellen.
- Die Börsenerfolge der BRIC- und Tigerstaaten werden Nachahmer finden, zumal diese Länder erste „Sättigungstendenzen" sowohl in der Wirtschaft (Überhitzung) als auch auf dem Kapitalmarkt (hohe Bewertung der Märkte) zeigen. Die NEM14-Staaten werden als die „kleinen Brüder" der BRIC-Riesen angesehen.
- Sobald sich die Aktienmärkte weltweit beruhigen, werden viele Anleger bald nach „Investmentthemen" suchen, die ihnen mehr Sicherheit garantieren. Dafür bieten sich die NEM14-Börsen in hohem Maße an, einmal durch die Vielfalt ihrer Potenziale und einmal durch die starke Abkopplung ihrer Kapitalmärkte vom turbulenten Weltgeschehen an den Aktien- und Rentenmärkten.

Ob diese Argumente im Lichte der statistischen Zahlen in jedem Punkt richtig sind, ist eine andere Frage. Entscheidend ist, was so oft schon gesagt wurde, dass die Börse daran glaubt!

Ist die Entscheidung für ein Portfolioengagement gefallen, steht der Privatanleger vor der Aufgabe, ein Länder-Universum nach nachprüfbaren Kriterien zu konstruieren, das ihm einen bestmöglichen Anlageerfolg verspricht. Erst danach hat er die Frage nach dem Anlageprodukt (Anleihe, Aktie, Fonds), in welches er investieren will, zu stellen. Zum Schluss muss er sich schließlich entscheiden, ob er auf einen Einzelwert (Direktanlage), auf den Gesamtmarkt (indirekte Anlage) oder eine spezifische Branche setzen will.

Zwei Wege stehen ihm offen, ein solches Universum zu konstruieren. Er kann sich auf die Meinung der „Bankexperten" verlassen oder er macht einen eigenen Versuch, nachdem er die aus diesem Buch gewonnenen Erkenntnisse in seine Überlegungen einfließen lässt. Beide Methoden haben Vor- und Nachteile, die es individuell abzuwägen gilt.

Bankstudien: unabhängige Informationsquelle oder willfährige Erfüllungsgehilfen des Produktvertriebs?

Bei den Bankstudien werden zu Recht die Vertriebs- und Provisionszwänge als Gegenargumente für ihre Nutzung im Vordergrund stehen. Der Verdacht einer „Befangenheit" liegt auf der Hand. Keine Frage, die Provisionen sind schon saftig, betragen sie doch – bezogen auf das erste Anlagejahr – bei den Aktienfonds bis fünf Prozent und bei den Zertifikaten bis vier Prozent der Anlagesumme. Ihre Erhebung wäre dennoch nicht weiter schlimm, wenn dadurch eine deutlich höhere Rendite als bei einer Alternativberatung herauskäme. Erwirtschaftet die Bank für den Anleger 30 Prozent Rendite im Jahr, sollte dieser schon ein Auge bei den hohen Provisionen zudrücken. Verdient sie sie aber?

Das ist die alles entscheidende Frage. Hat der Privatanleger den Zugang zu den gleichen Informationsquellen wie seine Bank, kann er in Eigenregie eine gleiche oder sogar eine bessere Rendite erzielen? Mehr Information bedeutet keinesfalls eine bessere Anlage. Wie der Volksmund weiß: Viele Köche verderben den Brei!

Obwohl sie spezifisches Know-how in ihren Expertisen eher vortäuschen als besitzen, verfügen die Wertpapieranalysten genauso wenig über ein „Geheimwissen" wie unser Privatanleger. Ein Nicht-Insider darf zwar den globalen Analystenhäusern nicht in die Karten schauen. Dennoch dürfte der informierte Skeptiker nicht zu sehr falsch liegen, wenn er zum Beispiel bei der Konstruktion des vorgenannten Next-Eleven-Universums von Goldman Sachs folgende, wenig komplizierte, Vorgehensweise vermutet. Wir unterstellen den New Yorkern hier folgende Schritte:

- Am Anfang des Aufnameverfahrens dürften die bevölkerungsreichsten Länder dieser Erde zur Debatte gestanden haben, sprich alle Riesen mit über 100 Millionen Einwohnern. Wenn das bettelarme Bangladesch – zum Teil aber auch Pakistan und die Philippinen – in die Favoritenliste aufgenommen wurden, so vermutlich nur aus diesem Grund. Wegen der Depotbegrenzung auf ein bis zwei Dutzend Länder mussten genauso nach unten Limits gesetzt werden, mit der Folge, dass wirtschaftlich interessante, aber dennoch „zu kleine" MOE-Staaten wie Ungarn oder die Slowakei durch das Raster fielen.

- Weiter werden sicherlich die tonangebenden US-Banken politisch nicht tragbare Länder (Bush: „Schurkenstaaten") wie den Iran oder Venezuela vorsichtshalber gemieden haben. Die blinde US-Gefolgschaft der großen europäischen Player durfte ihnen sicher gewesen sein. Wenn sich erst die Massenmedien auf ein „stigmatisiertes" Land eingeschossen haben, konnte es schnell zum Anlegerboykott kommen und selbst ein Iran-Zertifikat von Goldman Sachs wäre vielleicht unverkäuflich geworden. Umgekehrt kamen „befreundete" Länder wie die Ukraine in die enge Auswahl, obwohl sie de facto erst einen rudimentären Kapitalmarkt aufgebaut haben.

- Die Anlageländer sollten nicht zu arm sein, womit viele bevölkerungs- und rohstoffreiche schwarzafrikanische Länder (Kenia, Kongo, Ghana) noch nicht an der Reihe wären. Nachdem neue „investierbare Regionen" in den letzten Jahren auf unserem Globus immer seltener geworden sind, rücken auch sie als das letzte Aufgebot verstärkt in den Anlagefokus der Schattenmarkt-Produzenten. Solange die Börsen mitspielen, verläuft alles nach dem gleichen Muster: Erst wird für die Region von beauftragter analytischer Seite getrommelt („Der afrikanische Löwe erwacht!"). Dem folgen technische Aktivitäten (Prospekte schreiben, Zulassungen bei der Aufsicht beantragen) und zum Schluss werden die bankeigenen und fremden Vertriebskanäle aktiviert. Es kann losgehen! In der offiziellen Marketingsprache heißt es zwar immer, das ureigene Anleger- und nicht das Bankinteresse, stehe im Mittelpunkt der Anlagepolitik. Insider wissen jedoch nur zu gut, dass es umgekehrt ist.

- Besitzt das in die engere Auswahl geratene Land ein kulturelles Erbe, eine aufregende Geschichte oder ein sonstiges Alleinunterscheidungsmerkmal, das den Anleger anzieht, umso besser. Ein klassisches Beispiel liefert Ägypten, das sich durch kein besonderes Wirtschaftspotenzial auszeichnet, als überbevölkert gilt und von Kritikern als gewöhnliches Gastarbeiterreservoir für die reichen Golfstaaten gesehen wird. Ägypten ist aber als die Wiege der Zivilisation bekannt und dieses Schlagwort lässt sich gut verkaufen.

- Am Ende dürfen erst die wirtschaftlichen Gesichtspunkte gestanden haben, und das sowohl im positiven (Aufnahme der Rohstoffländer Kasachstan und Südafrika) als auch im negativen Sinne (Ablehnung Argentiniens wegen der Nichtbedienung ihrer Auslandschulden). Jetzt ist Next-Eleven-Universum zusammengestellt. So einfach ist es!

Weitere Kritikpunkte an Bankstudien sind erlaubt. Wer sich genau die Broschüren mit den Anlageempfehlungen anschaut, wird automatisch an bunte Reisekataloge erinnert. Keine Frage, eine ganzseitige bunte Aufmachung mit den Pyramiden im Hinter-, einer jungen hübschen Dame im Bikini im Vordergrund sowie eine esoterische Überschrift „Machen Sie mit bei der spannenden Investitionsreise ins Land der Pharaonen" dürften schon anziehen. Der bunte, unkritische Inhalt mit drei bis vier Stichworten je Seite, etwa nach der Art junge Demografie, 78 Millionen Einwohner, Wachstumsregion, Mittler zwischen Orient und Okzident, wird eine kritische Beschäftigung mit Ägypten kaum ersetzen können.

Das ist noch nicht alles. Der Privatanleger dürfte darüber hinaus den einseitigen Disclaimer (Haftungsausschluss) glatt übersehen, der im klein gedruckten, für ihn unverständlichen Bankchinesisch auflistet, welche Risiken das vorgestellte Wertpapierengagement beinhaltet und wofür die Bank im Einzelnen nicht haftet. Spätestens an dieser Stelle dürfte er bemerken, dass die selbst ernannten Experten auch nur „mit Wasser kochen". Wenn der Disclaimer so vieles unter Vorbehalt stellt, was vorher als unumstößliche These galt, müssten beim Anleger berechtigte Zweifel aufkommen. Was er braucht, wäre ein informativer Reisführer, der ihm die echten ökonomischen Risiken verständlich erklärt und keinen beschönigenden Prospekt. Dieser kann wegen der optischen Wirkung ruhig bunt illustriert sein. Die Banken könnten vieles von der Touristikbranche lernen: Die Reiselust in unbekannte, gefährliche Länder lässt dadurch nicht nach, weil in den Reiseführern die Risiken und Strapazen offen ausgesprochen werden.

Was ist mit dem Eigenstudium und anderen „neutralen" Quellen?

Andererseits hat der Investor wenige Chancen, auf wirklich neutrale Studien und Kapitalmarktinformationen zurückzugreifen. Sicherlich kann er nach Belieben Selbststudium betreiben. Als Quellen kämen für ihn die vielfach zitierten Non-Profit-Stellen in Frage. Ihre Schwäche – was hier nur wiederholt werden kann – liegt in ihrem hohen Abstraktionsgrad, weil sie nicht direkt „am Markt" präsent sind. Auf die Fußballberichterstattung übertragen, würden die Autoren solcher Studien mit den Chefredakteuren der Sportmagazine zu vergleichen sein, die ex ante eine Fußballsaison analysieren. Die Bankanalysten würden im Gegensatz dazu die Reporter darstellen, die ein laufendes Spiel live kommentieren und dabei etwas übertreiben, um vielleicht einen hohen Bekanntheitsgrad zu erlangen.

Alle ernst zu nehmenden Versuche, ein bankenunabhängiges Research zu gründen, sind bislang an der Finanzierungsfrage gescheitert. Es lässt sich deswegen nicht gleichzeitig ein praxisrelevantes und ein unabhängiges Wertpapier-Research finden. Dennoch hat sich in den letzten Jahren durch die vielen regulatorischen Eingriffe (Offenlegung der Interessenskonflikte) die Qualität des Research wesentlich verbessert. Zudem stehen in der Analyse unterschiedliche Autorenmeinungen sehr oft zueinander in Konkurrenz. Kaufempfehlungen von optimistischen Banken treffen auf genau so viele Verkaufsempfehlungen anderer Institute. Der Anleger kann selbst entscheiden, welchen Analysten er mehr Glauben schenkt. Leider trifft die skizzierte Meinungsvielfalt nur bedingt auf die Schwellenlandanlagen zu. Es sind gegenwärtig im deutschsprachigen Raum zu viele Kaufempfehlungen anzutreffen und es gibt nur sehr wenige Großbanken (Deutsche Bank, Allianz Global Investors, Goldman Sachs, ABN Amro, DZ BANK) die wirkliches Research auf diesem Gebiet betreiben.

Trotz der vielen Unzulänglichkeiten können Bankstudien dem Privatanleger eine wertvolle Hilfe sein. Selbst wenn die Research-Teams verschiedenen Sachzwängen und Restriktionen unterliegen, so spezialisieren sie sich doch auf ein Gebiet, verfügen über die notwendige Zeit und das Hintergrundwissen, um in die „Tiefe" zu gehen. Die Bank-Ausarbeitungen geben ihm einen guten Ansporn zum Selbststudium und weisen auf viele nützliche Datenbanken hin.

Die hier dargestellten Auswahlmethoden bauen auf den Thesen auf, die zu den analysierten Auswirkungen der Politik, der Sozialsysteme und der Wirtschaft auf die Gewinne und die Börse aufgestellt wurden. Es werden zwei Konzepte vorgestellt. Das erste, das Kriterienmodell, fragt, ob die einzelnen Investitionskriterien erfüllt wurden. Während hier eine penible Aufstellung notwendig sein wird, wird im zweiten Ansatz, dem sogenannten 3 G-Modell, eine vereinfachte Formel verwendet, die eine Auswahl im Schnellverfahren ermöglicht.

3.1.1 Länderauswahl mit Hilfe von einzelnen Investitionskriterien

Im theoretischen Teil wurde vorab häufig auf das NEM14-Universum Bezug genommen, ohne dass dessen Zustandekommen detailliert erläutert wurde. Diese Lücke wird an dieser Stelle geschlossen.

In der zuerst vorgestellten Auswahlmethode, dem Kriterienmodell, wird wie folgt vorgegangen. Der Suchprozess nach investierbaren Schwellenländern außerhalb der BRIC- und der Tigerstaaten beginnt mit der Erfüllung von folgenden drei Mindestkriterien: zehn Millionen Einwohner, zwei Prozent mehr Wirtschaftswachstum als der Weltdurchschnitt in den letzten drei Jahren und ein Pro-Kopf-Einkommen von mindestens 1.200 US-Dollar jährlich. Sind diese Bedingungen erfüllt, kommt der Analyst auf eine Gruppe von 26 bis 32 Staaten. Erst jetzt beginnt die eigentliche Aussonderung durch den Kriterienfilter, nämlich die politischen, sozialen, wirtschaftlichen und kapitalmarktbezogenen Kriterien, die im Endeffekt zur Reduzierung des Kandidatenkreises auf 12 bis 15 Länder führt.

Um den Subjektivitätsfaktor so gering wie möglich zu halten, werden wir die Analyse auf die bewährte K.O.-Methode abstellen. Sie besagt im Kern, dass beim Vorliegen eines bestimmten gravierenden Risikos eine Anlage nicht getätigt werden sollte, egal wie gut die anderen Investitionskriterien ausfallen mögen. Dabei bedeutet nicht jedes Risiko automatisch einen Ausschluss. Sonst wäre niemals eine Wertpapieranlage möglich. Nur die genau definierten K.O.-Risiken sind zu beachten. Zwar liegt bei jedem Investor die individuelle „Schmerzgrenze" eines K.O.-Ereignisses irgendwo anders. Für Analysezwecke muss aber eine einheitliche Lösung gefunden werden. In dem vorgestellten Kriterienmodell wird daher zwischen den „noch tragbaren" Standardrisiken und den „nicht mehr tragbaren" Ausschlussrisiken unterschieden.

Dieses Konzept lässt sich gut am Beispiel des politisch-sozialen Bereiches verdeutlichen. Als Ausschlusskriterien sind hier nach unserer Auffassung kriegerische Handlungen, Separationskämpfe, Aufstände, „antikapitalistische", und ausländerfeindliche Volksfrontregierungen zu nennen. Für den Anleger zählt in der Politik nur die Frage, ob das System die Entstehung von Gewinnen und deren Transferleistungen behindert oder erst gar nicht zulässt. Regionen, in denen Gewalt und Terror herrschen, erfüllen diese Bedingung nicht. Aber es geht nicht nur um die Gewalt. Wo aufgrund einer unternehmensfeindlichen Gesetzgebung, wie den ideologisch geprägten „Strafsteuern", keine Unternehmensgewinne entstehen können, haben auch Aktienmärkte keine Daseinsberechtigung. In Ländern, in denen dem Auslandskapital eine Enteignung droht, fließt es erst gar nicht. Dagegen sind Analphabetismus, Korruption, Diktaturen, Massenarmut und Menschenrechtsverletzungen – so sehr sie moralisch-ethisch verwerflich sein mögen – „noch tragbare" Standardrisiken, die in der Dritten Welt zum politischen Alltag gehören. Für funktionsfähige Börsen ist nicht eine lupenreine Demokratie, sondern ein stabiles politisches System die Grundvoraussetzung.

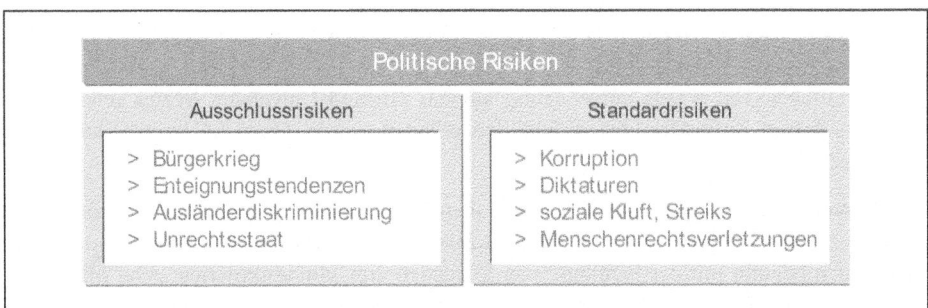

Abbildung 17: Ausschluss- und Standardrisiken im Politikbereich

Im Wirtschaftsbereich zählen zu den Ausschlussrisiken die akute Wachstumsschwäche und die Abwertungsgefahr der Inlandswährung wegen hoher Defizite. Daneben gibt es hier ebenfalls „ganz normale" Risiken. So werden die Störfaktoren, wie hohe Massenarbeitslosigkeit, galoppierende Inflation, extreme Abhängigkeit von der Weltkonjunktur, horrende Zinsen, lästige Lohn-Preis-Spiralen, unkalkulierbare Steuern- und Abgabenlasten oder soziale Konflikte zu den „noch tragbaren" Standardrisiken gerechnet. Mit diesen Problemen müssen die Volkswirtschaften der Schwellenländer oft seit Jahrhunderten leben.

Abbildung 18: Ausschluss- und Standardrisiken im Wirtschaftsbereich

Auch der Katalog von Standard- und Ausschlussrisiken im Kapitalmarktbereich ist umfangreich. Selbst wenn diese Meinung eher umstritten ist, sollte ein unterentwickeltes Bankensystem, die schwache Präsenz ausländischer Banken, die Abstinenz von Auslandsinvestoren, schlechte Analysten- und Ratingnoten, neue Kreditklemmen und steigende Abhängigkeit von internationalen Wirtschaftshilfen (IWF, Weltbank) lediglich als temporäre Schwächen angesehen werden. Wenn dagegen der Kapitalmarkt eines Schwellenlandes weder eine intakte Börseninfrastruktur noch ein anlagefähiges Vermögen besitzt, sind dies Barrieren, die tatsächlich ins Gewicht fallen.

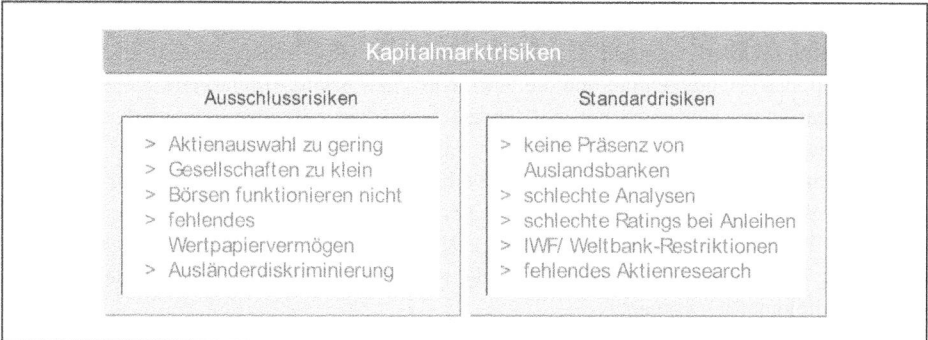

Abbildung 19: Ausschluss- und Standardrisiken im Kapitalmarktbereich

Damit ist für die Länder, die die Mindestvoraussetzungen erfüllt haben, der dreistufige Risikotest beendet. Am Ende des Verfahrens kommen von den 28 Ländern der breiten NEM28-Gruppe 14 in die enge NEM14-Auswahl. Das wichtigste Unterscheidungsmerkmal zwischen den beiden Kategorien ist das Vorliegen eines temporären, aber gravierenden Risikos. An folgendes Beispiel soll der Leser erinnert werden: Sollte in Kürze Thailands Militärjunta die Wirtschaft nicht mehr stören, kann das Land in die engere Auswahl aufrücken.

3.1.2 Pauschalanalyse anhand des „magischen Länderdreiecks"

Für jemanden, der keine Zeit für Einzelstudien hat, bietet sich eine praktikable Auswahlmethode anhand eines einfachen Modells an, des sogenannten „magischen Länderdreiecks", auch G3-Modell genannt. Die Analyse besteht hier aus einer einzigen Prüfungsebene.

Das Modell basiert auf folgender Formel (G3-Modell):

Diese Bezeichnung wurde bewusst so gewählt, weil sie an das „magische Dreieck" in der Kapitalanlage (Rendite, Sicherheit, Liquidität) erinnern soll. Reduziert auf einige wenige Kernaussagen, lässt sich das G3-Modell wie folgt begründen:

Eine ausreichende Größe sowie andere geografische Attribute, wie die nicht zu geringe Bevölkerungszahl und -dichte, eine genügend wirtschaftlich nutzbare Fläche sowie ein erträgliches Klima braucht das entsprechende Anlageland, damit es eine Binnenwirtschaft aufbauen kann.

Gewinnreserven (Rohstoffe, Kapitalstock, Infrastruktur, Arbeitskräfte) im breitesten Sinne sind notwendig, um den Produktions- und Dienstleistungsprozess aufrecht zu erhalten, fortzuentwickeln bzw. erst in Gang zu setzen. Sie umfassen neben den normalen Wachstumskräften auch das, was wir vorher mit Potenzialen beschrieben haben.

Was unter dem dritten Elementarfaktor, der (Wirtschafts-)Gesinnung, verstanden wird, ist schwieriger zu erklären. Generell ist damit eine moderne Gesellschaft gemeint, die das Leistungsprinzip, das Privateigentum und die Marktwirtschaft bejaht. Hinderlich für eine positive Wirtschaftgesinnung sind zum Beispiel feudale Strukturen, religiöse Schranken, Stammes- und Sippengesellschaften und verschiedene Arten von Diskriminierung. Weil die Wirtschaftsgesinnung mit konkreten Wertungen verbunden wird, ist dieses Kriterium nicht unproblematisch. Der Analyst darf kein Wirtschaftssubjekt „beleidigen" und bestimmten Gruppen zum Beispiel das Prädikat „bedingt leistungsfähig" oder eine andere abwertende Beurteilung aufdrücken. Andererseits soll er die Realität beschreiben. Er muss in seinen Analysen sehr diplomatisch vorgehen.

Anleger dürfen dagegen in ihrem Anlageverhalten offene Zurückhaltung üben und ihre Vorurteile laut aussprechen. Wie die in vielen Schwellenländern gemachten Erfahrungen zeigen, liegt die Leistungsschwäche mancher Völker nicht so sehr an dem fehlenden Willen als vielmehr an der unverschuldeten Unfähigkeit, modern zu wirtschaften. Wirtschaftsmentalität ist nicht von heute auf morgen zu erlernen. Das Scheitern der Entwicklungshilfe in vielen Ländern wird klar an solchen Ursachen festgemacht. Umgekehrt liegen zahlreiche von der Psychologie und der Ethik erarbeitete Erklärungsversuche für mutmaßliche Sonderbegabungen (Leistung, Handels- und Erfindungssinn, Intelligenz, Risikobereitschaft, hohe Lernfähigkeit) bestimmter Religionsgruppen (Protestanten, Juden) oder Nationen (Deutsche, Inder, Chinesen) vor. Es bedarf keiner Erklärung, dass sich die positive Wirtschaftgesinnung fördernd auf die Arbeitsproduktivität und damit auf das Wirtschaftswachstum auswirkt.

Wird die G3-Methode auf bestimmte Länder angewandt, sind danach einige wegen ihrer Größe (Ungarn, Bulgarien), andere wegen fehlender Gewinnreserven (Philippinen, Marokko) und schließlich dritte aufgrund der fehlenden Wirtschaftsgesinnung (Pakistan, Nigeria, Iran) auszuschließen. Das Kriterien- und das G3-Modell müssen nicht automatisch zu gleichen Ergebnissen führen. Wichtig ist, dass sich der Anleger in seiner Beurteilung bei der G3-Methode auf sein Allgemeinwissen beschränkt und den „gesunden Menschenverstand" einschaltet. Erst wenn diese beiden nicht ausreichen, kann er auf spezielles Fachwissen zurückgreifen. So wäre ohne die Kenntnis des politisch-wirtschaftlichen Hintergrunds nicht sofort erkennbar, warum das ölreiche, große Venezuela als Anlagekandidat nicht in Frage kommt.

Fazit:

> Damit es dem Privatanleger gelingt, die Länder mit den besten Börsenchancen unter den Schwellenländern auszuloten, muss ein geeignetes Auswahlkriterium entwickelt werden. Die Anwendung eines etwas anspruchsvolleren Verfahrens neben einer Faustregel reicht in einem solchen Fall gewöhnlich aus. Das breiter gefasste Kriterien-Modell basiert auf der detaillierten Risikoanalyse, die einen ungeeigneten Länder-Kandidaten auszuschließen erlaubt. Mit der Negativauslese als Methode ist der Anleger eher auf der sicheren Seite, als wenn er nur prüft, wie stark die positiven Seiten ausgeprägt sind. Die Faustregel des „magischen Länderdreiecks" fragt dagegen, ob ein Land eine konkrete Größe, genügend Entwicklungsreserven und einen wirtschaftlichen Leistungswillen besitzt.

3.2 Welche Anlagen sind sinnvoller – Aktien, Anleihen, Fonds oder Zertifikate?

„Magisches Dreieck" der Kapitalanlage – Sicherheit statt Rendite?

Zu Beginn jeder Kapitalanlage steht die Überlegung, ob ihr Schwerpunkt im Ertrag, der Sicherheit oder der jederzeitigen Veräußerbarkeit zu einem fairen Preis stehen soll. Dementsprechend sprechen Fachleute von hoher Rendite, bestmöglicher Sicherheit und der ausreichenden Liquidität als den Anlagezielen. Weil sich diese Ziele in der Realität häufig widersprechen, sehen Anleger darin eine Art „magischen Dreiecks". Dieses Phänomen ist seit langem bekannt. Vor 30 Jahren haben schon deutsche Sparkassen mit dem Slogan „Sicherheit statt Dividende" Werbung gemacht. Grundsätzlich lassen sich Rendite und Sicherheit in gewissen Grenzen austauschen. Die Aktie hat eine höhere Rendite, aber gibt weniger Sicherheit. Bei einer Anleihe ist es umgekehrt. Der Anleger kann also mit sich selbst die Antwort ausmachen: Auf wie viel Prozent Rendite bin ich bereit zu verzichten, wenn ich x Prozent mehr Sicherheit erreichen möchte?

Die These von den Zielkonflikten des „magischen Dreiecks" lässt sich deutlich am Beispiel der BRIC-Aktienmärkte in den letzten drei Jahren belegen.

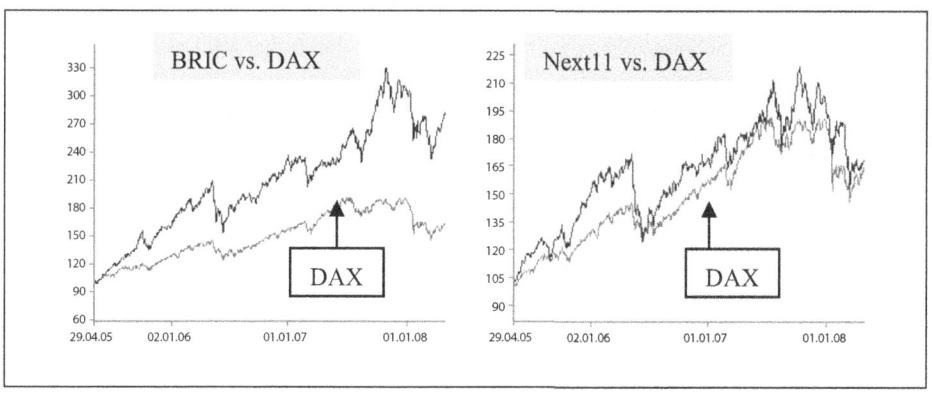

Abbildung 20: *Entwicklung der Aktienmärkte in den BRIC- und Next11-Ländern zwischen 05/2005 und 04/2008 (Indizes der Deutschen Börse)*

Gemessen an den Länderindizes haben sich die BRICs im Zeitraum von Mai 2005 bis April 2008 besser geschlagen als die großen Aktienmärkte auf unserem Globus (USA, Japan, Europa, Deutschland). Um den Anleger mit Grafiken und Zahlen nicht zu strapazieren, wird hier ein simpler Vergleich BRIC-DAX und Next11-DAX mit Hilfe von Indizes der Deutschen Börse (www.deutscheboerse.de) vorgenommen. Er zeigt, dass, während den BRICs ein

Renditevorsprung gegenüber dem DAX von 23 Prozent in dieser Periode gelungen ist, die Next11-Länder enttäuschten und nicht besser als das führende deutsche Börsenbarometer abgeschnitten haben.

Die Schattenseite dieser Top-Rendite bildete die höhere Risikoanfälligkeit der BRIC-Anlage. Als Risikomaß können die Veränderungsraten genommen werden. Je höher die Schwankungen dieser Raten, umso riskanter die Anlage. Noch eine Besonderheit fiel auf: Die Entwicklung der BRIC-Aktienbörsen folgte weitgehend einem vom Weltaktienmarkt losgelösten Trend. Der Grad dieser Abhängigkeit bzw. Unabhängigkeit wird in der Statistik wiederum mit der Korrelation gemessen. Die Korrelation zwischen den Aktienmärkten der Industrie- und der BRIC-Länder ist geringer als die zwischen den Börsen der Industrieländer untereinander. Für die Zukunft wäre somit folgende Prognose zu wagen: Bei einer weiteren Fortsetzung dieses Trends könnten die BRIC-Staaten weiter von den Börsenturbulenzen an den Weltbörsen verschont bleiben. Umgekehrt dürften sie dann jedoch nicht an den sich ergebenden Chancen partizipieren.

Darauf aufbauend scheint folgende Aussage besonders wichtig: Wir erwarten im NEM14-Universum eine ähnliche Börsenentwicklung. wie in der BRIC-Gruppe und stützen diese Aussage auf die Parallelen in der wirtschaftlichen Entwicklung. Diese Gleichschritt-Hypothese basiert also auf den Erwartungen: höhere Rendite, höheres Risiko und höhere Selbstständigkeit der NEM14-Börsen im Vergleich zum Weltaktienmarkt. Als Vergleichsmaßstab sollte dabei ein größerer Index als der DAX genommen werden, zum Beispiel der MSCI World.

Es drängt sich zum Schluss folgende Frage auf: Können durch die Wahl einer bestimmten Wertapierkategorie – Aktien, Anleihen, Fonds oder Zertifikate – die Gegensätze des „magischen Dreiecks" für den NEM14-Bereich entschärft oder gemildert werden? Durch die Entscheidung für die indirekte Anlage auf dem Schattenmarkt – zum Beispiel dem Kauf von Zertifikaten – ließe sich vielleicht die Liquiditätsrestriktion weitgehend umgehen. In Deutschland dürfte es mindestens 500 Zertifikate und Fonds mit der „NEM-Thematik" geben. Für die direkte Anlage sieht dagegen die Situation nicht so günstig aus. Dennoch keine Bange, es gibt auch hier genügend Anlagen zur Auswahl. Allein am deutschen Markt sind aktuell etwa 50 bis 70 gute Aktien und Anleihen aus den NEM14-Ländern zu kaufen, die allerdings nicht immer sehr liquide sind.

Liquiditätsüberlegungen sprechen demnach eindeutig für eine indirekte Anlage. Werden durch sie die anderen Anlegerziele nicht beeinträchtigt? Wie sieht es konkret mit den Renditechancen und den Risiken aus? Wie lassen sich die Vor- und Nachteile einzelner Wertpapierarten beschreiben? Auf diese Fragen wird im Folgenden eingegangen.

Was ist besser:
Indirekte oder direkte Anlage? Viele Vor- und Nachteile.

Zu Beginn ist zu prüfen, für welchen Markt das *Liquiditätspostulat* gelten soll. Wie liquide muss ein Aktienmarkt sein, damit der Privatanleger eine Direktanlage wagen kann? Für unsere Vorstellung wären in Deutschland Tagesumsätze von mindestens 10.000 Euro pro Börsenplatz und Titel notwendig. Erst dann kann der Anleger davon ausgehen, dass er seine Aktien auch wieder verkaufen kann. Da sich ein Kauf an den Börsen der NEM14-Länder aus Kosten- und Informationsgründen nicht anbietet, kommen neben den deutschen Börsen nur wenige große Plätze, wie London oder New York, in Frage. Für Anleihemärkte gelten andere Größenordnungen.

NEM 14-Land	Börsenwert Aktien in Mrd. USD (April 2008)	Börsenwert Anleihen in Mrd. USD (April 2008)	börsennotierte Aktien im Ausland
Mexiko	419	55	90
Chile	223	*	27
Indonesien	189	59	105
Vietnam	25	*	2
Türkei	214	255	78
Pakistan	70	*	4
Südafrika	789	*	> 200
Nigeria	87	35	4
Ägypten	153	12	4
Polen	196	142	44
Ukraine	40	12	33
Kasachstan	93	12	10
Rumänien	40	*	0
Tschechien	67	*	17

* - Angaben nicht verfügbar
Quelle: World Federation of Exchanges, onvista, NYSE

Abbildung 21: Kapitamarktkennzahlen der NEM14-Länder (per 30.4.2008)

Zu beachten ist, dass Kapitalmärkte der Schwellenländer häufig asymmetrische Strukturen aufweisen. Im NEM14-Universum gibt es nur wenige Länder, die gleich starke Aktien- und Rentenmärkte haben. Privatanleger könnten hiernach einige Aktien direkt und Anleihen indirekt erwerben oder auch umgekehrt.

Der Überblick zeigt, dass die direkten Anlagen in Aktien im Falle von Mexiko, Indonesien, Südafrika und Türkei und eventuell noch von Polen sinnvoll wären. Wie die Erfahrung lehrt, erfüllt jede fünfte von den genannten Aktien die Liquiditätsmindesterfordernisse. Von den verbleibenden 20 Prozent dürfte wiederum von der Bewertung die Hälfte unattraktiv sein, so dass der Anleger de facto nur eine kleine Auswahl von zwei bis drei Titeln hat. Das ist für ein Land wenig, aber für fünf Länder dann schon wiederum ausreichend.

Bei den in Deutschland gehandelten Auslandsanleihen der NEM14-Länder fehlt im Vergleich zu den vorher genannten Aktien-Ländern Indonesien als Emittent. Auf folgende Besonderheiten im Anleihenbereich ist zu achten: Anders als bei den in der Heimatwährung notierenden Aktienkursen, sind die Auslandsleihen in Euro nominiert. Der deutsche Anleger hat deswegen kein Währungsrisiko. Er bekommt aber hier nicht den in der Regel höheren Zins des Emittentenlandes, sondern den im Euroland üblichen Satz inklusive eines Risikoaufschlages (Spread), welcher sich nach der aktuellen Bonität (Rating) des Emittenten richtet. Die Spreads werden als die Zinsunterschiede zwischen den fünfjährigen US-Staatsanleihen und den in US-Dollar nominierten Anleihen des entsprechenden NEM14-Landes gemessen. Sie geben einen guten Einblick in die relative Risikoeinstufung des gegebenen Landes am internationalen Kapitalmarkt. Per Ende Mai 2008 lagen sie zwischen 0,5 Prozent für Polen und 3,4 Prozent für die Ukraine. Wenn die Ukraine eine US-Dollar-Staatsanleihe am Kapitalmarkt platzieren wollte, müsste sie 7,5 Prozent zahlen, die USA aber nur 4,1 Prozent.

Anlagen in einer Fremdwährung müssen nicht zwangsläufig ein Währungsrisiko bedeuten. Es können ebenso gut Währungsgewinne entstehen, wie im Fall von Zloty-Anleihen gezeigt wurde. Der deutsche Privatanleger könnte damit sowohl von Währungsreserven als auch von den höheren Landeszinsen profitieren, wenn er die richtigen Landesanleihen kauft. Wenn heute die Anlagezinsen in der Türkei für zehnjährige Staatsanleihen 14 Prozent betragen und die neue türkische Lira um 10 Prozent zum Euro steigt, könnte der deutsche Privatanleger – rein theoretisch – einen 20-prozentigen Vorteil im Vergleich zum alternativen Bundesschatzbrief mit gleicher Laufzeit erwirtschaften, der lediglich 4 Prozent Zinsen abwirft. Wie gezeigt wurde, sind höhere Zinsen leider oft das Resultat einer höheren Inflation und diese bedeutet ein klares Abwertungsrisiko. Der Privatanleger ist also unseres Erachtens gut beraten, sich in solchen riskanten – wenngleich verlockenden – Anlagen mit hohen Zinsen und ebenso hohen Adressenausfall- und Währungsrisiken nicht zu engagieren.

Kommen wir zu den indirekten Anlagen (Zertifikate, Fonds). Obwohl der Markt in diesem Segment wesentlich breiter ist, wird dem Anleger die Produktpalette auch nicht einfach auf dem goldenen Tablett präsentiert. Die einzelnen Daten muss er mühsam, zum Beispiel bei den Direktbanken (www.maxblue.de, www.onvista.de, www.comdirect.de), beschaffen und hoffen, dass die Angaben richtig sind. Je nach Quelle können die Abweichungen schon erheblich ausfallen.

Bei der Suche nach den Fonds-Ländern ist zusätzlich Tschechien zu nennen. Vorsicht in Bezug auf die Liquidität ist auch geboten, denn alle Aussagen beziehen sich auf die Anzahl der Titel und nicht auf die gehandelten Volumina. Die Zertifikatssuche ist noch mühsamer, denn ihre Anzahl geht hier in die Hunderte.

Nach der Liquiditätsprüfung hat der Anleger die *Risiken und die Chancen* der ihn interessierenden Wertpapiere zu prüfen. Eine Schnelleinschätzung der einzelnen Arten (Aktien, Anleihen, Fonds und Zertifikate) erlaubt folgende Abwägung:

Beginnen wir mit dem Vergleich der Aktien und der Renten. Unter Renditegesichtspunkten gilt auch in der NEM-Region die altbewährte Aussage: Aktie schlägt Rente! Die Voraussetzung dafür, dass sie zutrifft, ist allerdings ein ausreichend langer Anlagehorizont (20 bis 30

Jahre) und ein breit gestreutes Aktiendepot, das eventuell die einschlägigen Landesindizes abbildet. Andererseits zeichnet sich die Anleihe durch eine höhere Sicherheit aus, ganz ähnlich wie in den Industrieländern. Darauf wurde bei der Beschreibung der Zielkonflikte des „magischen Dreiecks" hingewiesen. Hiernach sollte sich der langfristig agierende Investor für Aktien entscheiden.

Wie verhalten sich demgegenüber die Risiken und Chancen bei der direkten und der indirekten Anlage? Direkte Anlagen sind chancenreicher, aber volatiler. Sollte eine direkte Anlage nicht in Frage kommen, ergibt bei der indirekten Anlage die Unterscheidung zwischen Fonds und Zertifikaten eher ein indifferentes Ergebnis. Unter dem Kosten- und Substanzaspekt ist eine Fondsanlage interessanter. Auch darf sich in der Regel der Fondshalter über eine Ausschüttung freuen, die eine Ähnlichkeit mit der Dividende bei Aktien aufweist.

Zertifikate sind dagegen gewöhnliche Schuldverschreibungen (Bankanleihen). Bei einem Mexiko-Zertifikat von Goldman Sachs erwirbt der Anleger keine Rechte gegenüber dem Staat Mexiko, geschweige denn gegenüber einem mexikanischen Unternehmen, sondern er hat eine Forderung gegenüber der genannten US-Investmentbank. In der aktuellen Bankenkrise ist ein gewisses Bonitätsrisiko nicht wegzudiskutieren. Die Gefahr liegt bei Zertifikaten irgendwo anders. Wegen der hoffnungslosen Marktüberflutung mit diesen Papieren – hierzulande gibt es derzeit insgesamt etwa 240.000 Zertifikate mit einer Marktkapitalisierung von über 100 Milliarden Euro (Sommer 2008), was dem Volumen vom MDAX entspricht, – kann es in Krisenzeiten zu einer regelrechten Marktverstopfung beim Handel kommen. In einem solchen Fall kann es Stunden dauern, bis eine Order ausgeführt wird. Das Mexiko-Zertifikat von Goldman Sachs wird da nicht bevorzugt behandelt.

Wahl zwischen Aktien und Renten auch eine Frage der Bewertung!

Die zukünftige Rendite kann der Anleger nicht beeinflussen. Er kann aber seine diesbezüglichen Chancen entscheidend erhöhen, wenn er einen günstigen Einstiegspreis wählt. Wie eine alte kaufmännische Weisheit besagt, liegt die Seele des Geschäfts im Einkauf. Anders ausgedrückt, den Anlageaspirant in Aktien sollte der richtige Einstiegzeitpunkt interessieren. Er muss seine Aktien „billig kaufen". Um eine Aussage darüber treffen zu können, wann was „billig" ist, ist ein zuverlässiger Bewertungsmodus zu finden. Spezielle Bewertungskennzahlen helfen ihm bei seiner Suche.

Aus Platzgründen werden in diesem Buch lediglich die beiden wichtigsten Kennzahlen, das KGV für die Aktien (Aktienindizes) und der Zinssatz für die Anleihen, behandelt. Da Fonds und Zertifikate Abbildungen dieser beiden Wertpapiergattungen darstellen, sind sie grundsätzlich in einer dieser Kennzahlen mit enthalten.

Bei der bekanntesten Bewertungskennzahl in der Aktienanalyse wird der Gewinn pro Aktie (pro Aktienindex) in Beziehung zum Preis (Börsenkurs) gesetzt, was in der Börsensprache mit dem Kurs-Gewinn-Verhältnis (KGV) beschrieben wird:

$$\text{Kurs-Gewinn-Verhältnis (KGV)} = \frac{\text{Kurs der Aktie (am Tag X)}}{\text{Gewinn je Aktie (für das Jahr Y)}}$$

Während die Kursermittlung unproblematisch ist – bei Standardwerten gibt es täglich mehrere hunderte Kurse für jede Aktie –, werden die Gewinne von den Analysten geschätzt. Das geschieht zu Anlässen, die eine Gewinnanpassung notwendig machen (Quartalszahlen, Fusionen, Großaufträge, Sonderbelastungen). Für Allgemeinaussagen müssen wegen der Fülle von Einzelschätzungen Durchschnitte gebildet werden. Während deutsche Anleger über das Fachblatt „Börsen-Zeitung" auf solche Schätzungen für die DAX- und EuroStoxx50-Aktien Zugriff haben, müssen sie im Falle von NEM14-Ländern auf Quellen wie die Webseiten der ausländischen Börsen (www.worldfederationofexchanges.com) zurückgreifen. Vor einer Gewinnberechnung in Eigenregie muss dagegen gewarnt werden. Denn die offiziellen Konzerngewinne dürfen nicht blind in die KGV-Formel übernommen, sondern müssen erst um Sondereffekte „bereinigt" werden. Bei den Sonderfaktoren kennen sich die Analysten besser aus.

Bei den Anleihen der NEM14-Länder – die von den genannten Euro-Anleihen zu unterscheiden sind – stellt der landesübliche Zinssatz für die zehnjährigen Staatsanleihen die häufigste Bewertungskennzahl dar. Der Kaufaspirant für eine solche lokale Anleihe hat sich folgende Frage zu stellen: Werden die Zinsen in der nahen Zukunft steigen oder fallen? Was passiert zusätzlich mit der Währung? Auf die Abwertungsgefahr einer Währung wegen hoher außenwirtschaftlicher Defizite wurde bereits hingewiesen, es bleibt somit noch die Zinsanalyse vorzunehmen.

Eine alte Anlageregel lautet: Bei steigenden Zinsen sollte mit einem Engagement gewartet, bei fallenden sofort begonnen werden. Auf die richtige Zinsprognose kommt es also an. Hier liegt das Problem. Wie überall in der Welt wird der konjunkturabhängige Zins auch in den NEM14-Ländern von einer Vielzahl von Determinanten bestimmt, die aus der Sicht des Geldanbieters (Sparers) anders als aus der des Geldnachfragers (Kreditnehmers) beurteilt werden müssen. Die wichtigsten Geldgeber sind die Privathaushalte, die wichtigsten Kreditnehmer (Geldnachfrager) sind die Unternehmen. Es gilt die Motive der einzelnen Akteure zu erforschen, um daraus Zinsprognosen abzuleiten. Hierbei helfen wiederum die bekannten Konjunkturgesetze. In der Hausse ist das Geld knapp, da es für Investitionen und Wachstumsfinanzierungen benötigt wird. Der Zins steigt dann gewöhnlich. Er muss dabei über der Inflationsrate liegen, denn sonst würde niemand sparen wollen, da sein Geld an Realwert verliert. Ist die Konjunktur allerdings schwach und die Privathaushalte aktienscheu, werden viele Anleihen gesucht. Die Anlagewilligen sind in dieser Situation schon mit niedrigeren Zinsen zufrieden. Aufgrund des geschilderten „Anlagenotstandes" fallen die Zinsen.

Die eingangs gestellte Frage, wann Aktien und wann Anleihen „billig" sind, lässt sich nach vorgenannten Erklärungen unter anderem mit den historischen KGV-Werten und den historischen Zinsen beantworten. Liegt zum Beispiel das KGV unter einem mehrjährigen Durchschnitt, lohnen sich vorzugsweise Aktien, liegen die Zinsen über dem mehrjährigen Durchschnitt, ist es interessanter in Anleihen zu investieren. Wenn das KGV und die Zinsen gleichzeitig historisch niedrig sind, hat der Anleger ein Problem. Um die Fehlerquote zu minimieren, könnte er aber sein Depot auf beide Anlagegattungen gleichmäßig aufteilen.

Welche Aussagen zur Bewertung von Aktien und Anleihen liefern uns die Statistiken (Stand 30.4.2008) im NEM14-Raum? Zu beachten bleibt, dass die Bewertung immer für einen konkreten Stichtag gemacht werden kann. Dennoch bleibt ein mittelfristiger Trend in der Regel mehrere Monate intakt.

NEM 14-Land	KGV Aktienmarkt	10J-Anleihezins in %	Inflation in %
Mexiko	14,3	8,5*	9,4
Chile	19,7	6,4*	7,0
Indonesien	15,1	7,5*	6,5
Vietnam	> 15	8,6*	7,0
Türkei	8,9	18,9*	8,5
Pakistan	13,8	8,3	6,5
Südafrika	13,8	9,8*	7,0
Nigeria	> 15	16,9	8,2
Ägypten	15,2	10,7	7,8
Polen	11,9	6,0	2,1
Ukraine	27,3	8,2	9,1
Kasachstan	> 15	5,5*	8,3
Rumänien	21,6	7,5*	4,0
Tschechien	14,7	4,8	2,3

* - 3-Monatsgeld
Quelle: World Federation of Exchanges, onvista, bfai

Abbildung 22: KGV-Bewertung des Aktienmarktes, Zinssatz und Inflation in den NEM14-Länder (Stand:30.4. 2008)

Per Ende April 2008 waren die Aktienmärkte der Türkei und Polens „billig", die der Ukraine, Rumäniens und Chiles „teuer". Bei Kasachstan, Nigeria und Vietnam fehlten zuverlässige Gewinnermittlungen, deren KGVs waren zwar attraktiv, aber die Berechnung unsicher. Auf der Anleiheseite waren extrem hohe Anlagezinsen besonders in Ländern mit instabilen Währungen zu beobachten. Auffallend ist, dass gerade in Ländern mit hohen Inflationsraten und negativen Realzinsen (Chile, Ukraine, Rumänien) die Aktienmärkte „teuer" sind. Dies dürfte an der hohen Aktiennachfrage liegen in der Investoren Schutz vor der Inflation suchen.

Fazit:

Rendite, Sicherheit und Liquidität sind auch bei allen Kapitalanlagen Ziele, die sich grundsätzlich widersprechen. Gerade viele Schwellenländer sind für ihre mangelnde Liquidität bekannt. Diese Zielkollision lässt sich mit der Wahl einer alternativen Anlagestrategie (direkte versus indirekte) oder einer bestimmten Wertpapierart (Aktien, Renten, Fonds, Zertifikate) leider nicht ausräumen. Der Anleger kann aber seine Chancen erhöhen, indem er „günstig bewertete" Papiere kauft. Bei den Aktien wird die Bewertung am häufigsten nach dem KGV (Kurs-Gewinn-Verhältnis), bei den Anleihen dagegen nach der Höhe der Verzinsung vorgenommen. Die NEM14-Staaten zeichnen bei den beiden Wertpapierarten durch enorme Bewertungsunterschiede aus.

3.3 Wirtschaftliche Entwicklung und Anlagechancen in den 14 aussichtsreichsten Neuen Emerging Markets

Die Lektüre ökonomischer Länderporträts ist ein langweiliger Lesestoff. So mancher Nicht-Volkswirt möchte am liebsten dieses Kapitel überspringen und sich lieber den Börsenchancen und den viel aufregenderen Kurscharts widmen. Zahlenkolonnen und die trockene „Erbsenzählerei" sind nun mal nicht jedermanns Sache. Will der Anleger dennoch kritisch die Argumente zur Attraktivität der einzelnen NEM14-Länder verfolgen, kann ihm diese Unbequemlichkeit, das „1 x 1 der fundamentalen Wertpapieranalyse" nicht abgenommen werden. Die einzige Erleichterung, die ihm gegeben werden kann, würde in der „benutzerfreundlichen" Darstellung liegen. Wir wollen dies hier versuchen.

Die Länderprofile beginnen mit der Aufzählung der Vorbehalte, Vergleiche und der Vorstellungen (der sogenannten „V-Ängste"), welche der deutsche Privatanleger mit dem unbekannten NEM14-Land verbindet. Es handelt sich dabei ausschließlich um seine wirtschaftlichen V-Ängste, die von der sonstigen Einstellung zu diesem Land abweichen können. Es ist denkbar, dass der arbeitsame, kühle Nordmann den Lebensstil und das angenehme tropische Klima seines Urlaubslandes als reizend empfindet. Trotz dieser Sympathie würde er dennoch kein Geld hier investieren wollen, weil er dem Land wirtschaftlich nicht viel „zutraut". Auf der anderen Seite gibt es Länder, für die er schwärmt und in die er gern auswandern würde, um dort eine neue Existenz aufzubauen. Die divergierenden Einschätzungen hängen eben von den individuellen Vorbehalten, Vorstellungen und Vergleichen ab. Das gelesene Länderprofil wird seine V-Ängste vielleicht in Teilen bestätigen, vielleicht aber auch widerlegen.

Jedes Schwellenland verfolgt auf dem Weg zur Marktwirtschaft sein eigenes Entwicklungsmodell. Je nachdem mit welcher Priorität es den politisch-sozialen Ordnungsrahmen, die Wirtschaft und den Kapitalmarkt aufbaut, lassen sich vier Standardformen erkennen. Ihre Grundlagen wurden bereits angedeutet und werden in den Länderprofilen genauer durchleuchtet. Die Geschichte der BRIC- und Tiger-Staaten zeigt, dass der Erfolg viele Väter haben kann. Lediglich eine Grundvoraussetzung, der Aufbau einer Marktwirtschaft, muss in jedem Modell erfüllt sein.

Stufenmodell: Die Entwicklung der einzelnen Systemelemente erfolgt in zeitlicher Abfolge, was Ungleichgewichte zu vermeiden erlaubt. Nachteilig wirken sich bei diesem Konzept die lange Zeitdauer und die, womöglich verpassten, Chancen auf dem Weltmarkt. Wem nützt ein vorbildlicher Ordnungsrahmen, wenn die Beendigung dieses „Werkes" gerade in eine Weltwirtschaftskrise fällt?

Parallelmodell: Eine zu hastige Entwicklung kann zu Fehlentwicklungen führen. Zudem besteht die Gefahr, dass „halbe Sachen" gemacht werden, da die Zeit, die Erfahrungen und die Ressourcen nicht vorliegen, um alles in einem Jahrzehnt zu schaffen. Wenn zu viele Staatsbetriebe gleichzeitig ins Privateigentum wechseln, entstehen die bekannten Privatisierungsfehler (Verstopfung des Kapitalmarktes, Fehlallokation des Kapitals wegen falscher Renditenanzeige, Ausverkauf an Oligarchien, Konzentrationsprozesse). Es gibt hierzu viele andere Beispiele.

Klassisches Modell: Ordnungspolitik und Marktwirtschaft werden parallel ausgebaut, der Kapitalmarkt folgt. Nach dem Motto „Von der Börse kann niemand satt werden!" versuchen rohstofffreie Volkswirtschaften, die sich aus eigener Kraft entwickeln wollen, zuerst die Realwirtschaft zu fördern. Die Finanzierung sichern die Außenhandelsüberschüsse und die Bankkredite. Ein moderner Kapitalmarkt ist in dieser Phase nicht unbedingt ein absolutes Muss!

Inselmodel: Dies ist der schnellste Entwicklungsweg. Wer über wenig Potenziale verfügt und die ersten Entwicklungsschritte mit Auslandshilfen machen muss, setzt hierauf. Wegen knapper Ressourcen wird mit Sonderwirtschaftszonen begonnen. Die Exportkarte ist Trumpf. Die wenigen Reserven werden sofort aktiviert, auch bei der Gefahr einer einseitigen Entwicklung. Sobald ausreichend Kapital kumuliert ist, beginnt der Aufbau anderer Sektoren.

Die Frage, ob ein Land das richtige Modell gewählt hat, ist schwierig. Es ist einfacher zu sagen, welcher Entwicklungsweg abzulehnen ist. So dominieren in nicht marktwirtschaftlichen Entwicklungsländern Zustände, die häufig als „Bananenrepublik" beschrieben werden. Der Ordnungsrahmen steht dort ganz unter dem Diktat einer exportlastigen Monokultur. Die Demokratisierung der Wirtschaft, die Schaffung eines modernen Rechtsystems, die Beseitigung von Armut und Analphabetismus werden erst gar nicht geplant. Der Staatsapparat bleibt korrupt, schwach, Marionettenregierungen werden von Auslandskonzernen und kapitalstarken Gruppierungen so häufig gestellt, wie abgelöst.

Bei den einzelnen Länderprofilen wird die Vielzahl der Einzelinformationen allein aus der Börsensicht interpretiert. Darin soll der Anleger ein vorhandenes oder eben ein fehlendes „Investmentthema" erkennen. Die fundamentale Analyse wird um die psychologische und andere Kurs prägende Elemente ergänzt. Die Zahlen (2008e) sind Mittelwerte der Schätzungen von den bekannten Quellen.

3.3.1 Mexiko

Wirtschaft / Geographie	2008e	Kapitalmarkt	2008e
Fläche (1000 km 2)	1.902	Börsenwert Aktien (Mrd. USD) / KGV (30.4.2008)	419 / 14,3
Einwohner in Mill. / pro km 2	108 / 59	Devisenzufluß netto ohne Portfolio (Mrd. USD)	15
BIP-Wachstum in % / Inflation in %	3,0 / 4,0	Devisenreserven / Auslandsschulden (Mrd. USD)	103 / 190
Staatsschuld / Haushaltsaldo in % BIP	23 / 0	Realzins (Geldmarktzins minus Inflation) in %	3,5

Quellen: bfai, wto, Bayerische Landesbank, World Federation of Exchanges, dbresearch

Vergleiche, Vorbehalte, Vorstellungen Stichworte:

- Als wirtschaftlicher „Hinterhof der USA" ist Mexiko von dem nördlichen Nachbarn extrem abhängig.
- Die Drogenfrage und illegale Einwanderung belasten die Beziehungen.
- Gastarbeiterüberweisungen aus den USA stützen dauerhaft die Wirtschaft.
- Der Übergang vom Feudalismus zum Kapitalismus war durch Revolten und Revolutionen geprägt; die Industrialisierungsphase dauerte zu kurz.
- Probleme entstehen, wenn das Ölreichtum im Golf von Mexiko versiegt.

Ordnungspolitik

Drogenkrieg und Modernisierung der Wirtschaft im Zentrum der Agenda

Das Land gilt heute als eine politisch stabile Kongressdemokratie. Nach der 70-jährigen Herrschaft (1929-2000) der Einheitspartei PRI (Partido Revolucionario Institutional) kommt durch den Regierungswechsel Bewegung in die verfestigten Herrschaftsstrukturen. Andererseits schreiten die marktwirtschaftlichen Reformen und die Privatisierung nur im „Schneckentempo" voran. 2007 verabschiedete das Parlament die Rentenreform für seine Staatsbediensteten, die eine Umstellung vom Umlage- auf das Kapitaldeckungsverfahren vorsieht. Ihr folgte eine überfällige Steuerreform, mit der die blühende Schattenwirtschaft eingedämmt und die Einnahmebasis des Staates verbreiten werden sollte. Zu den politisch wichtigsten Amtshandlungen des neuen Präsidenten Calderon gehört auch die Kampfansage an die organisierte Kriminalität. Diese behindert heute massiv den Wirtschaftsstandort, weil sie die Sicherheit zum Kostenfaktor macht. Mexiko ist das führende Transitland für den Drogenschmuggel aus Südamerika in die USA. Zudem führen Anschläge der Guerilla-Organisation EPR auf die Gas- und Ölleitungen zu signifikanten Produktionsunterbrechungen. Erschwert wird die Kriminalitätsbekämpfung durch die Korruptionsanfälligkeit verschiedener Lokalpolitiker, Polizisten und Behörden. Die Bemühungen der Zentralregierung sind zwar sichtbar, eine schnelle Lösung des Gewaltproblems scheint aber nicht in Sicht. Dennoch gelingt es der Zentralregierung mit US-Hilfen ein zweites Kolumbiens zu verhindern. Auch die Parlamentswahlen 2009 bereiten den Regierenden nicht geringe Sorgen. Die geplante Energiereform birgt gewaltigen politischen Zündstoff. Reformen im Ölsektor sind absolut eilig, da die Förderung des Staatskonzerns Pemex mangels Investitionen und Know-how kontinuierlich rückläufig ist. Die überfällige Öffnung dieses Bereiches für Private und Ausländer wird von linken Parteien behindert. Wenn die Regierung das Wachstum der Wirtschaft auf fünf Prozent bis 2012 erhöhen will, muss noch viel passieren.

Gesamtwirtschaftliche Entwicklung

Riesiger Binnenmarkt und NAFTA-Mitgliedschaft bleiben größte Aktivposten

Was könnte das Land von den Ölexporten und der wirtschaftlichen Übermacht des „großen Bruders im Norden" weniger abhängig machen? – wird die Kernfrage lauten, die sich Mexikos Regierende stellen. Wie einst der Diktator Santa Ana trefflich bemerkte „Der liebe Gott ist so weit und die Vereinigten Staaten so nah!" Mittelfristig wird sich an der Öl- und US-Abhängigkeit nicht viel ändern.

Wenn sich Mexiko seit 2004 auf einem soliden Wachstumskurs befindet, so reicht dieser Aktivposten nicht mehr aus, um die Zukunft zu sichern. In den vergangenen sieben Jahren stieg zwar das BIP um durchschnittlich 3,7 Prozent jährlich. Die wirtschaftliche Abhängigkeit von den mächtigen USA bleibt allerdings nach wie vor erdrückend. Dorthin gehen mittlerweile 85 Prozent der Exporte. Eine Schlüsselrolle für die Binnenkonjunktur, vor allem für den Konsum, spielen die Geldüberweisungen mexikanischer Gastarbeiter aus den USA. Diese regulären Gelder helfen, machen andererseits aber enorm abhängig. Daher hat die Politik eine Konsumstütze in der erleichterten Vergabe von Konsumentenkrediten entdeckt, musste diese Aktion aber aus Angst vor der Inflation bald mit erhöhten Leitzinsen wieder abbrechen. Die zweite Säule der Binnenkonjunktur, die Investitionen, entwickelte sich zufrieden stellend, zeitweise mit zweistelligen Wachstumsraten. Auf diesem Gebiet ist insbesondere der mexikanische Staat sehr aktiv. Mit den Steuermitteln aus der neuen Reform sollen dringend die notwendigen Infrastrukturmaßnahmen (Flug- und Seehäfen, Eisenbahnnetz, Verkehr) verwirklicht werden.

Wenngleich sich die mexikanische Wirtschaft gegen die „importierte Baisse" aus den kränkelnden USA bislang behaupten konnte, wird die dortige Rezession auf Dauer zur Belastung. Mit verschiedenen Export fördernden Methoden versucht das Land den Rückschlag zu stoppen. Dabei ist die Produktveredelung der Exporte besonders bedeutsam. Ob diese Strategie einem Land hilft, das mit der extrem aggressiven Billiglohnkonkurrenz aus Asien zu kämpfen hat, bleibt fraglich. Echte Senkungen der Produktionskosten werden durch die monopolistischen Preise im Energie- und Telekommunikationsbereich und das unflexible Arbeitsrecht behindert. So dürften schnelle Exporterfolge auf den Weltmärkten ausbleiben.

Daneben macht das marode Bildungssystem die lokalen Arbeits- und Fachkräfte und die technische Intelligenz des Landes nicht gerade zu Know-how-Trägern. Die von der Regierung propagierte rechtliche Verbesserung des Wettbewerbs befindet sich allenfalls im Stadium einer Absichtserklärung. Die Zeit scheint gegen die Wirtschaft zu arbeiten.

Unterstützung für die bedrängte Binnenwirtschaft kommt von der liberalen Handelspolitik. Die NAFTA-Handelsunion sowie ein breites Netz bilateraler Handelsabkommen mit nahezu 40 Staaten ermöglichten das Leistungsbilanzdefizit auf knappe 0,8 Prozent des BIP zu reduzieren. Dessen ungeachtet wird Mexiko von Auslandsinvestoren als Standort hoch geschätzt. Mit 27 Milliarden US-Dollar an Direktinvestitionen – ohne Portfolioinvestitionen – kam im Jahr 2007 mehr Kapital ins Land herein als heraus. Damit konnte der Wechselkurs des mexikanischen Pesos gegenüber dem schwachen Greenback etwas Boden gut machen.

Als Zwischenergebnis bleibt für den Auslandsinvestor folgendes festzuhalten: Von der US-Konjunktur sind dämpfende Effekte, von der Binnenkonjunktur und der Währung keine Gefahren oder sogar eine Stabilisierung zu erwarten. Offen bleibt die Zinserwartung, die lokale Aktienanlagen weniger attraktiv machen könnten. Nach steigenden Zinsen sieht es derzeit in Anbetracht der soliden Staatsfinanzen nicht aus. Die zitierte Steuerreform schwemmt mehr Geld in die Staatskasse, die für westliche Verhältnisse ohne die Öleinnahmen eine „utopisch niedrige" Staatsquote von 10 Prozent aufweist. Der Staatshaushalt bleibt ausgeglichen. Auch die in der Vergangenheit kumulierten Staatsschulden von 23 Prozent des BIP stellen ein Volumen dar, von dem zum Beispiel Deutschland mit seinen 75 Prozent nur träumen kann. Die Auslandsverschuldung von Mexiko ist mit 190 Milliarden US-Dollar bzw. 21 Prozent des BIP (Ende 2007) ebenfalls eine noch akzeptable Größe. Hiervon entfallen 30 Prozent auf die Staatsschulden, so dass Doppelzählungen heraus zu rechnen sind. Vermutlich werden auch die Privathaushalte wegen der gedämpften Konjunktur nicht mehr Kredite nachfragen. Das Land bildet Reserven für schlechtere Zeiten. Im Lichte der vorliegenden Zahlen, einer soliden Geld- und Fiskalpolitik sind steigende Zinsen wenig wahrscheinlich.

Finanzmarktkommentar

Die Abhängigkeit von den übermächtigen US-Börsen kann schon erschrecken.

Der mexikanische Kapitalmarkt, der zweitgrößte in Lateinamerika, wird eindeutig vom Aktienmarkt dominiert. Mit einer Marktkapitalisierung von etwa 419 Milliarden US-Dollar (30.4.2008) ist er siebenmal so groß wie der heimische Rentenmarkt. Die „Börsenpräsenz" der Volkswirtschaft gemessen an ihrem Anteil am BIP ist mit 48 Prozent moderat und liegt unter dem Durchschnitt anderer Schwellenländer. Der Aktienmarkt ist mit 357 börsennotierten Unternehmen gut bestückt. Jährlich kommen fünf bis sieben weitere Neuemissionen hinzu. Der Anleger hat genügend Auswahl und kann darunter seinen Lieblingswert direkt finden, ohne auf die indirekte Anlage zurückgreifen zu müssen. 90 mexikanische Aktien sind an den ausländischen Börsen notiert, wobei jedoch in einigen Gattungen kaum Umsätze stattfinden. An den deutschen Börsen werden darüber hinaus sieben mexikanische Anleihen und 69 Fonds mit Fokussierung auf Mexiko notiert.

Der breiteste mexikanische Aktienindex ist der 35 Werte umfassende *IPC Index,* der per 18.7.2008 mit 30.076 Punkten notiert. Damit ist dieses Börsenbarometer von seinem Allzeithoch von gut 32.000 Punkten nur etwa sieben Prozent entfernt. Bei einem geschätzten 2008er KGV von 14,2 scheint er dennoch fair bewertet zu sein. Das belegen der Vergleich mit seinem mehrjährigen Durchschnitt und die mit den anderen Schwellenländern. Der Langfristzins von neun Prozent zeigt lediglich eine leichte Überbewertung im Vergleich zum Durchschnitt. Die wichtigsten Indexwerte mit einer Börsenkapitalisierung von über fünf Milliarden US-Dollar sind: America Movil, Cemex, Wal-Mart de Mexico, Grupo Mexico.

Die langfristigen Erwartungen für den Aktienmarkt sind positiv, wenngleich die immense Abhängigkeit von den USA belastet. Die sinkenden BIP-Erwartungen für 2008 von zwei Prozent sind die ersten Warnzeichen. Wichtiger als die Konjunktur ist die positive Einstellung der Auslandsinvestoren. Eine gewisse Vorsicht ist auf der Währungsseite angesagt. In den letzten fünf Jahren war der Peso gegenüber dem US-Dollar immer fest, im Vergleich zum Euro schwach, was wegen der Abhängigkeit von den Exporten in die USA nicht verwundert. Das aktuelle Länder-Rating sowie die Spreads bei den fünfjährigen Staatsanleihen haben sich zuletzt verbessert.

Was könnten die zukünftigen Kurstreiber am mexikanischen Aktienmarkt sein? Wegen der Fokussierung der Staatsinvestitionen auf große Infrastrukturprojekte sind hiervon positive Impulse zu erwarten. Zu den größten Vorhaben zählen der Bau einer Raffinerie (6 Milliarden US-Dollar) und einer Hotelkette (3,5 Milliarden US-Dollar). Größere Risiken resultieren außer aus der US-Wirtschaft aus dem Ausbruch sozialer Unruhen, nach der Art der Tortilla-Krise. Verschärft sich die globale Finanzkrise dürften US-Investoren ihre Mexiko-Gelder abziehen. Die Ölreserven des Landes reichen bei aktueller Förderung noch für maximal 15 Jahre aus. Auf einen harten Wettbewerb ist das schwerfällige Land noch nicht vorbereitet. Womit soll es dann auf den Weltmärkten Geld verdienen?

3.3.2 Chile

Wirtschaft / Geographie	2008e	Kapitalmarkt	2008e
Fläche (1000 km 2)	756	Börsenwert Aktien (Mrd. USD) / KGV (30.4.2008)	223 / 19,7
Einwohner in Mill. / pro km 2	17 / 47	Devisenzufluß netto ohne Portfolio (Mrd. USD)	7
BIP-Wachstum in % / Inflation in %	4,0 / 7,0	Devisenreserven / Auslandsschulden (Mrd. USD)	17 / 58
Staatsschuld / Haushaltsaldo in % BIP	21 / 7,5	Realzins (Geldmarktzins minus Inflation) in %	-0,6

Quellen: bfai, wto, Bayerische Landesbank, World Federation of Exchanges, dbresearch

Vergleiche, Vorbehalte, Vorstellungen (Stichworte):

- Seit Jahrhunderten beliebtes Einwanderungsland europäischer Kolonisten.
- Von Rohstoffexporten dominierte und von US-Konzernen kontrollierte Wirtschaftspolitik als Hauptgrund der einseitigen Landesentwicklung.
- Gutes Investitionsklima für Westkapital durch die europäisch geprägte Mentalität der Bevölkerung (vertrauter Kulturkreis).
- Aufarbeitung der Pinochet-Diktatur hätte mehr politischen Zündstoff schaffen müssen („Abrechnungszeit").

Ordnungspolitischer Rahmen

Hatten die Jahre der Militärdiktatur nur Schattenseiten?

Der in den Siebzigerjahren unter dem Schutzmantel des Militärs neoliberal reformierten Wirtschaft Chiles gelang eine Dekade später der Durchbruch. Hohes Wachstum und die abnehmende Abhängigkeit vom Hauptexportprodukt Kupfer waren seine wichtigsten Wahrzeichen. Negative Kehrseiten der Entwicklung äußerten sich im Ruin vieler Kleinunternehmen, der steigenden Auslandsschulden und dem herben Kaufkraftverlust der Unter- und Mittelschichten. Die neue moderne Unternehmerschicht eroberte die Märkte in Übersee und investierte erhebliche Gewinne in den südamerikanischen Nachbarstaaten. Umgekehrt zog der Boom viele Auslandsinvestoren an – Kritiker sprechen vom „Ausverkauf" des Landes –, so dass sich ein Großteil der wirtschaftlichen Schlüsselsektoren heute im ausländischen Besitz befindet. Das auffällig europäisch geprägte Land ist nicht frei von innenpolitischen Spannungen. Da die Regierung und die Opposition miteinander pragmatisch umzugehen verstehen, kann aber von Krisen geschweige denn einer Demokratiebedrohung nicht die Rede sein. Der Streit der politischen Kontrahenten trägt typisch sozialen Hintergrund (neues Rentensystem, Reformen des Gesundheits- und Bildungssystems). Weil sich der Andenstaat dem Freihandel verschrieben hat, ist seine Vollmitgliedschaft in dem protektionistisch orientierten südamerikanischen Marktprojekt MERCONSUR nicht gewünscht. Daher verdient der Aufbau der Beziehungen zu den aufstrebenden Ländern Ostasiens (China, Südkorea, Malaysia), mit denen Handelsabkommen geschlossen wurden, eine besondere Aufmerksamkeit. Das neue Umweltministerium soll die ökologischen Themen bearbeiten. Umweltaktivisten ist es mehrfach gelungen, einige Großprojekte zu stoppen. Chile stößt auf eine „ökologische" Wachstumsbarriere.

Gesamtwirtschaftliche Entwicklung

Im Stillen zum reichsten Land auf dem Kontinent aufgestiegen?

Dank überzeugender marktwirtschaftlicher Reformen, kompetentem Management und einer vernünftigen Wirtschaftpolitik, die auf außenwirtschaftliche Öffnung setzte, konnte sich Chile – überraschend für die meisten Fachleute – seit 1990 zum reichsten Land Lateinamerikas entwickeln und den Nachbarn Argentinien, das in den Dreißigerjahren zu den reichsten Ländern der Welt zählte, weit hinter sich lassen. Chile steht kurz davor in die OECD aufgenommen zu werden, was ihm außer einem reinen Prestigezuwachs keinen wirtschaftlichen Vorteil verschafft.

Die Ausgangsbasis für diesen Erfolg war alles andere als selbstverständlich. Erst nachdem der Kupferpreis (das Metall stellt 56 Prozent der Exporte dar) seit 2001 um mehr als 550 Prozent anstieg, konnte der Durchbruch in der Leistungsbilanz erzielt werden, die heute ein Plus von drei Prozent des BIP erwirtschaftet. Mit dem verdienten Kapital gelang es Chile innerhalb weniger Jahre in der Telekommunikation und den Finanzdienstleistungen international Fuß zu fassen. Die folgende Strategie der weiteren Exportdiversifizierung macht sichtbare Fortschritte. Durch die qualitative Verbesserung des Humankapitals werden Chiles Exportwaren konkurrenzfähiger. Auch der rechtzeitige Ersatz der teuren Erdgasimporte aus Argentinien durch die heimische Kohle und Wasserkraft (bringt 40 Prozent der Bedarfsdeckung) bedurfte zwar in der Vergangenheit enormer Investitionen. Diese machen sich aber heute mehr als bezahlt. Die günstige Haushaltslage erlaubt eine antizyklische Fiskalpolitik, nach dem Motto „Sparen in guten und Ausgeben in schlechten Zeiten", zu fahren und regelmäßig 0,5 Prozent des BIP in den Rentenfonds abzuzweigen. Bei der genauen Betrachtung der Erfolgsgeschichte Chiles entsteht der Eindruck, das Land hätte seit 20 Jahren wirtschaftspolitisch alles richtig gemacht. Die Stärke der Wirtschaft wird unter anderem an der Festigkeit des chilenischen Pesos deutlich, der zum US-Dollar in den vergangenen fünf Jahren 50 Prozent an Wert zulegen konnte. Der 76 Milliarden US-Dollar schwere Katalog staatlicher Investitionsprojekte, welche zu 80 Prozent in den Bergbau und Energiesektor fließen werden, sind ein Zeichen dieser Stärke

Dennoch wird die wirtschaftliche Entwicklung des Landes konträr diskutiert. Während viele das Land als Musterfall eines geglückten Entwicklungsweges unter neoliberalem Vorzeichen feiern, kritisieren die anderen die enormen sozialen und ökologischen Kosten, die mit dem „chilenischen Wirtschaftswunder" verbunden sind. Womöglich haben beide Seiten Recht.

Finanzmarktkommentar

Pensionsfonds diktieren das Marktgeschehen.

Beim Studium der Kennzahlen, die die chilenische Börse charakterisieren, fällt der hohe Entwicklungsstand des Kapitalmarktes auf. An der Börse in Santiago de Chile wurden zuletzt (April 2008) 241 Aktientitel mit einer Marktkapitalisierung von 223 Milliarden US-Dollar gehandelt. Damit belegt das Andenland nach Brasilien und Mexiko den dritten Platz in Lateinamerika, obwohl Länder wie Argentinien, Kolumbien oder Venezuela aufgrund ihrer wesentlich höheren Bevölkerungszahl wirtschaftlich bedeutsamer sind. Die Anzahl der gehandelten Titel verhält sich seit Jahren relativ stabil, weil Zugänge durch Neuemissionen und Privatisierungen gering bleiben. Auch die Kennzahl Marktkapitalisierung im Verhältnis zum BIP, die permanent 100 Prozent übersteigt und nach Südafrika die zweithöchste im NEM14-Universum ist, widerspiegelt die Breite des Marktes. An den Auslandsbörsen werden 27 chilenische Aktien notiert. Der heimische Anleihenmarkt ist dagegen traditionell schwach entwickelt. Er hat bei einer galoppierenden Inflation von 20 Prozent – offizielle Statistiken unterschätzen mit 7 Prozent ihre wahre Höhe –, die zu negativen Realzinsen führt, eine nur schwache Daseinsberechtigung.

Es gibt zwei Hauptgründe für den hohen Entwicklungsstand des chilenischen Aktienmarktes. Zum einen hat die 1888 ins Leben gerufene Börse eine lange Tradition in einem klassischen Bergbauland, in dem Minengesellschaften sich vorrangig über Aktien Kapital für ihre teuren Investitionen besorgten. Zum anderen ist das System der gesetzlichen Altersversorgung über Pensionsfonds, in die jeder chilenische Arbeitnehmer zwangsweise 10 Prozent seines Lohneinkommens einzahlen muss, dafür verantwortlich. Bei einer angenommenen Lohnquote von etwa 50 Prozent müssten – grob geschätzt – Jahr für Jahr etwa 10 Milliarden US-Dollar in diese Pensionsfonds fließen, die das eingesammelte Geld primär am Aktienmarkt anlegen.

Der repräsentative chilenische Aktienindex *I.G.P.A.* wurde in den letzten Jahren von der Rohstoffhausse getragen und steht heute (18.7.2008) mit 13.332 Punkten in der Nähe seines historischen Allzeithochs (15.657). Mit einem KGV von 19 ist er nicht gerade billig. Das Börsenbarometer hat zudem – wie die meisten anderen lateinamerikanischen Börsen – zu wenig korrigiert. Es ist wohl noch zu früh für ein größeres Engagement, wenngleich der beschriebene Mittelzufluss aus den Pensionsfonds zu jedem Zeitpunkt einen Zusammenbruch verhindern müsste.

Besitzt aber der chilenische Aktienmarkt auf langfristige Sicht noch zusätzliches Kurspotenzial? Diese Frage ist unbedingt zu bejahen. Im Unterschied zu anderen Rohstoffprofiteuren (Kasachstan, Südafrika) sind die Südamerikaner auf dem Weltmarkt auf vielen anderen Gebieten bereits konkurrenzfähig und von ihren Kupfer- und Molybdänexporten nicht so extrem abhängig.

3.3.3 Indonesien

Wirtschaft / Geographie	2008e	Kapitalmarkt	2008e
Fläche (1000 km2)	1.913	Börsenwert Aktien (Mrd. USD) / KGV (30.4.2008)	189 / 15,1
Einwohner in Mill. / pro km2	225 / 118	Devisenzufluß netto ohne Portfolio (Mrd. USD)	16
BIP-Wachstum in % / Inflation in %	6,2 / 6,0	Devisenreserven / Auslandsschulden (Mrd. USD)	60 / 145
Staatsschuld / Haushaltsaldo in % BIP	12 / -1,7	Realzins (Geldmarktzins minus Inflation) in %	0,5

Quellen: bfai, wto, Bayerische Landesbank, World Federation of Exchanges, dbresearch

Vergleiche, Vorbehalte, Vorstellungen (Stichworte):

- Exotisches Land am Äquator, beliebtes Touristenziel (Bali).
- Wirtschaftliche Krisenregion (Unruhen, Streiks, Versorgungskrisen).
- Gefahr der politischen Instabilität durch Islamismus und neue Terroranschläge.
- Häufige Erdbeben, Tsunamis und andere Naturkatastrophen stören den Wirtschaftsablauf.
- Der unerwartete Austritt aus der OPEC sorgte zuletzt für Schlagzeilen.

Ordnungspolitischer Rahmen

Politik steht ganz im Zeichen der inneren Konsolidierung.

Indonesien machte in der Vergangenheit als Unruhenregion von sich Reden. Nach dem Scheitern der sozialistischen Experimente unter Sukarno in den Fünfziger- und den Sechzigerjahren folgten 36 Jahre harter Militärherrschaft Suhartos, dem es bis zum Ausbruch der Asien-Krise 1997 allerdings gelungen war, das Land zu einer gewissen Prosperität zu führen. Infolge der blutigen Unruhen, die primär auf die „hausgemachte" Bankenkrise zurückging, zog damals die verfolgte chinesische Minderheit ihr Kapital aus Indonesien ab. Die Zinsen und die Inflation stiegen daraufhin auf 70 Prozent, das BIP büßte 15 Prozent ein, die Arbeitslosenquote stieg auf 25 Prozent. Noch schlimmer erwischte es die breiten Massen. Das Pro-Kopf-Einkommen sank innerhalb von zwei Jahren auf unvorstellbare 25 Prozent des Wertes vor dem Krisenjahr. Das Land „blutete" schnell aus und wäre ohne die internationale Finanzhilfe nicht überlebensfähig. Ab 2005 nach der Wahl Bambangs zum neuen Präsidenten zeigen sich beachtliche Stabilisierungstendenzen. Besonders im Kampf um die Separationsbestrebungen in der Provinz Aceh werden Erfolge erzielt. Die Regierung hat endlich Zeit gefunden, ihre Kräfte auf die Wirtschaftsreformen zu konzentrieren. Zu den wichtigsten gehören die Neuordnung des Bankensystems (Stärkung der Aufsicht, Unabhängigkeit der Notenbank), Kappung der Subventionen sowie die Verbesserung der Bedingungen für Auslandsinvestoren. Laut Sentimentindikatoren belegt Indonesien auf der Reformskala leider noch einen der hinteren Plätze in der Weltskala. Störend für die wirtschaftliche Planung ist die grassierende Korruption, die selbst für EM-Verhältnisse nicht mehr „berechenbar" zu sein scheint. Dabei braucht der Inselstaat die Auslandgelder dringend für seine ambitiösen Infrastrukturprojekte (Sicherung der Energieversorgung, Modernisierung der Verkehrswege). Sie sollen in den kommenden Jahren auf eine Rekordsumme von 150 Milliarden US-Dollar anwachsen. Außenpolitisch pflegt Indonesien vorbildliche Beziehungen zu allen Nachbarn. In der ASEAN-Gruppe zementiert es seine Führungsposition. Die Machthaber sind zwar offen für innenpolitische Reformen, die Provinzialfürsten und die Bürokratie sind ihr aber erwartungsgemäß feindlich gesonnen. Es geht daher nur zögernd voran. Die Wirtschaftsstory Indonesien ist daher keine besonders aufregende Angelegenheit.

Wirtschaftliche Entwicklung

Auf dem langen Genesungsweg nach den Blessuren aus der Asien-Krise!

So bunt wie das Land, so zwiespältig ist es als wirtschaftlicher Standort. Zum einen ist der Rückstand zu den Nachbarländern so enorm, dass er allein mit hohen BIP-Wachstumsraten von zuletzt sechs Prozent jährlich noch lange nicht wett zu machen sein wird. Zwischen Indonesien und den Tiger-Staaten Malaysia und Singapur liegen Welten. Zum anderen sind Wachstum und Marktwirtschaft in Indonesien keine Fremdwörter mehr. Dem Entwicklungsprozess fehlt dennoch die Breite, weil er zu rohstofflastig ist. Von den wichtigsten BIP-Aggregaten wird der Inlandskonsum entscheidend von der extrem hohen Arbeitslosigkeit – offizielle Statistiken sprechen von neun bis zehn Prozent – und der ähnlich hohen, allerdings stark schwankenden Inflation gebremst. Die Inflation wechselt dabei ständig ihr Tempo. Sobald sich der Preisauftrieb zu beruhigen begann, betrieb die Notenbank eine expansive Geldpolitik. Massive Leitzinssenkungen von nicht selten vier bis fünf Prozent jährlich, die in den Dienst der Konjunktur – und nicht der Inflation, wie bei der EZB – gestellt werden dürfen, waren keine Seltenheit.

Die Fokussierung auf den lukrativen Rohstoffexport beschafft Indonesien das benötigte Investitionskapital, birgt aber leider auch die Gefahr der schiefen Sektorentwicklung. Daher werden in der Leistungsbilanz trotz des hohen Schuldendienstes – das Land hat 145 Milliarden US-Dollar Auslandsschulden zu bedienen, denen korrekterweise ein Volumen 60 Milliarden US-Dollar Währungsreserven gegenüber gestellt werden müssen – regelmäßig saftige Überschüsse von über 30 Milliarden Euro erzielt. Hinzu kommen 10 bis 12 Milliarden Euro an ausländischen Direktinvestitionen. Wenn der Wechselkurs der Rupiah trotzdem nicht anspringen will, so liegt dies mit hoher Wahrscheinlichkeit an den hausgemachten Inflationstendenzen. Dabei wäre die Preissteigerung leichter zu bekämpfen, gäbe es nicht die immensen Haushaltsdefizite (2007 über -3,0 Prozent des BIP), die die noch niedrige Staatsschuld von 12 Prozent des BIP bald aufblähen dürften. Der öffentliche Sektor besorgt sich heute das Geld vornehmlich im Ausland, was ihm nach Jahren der Abstinenz und günstigen Umschuldungsverhandlungen mit dem IWF (verbessertes Kreditrating) leichter fällt. Als Ergebnis der gegenläufigen Trends ergibt sich für die indonesische Währung gegenüber dem US-Dollar eine stabile, gegenüber dem Euro eine fallende Tendenz. Der in Euro kalkulierende Indonesien-Investor hätte in den vergangenen fünf Jahren einen Währungsverlust von 50 Prozent hinnehmen müssen.

Die wirtschaftliche Gesamtprognose muss dennoch positiv ausfallen. Bei 230 Millionen Einwohnern klingt es nicht unwahrscheinlich, dass der Binnenmarkt zu einem sich selbst tragenden Wirtschaftsfaktor wird.

Finanzmarktkommentar:

Das Image des Landes muss verbessert werden.

Der indonesische Kapitalmarkt erholt sich nur zögerlich nach dem Kollaps vor zehn Jahren. Am Aktienmarkt werden 385 Titel mit einer Marktkapitalisierung von 190 Milliarden US-Dollar notiert (30.4.2008). Über 100 Aktien sind im Ausland gelistet. Im Vergleich zur BIP-Höhe ist die Börsenverflechtung eher im unteren Bereich der NEM14-Länder angesiedelt. Die Börsenumsätze sind dagegen zufriedenstellend. Schließlich hat das Land als ehemalige holländische Kolonie mit der Börse Erfahrung. Damit bieten sich auch genügend Investitionsmöglichkeiten selbst für eine Direktanlage. Der Rentenmarkt ist dagegen schwach entwickelt.

Der rohstofflastige Aktienindex *Jakarta Composite* konnte 2008 klar gegen den negativen Trend der anderen südostasiatischen Aktienmärkte ankämpfen und notiert gegenwärtig bei 2.141 (17.8.2008) Punkten. Er büßte damit von seinem Top etwa 20 Prozent ein. Der Markt verdankt seine relative Stärke dem niedrigen Anteil von Finanztiteln, also der „Schwäche" anderer bankenlastiger Börsen und nicht dem eigenen Aufschwung. Obwohl er mit einem KGV von 15 nicht „zu teuer" ist, dürfte eine spürbare Korrektur unvermeidlich werden. Auch der geringe Anteil von Industriegütern in der Außenhandelsstruktur half Indonesien sich von den globalen Preisschwankungen etwas unabhängiger zu machen. Die Inflation und die damit verbundenen hohen Zinsen stören – wie in anderen südasiatischen Ländern – dagegen immer wieder den Aktienmarkt. Das Image Indonesiens im Ausland als Investitionsstandort lässt ebenfalls zu wünschen übrig.

Der Langfristanleger sollte vom indonesischen Aktienmarkt in absehbarer Zeit keine Wunder erwarten. Es bedarf allerdings keiner großen Fantasie, um auf den großen Binnenmarkt und die Demografie als die wichtigsten Aktivposten der Wirtschaft zu setzen. Aber vom Einholen der Tiger-Nachbarn kann noch nicht die Rede sein. Ein Thema, welches für Kursfantasie sorgen könnte, wären die niedrigen Löhne. Bei einer Verbesserung des Investitionsklimas würde dieser Vorteil, wie vormals vor einem Vierteljahrhundert in den Nachbarstaaten, in stärkerem Maße die ausländischen Direktinvestoren anziehen können.

3.3.4 Vietnam

Wirtschaft / Geographie	2008e	Kapitalmarkt	2008e
Fläche (1000 km 2)	331	Börsenwert Aktien (Mrd. USD) / KGV (30.4.2008)	25 / > 15
Einwohner in Mill. / pro km 2	86 / 385	Devisenzufluß netto ohne Portfolio (Mrd. USD)	3
BIP-Wachstum in % / Inflation in %	8,0 / 6,0	Devisenreserven / Auslandsschulden (Mrd. USD)	18 / 27
Staatsschuld / Haushaltsaldo in % BIP	31 / -5,5	Realzins (Kreditzins minus Inflation) in %	2,3

Quellen: bfai, wto, Bayerische Landesbank, World Federation of Exchanges, dbresearch

Vergleiche, Vorbehalte, Vorstellungen (Stichworte):

- Der von einem kommunistischen Regime gewählte marktwirtschaftliche Entwicklungsweg überrascht; China dient sicherlich als Vorbild.
- Der Militärsieg über die USA bezeugt den Leistungswillen der Nation; Vietnamesen gelten als besonders zielstrebig und leistungsorientiert.
- Begrenzte Landesfläche und knappe Rohstoffvorkommen zwingen die Ostasiaten, sich voll auf den Dienstleistungssektor zu konzentrieren.
- Die geografische Nähe der hoch entwickelten Tiger-Staaten bürdet dem Land einen harten Konkurrenzkampf auf.

Ordnungspolitischer Rahmen

Kommunismus und Marktwirtschaft in vorbildlicher Ehe?

Das südasiatische Land ist heute offiziell der einzige „kommunistische" Staat in der NEM14-Gruppe. Da Nordkorea ebenfalls diese Staatsform vorgibt, wird deutlich, wie sehr stigmatisierte Begriffe ihren Schrecken verlieren, wenn die dahinter steckenden praktischen Inhalte hinterfragt werden. Definitionsreiterei kann zu Trugschlüssen führen. Denn heute ist Vietnam in vielerlei Hinsicht kapitalistischer als so mancher der Tiger-Nachbarn. Der ehemalige Kriegsgegner, die USA sind heute mit 21 Prozent – noch vor Japan mit 12 Prozent – Vietnams wichtigster Handelspartner. Ähnlich wie Rot-China setzt das Land auf marktwirtschaftliche Ordnung ohne einfache Demokratisierungsschritte zuzulassen. Die Erweiterung des rechtlichen Rahmenwerkes und der Korruptions- und Bürokratieabbau sind die größten ordnungspolitischen Herausforderungen des laufenden fünfjährigen Modernisierungsprogramms. Vietnam, das de facto vom 14-köpfigen Politbüro regiert wird, ist als Einparteienstaat ohne Gewaltenteilung und legale Opposition dennoch wirtschaftlich sehr erfolgreich und wird von Auslandsinvestoren hoch geschätzt. Nach dem Beitritt zur WTO im Jahr 2007 werden neben dem Zollabbau wohl bald die letzten ideologischen Systemschranken, wie zum Beispiel die

Zulassung von ausländischen Beteiligungsmehrheiten, die jetzt nur als Joint Venture möglich sind, Wechselkursliberalisierung und die Öffnung des Finanzsektors wegfallen. Das funktionierende Vorbild Chinas dürfte den Vietnamesen die Angst vor ungewohnten Liberalisierungsschritten nehmen, selbst wenn dies offiziell nicht zugegeben wird, betreibt auch das überbevölkerte Vietnam eine „sanfte" staatliche Geburtenkontrolle, die auf Zwei-Kinder-Familien hinausläuft.

Wirtschaftliche Gesamtentwicklung

Macht die Inflation die Wirtschaft kaputt?

In den vergangenen 17 Jahren wuchs weltweit nur China stärker als Vietnam, das durchschnittlich eine BIP-Steigerung von 7,5 Prozent jährlich vorweisen konnte. Die Fokussierung des Konjunkturmotors auf die Exporte und Investitionen passt voll ins Denkmuster der voluntaristisch orientierten Machthaber, die an vielen Stellen das Konzept der Tiger-Staaten zu kopieren versuchen. Am Anfang einer dieser Entwicklungen steht der Aufbau des modernen Produktionsapparates mit Hilfe von importierter Technologie, die wiederum von Vietnam mit arbeitsintensiven Produkten und Auslandskrediten (negative Kapitalverkehrsbilanz) bezahlt werden. Also ein klassisches Wachstum „auf Pump"!

Dank seiner konkurrenzlos niedrigen Lohnkosten bei hoher Produktqualität, seinen Rohölexporten – die zur Überraschung mit 20 Prozent den dominierenden Posten der Handelsbilanz darstellen –, steigenden Tourismuseinnahmen und einem guten Schuldner-Rating hat es Vietnam trotz regionaler Konkurrenz heute leicht, die Defizitfinanzierung über eine längere Zeit durchzuhalten. Mit einer außenwirtschaftlichen Verflechtungsquote (Summe der Ex- und Importe in Relation zum BIP) von 140 Prozent übertrifft es sämtliche Vergleichsmarken in der Gruppe Außenhandel orientierter NEM14-Länder (Kasachstan, Chile, Südafrika). Um die Exporte verstärkt zu fördern, wird erfolgreich die Währungsabwertung eingesetzt, was bereits herbe Klagen des US-Handelspartners hervor brachte.

Ein Hauptproblem der wirtschaftlichen Entwicklung des Landes stellt angesichts seiner begrenzten Anbauflächen der Agrarsektor dar, dessen Erträgnisse gesteigert werden müssen. Zwar konnte Vietnam innerhalb der letzten 20 Jahre vom Reisimporteur zum zweitgrößten Exporteur der Welt aufrücken und die offizielle Armutsgrenze – das Tageseinkommen liegt hier bei einem US-Dollar – von 60 auf 30 Prozent der Gesamtbevölkerung senken. Dennoch leben immerhin weiter 76 Prozent der Vietnamesen auf dem Land und erwirtschaften dort nur 30 Prozent des BIP.

Mit Blick auf die Erfahrungen der Globalisierungsgeschichte bleibt festzuhalten: Ländern die, wie Vietnam, einen harten Entwicklungstest bestehen werden, winkt am Ende als Belohnung der Aufstieg in die Riege der reichsten Staaten der Erde. Davon ist das arme Land mit einem zehnmal niedrigeren Pro-Kopf-Einkommen (800 US-Dollar jährlich) vom benachbarten Singapur noch meilenweit entfernt. Es hat demnach noch einen langen Weg vor sich!

Wird es das notwendige Durchhaltevermögen aufbringen? Potente ausländische Investoren (USA, Japan) trauen ihm Großes zu.

Finanzmarktkommentar

Ein langer Konsolidierungsweg nach dem Crash!

Vietnams Kapitalmarkt ist, wie die anderen „kapitalistischen Einrichtungen" in einem kommunistischen Land, noch sehr jung – die offizielle Einweihung der Börse Hanoi erfolgte im Sommer 2000 – und folglich unerfahren. Es dominiert der Aktienmarkt, der Anleihenmarkt ist unbedeutend. Gerade der berühmt-berüchtigte Aktienmarkt lieferte ein Paradebeispiel für „wilde", unkontrollierte Auswüchse, die aus den frühen Börsenjahren in anderen postkommunistischen Ländern bekannt sind. Es fällt auf, dass der Staat zwar den „offiziellen" Ordnungsrahmen für den Börsenhandel geschaffen hat, sich aber danach nicht weiter um diesen gekümmert hat. Diese krasse Vernachlässigung wird in der unterentwickelten Börseninfrastruktur ersichtlich, insbesondere in den fehlenden Insiderregeln. Selbst elementare Standards, wie der Modus der einheitlichen Kursfestsetzung, sind unklar. Einem ausländischen Portfolioaspiranten wird weiter auffallen, wie knapp und lückenhaft die Informationen auf der Internetseite der Hanoier Börse sind. Auch kann man bei Vietnam nur auf wenig internationale Statistiken zurückgreifen. Vor dem Hintergrund der boomenden Wirtschaft ist die Aversion gegenüber dem Kapitalmarkt schwer zu erklären. Es sei denn, dahinter steckt eine bewusste Politik.

Beim näheren Hinschauen verstärkt sich dieser Eindruck. Warum sollte der Staat den Aktienmarkt fördern, wenn das Gros ausländischer Beteiligungen über die Realinvestitionen erfolgt und die Kapital suchenden inländischen Staatsbetriebe sich gegenseitig über den außerbörslichen Handel (OTC-Markt) zu finanzieren verstehen? Unter diesen Umständen blieb lange Zeit der Aktienmarkt die Domäne des privaten Kleinanlegers. Nur er war der Leidtragende, wenn es auf dem Markt Turbulenzen gab. Die gab es en masse. Die immensen Rückschläge, die er hinnehmen musste, passten dem Staat in sein Konzept der Inflationsbekämpfung. Die Hyperinflation von zuletzt 25 Prozent im ersten Halbjahr 2008 galt es mit allen, nicht immer orthodoxen, Mitteln einzudämmen. Da kam der Crash zur rechten Zeit. Die zu erwartenden massiven Börsenverluste halfen die überschüssige monetäre Kaufkraft abzuschöpfen. Dadurch wurde die Geldpolitik nicht gezwungen die Zinsen anzuheben und die Fremdfinanzierung für die Investitionen zu verteuern.

Wie kam es zu dieser Blasenbildung am Aktienmarkt? Bei einer ausgeprägten Lohn-Preis-Spirale und der extrem hohen Sparquote versuchten die „fanatisierten" Kleinanleger sehr bald nach der Öffnung der Börse, dort ihr Glück zu finden und verloren einen Großteil des Ersparten. Ausländische Fonds und einige deutsche Zertifikateemittenten waren ab 2006 an dieser Entwicklung nicht ganz unschuldig. Sie heizten verstärkend die Stimmung an, nachdem viele Investmenthäuser Vietnam als „Investitionsthema" entdeckt und hochgejubelt hatten. Es mangelte Ende 2007 bereits an noch „investierbaren" Regionen!

Das Endergebnis sieht heute (17.7.2008) so aus: Der 151 Werte umfassende Aktienindex *VNIndex* hat sich nach dem Crash „auf Raten" seit seinem Allzeithoch Ende 2007 auf knapp 480 Punkte fast gedrittelt. Dem tiefen Fall war zuvor ab 2006 eine beispiellose exponentielle Hausse vorausgegangen, die bis 1.150 Punkte reichte. Anleger, die Ende 2004 bei Indexstand 250-260 eingestiegen sind, haben immer noch einen ordentlichen Gewinn von über 40 Prozent beziehungsweise von immerhin gut 15 Prozent p. a. Nach dem Crash fiel die Börsenkapitalisierung auf dem „offiziellen" Aktienmarkt bis auf 15 Milliarden US-Dollar und die KGV-Bewertung liegt heute schätzungsweise im Intervall von 11 bis 13, also international gesehen, liegt sie im „Normalbereich". Es gibt fünf Börsenschwergewichte mit einer Marktkapitalisierung von jeweils über einer Milliarde US-Dollar. Viele Zahlen beruhen auf Schätzungen, denn es liegen dem Privatanleger nur wenige Statistiken vor. 20 bis 30 Prozent der Börsenumsätze sollen von den Ausländern gemacht werden, die nur auf die Angaben und Dienste ihrer Investmentbanken zurückgreifen können.

Angesichts dieser Sachlage sollte der deutsche Privatanleger beim Einstieg in den vietnamesischen Aktienmarkt keine allzu große Eile walten lassen. Folgende Überlegungen sprechen dafür: Der Markt ist heute zwar „fair" bewertet, jedoch dauert die Konsolidierung nach einem Schock gewöhnlich halb so lange, wie die vorausgegangene Hausse. Die Zeitspanne würde im Falle Vietnams über ein Jahr betragen. Demnach ist vor 2009 mit keinen nennenswerten Börsengewinnen zu rechnen. Weiter dürfte die breite Käuferschicht fehlen. Auch hier besagt die Erfahrung, dass unerfahrene Privatanleger dem Aktienmarkt nach einem Crash erst einmal für längere Zeit fern bleiben. Eine solche Verhaltensweise ist aus den Zeiten des osteuropäischen „Frühbörsianismus" gut bekannt. Es dauerte damals Jahre bis die gebeutelten Anleger sich wieder aufs Parkett trauten. Noch ein letztes Argument spricht für das Warten: Die Regierung in Hanoi wird die Rahmenbedingungen rund um die Börse irgendwann verbessern müssen. Gleichzeitig wird sich das Angebot durch neue Börsengänge – bis 2012 will der Staat 1.500 Betriebe reprivatisieren – erhöhen.

Es ist anzunehmen, dass der deutsche Investor in Vietnam ohnehin nur mit einer kleinen Position vertreten ist. Für ihn würde sich ebenso gut anbieten, seinen Einstand sukzessive zu „verbilligen". Bevor sich die Umsatztätigkeit an der Börse nicht wieder belebt, sollte er es aber nicht tun. Der Ersteinsteiger hat noch mehr Zeit als der bereits Engagierte. Alle Vietnam-Investoren haben den unstrittigen Vorteil, dass der „große Crash" schon hinter ihnen liegt und sie sich auf die Bewertung und den richtigen Einstiegszeitpunkt konzentrieren können.

Wer in den vietnamesischen Aktienmarkt investiert, setzt unverändert auf den Faktor Humankapital und außenwirtschaftliche Öffnung.

3.3.5 Türkei

Wirtschaft / Geographie	2008e	Kapitalmarkt	2008e
Fläche (1000 km 2)	779	Börsenwert Aktien (Mrd. USD) / KGV (30.4.2008)	214 / 8,9
Einwohner in Mill. / pro km 2	76 / 98	Devisenzufluß netto ohne Portfolio (Mrd. USD)	12
BIP-Wachstum in % / Inflation in %	3,5 / 11,0	Devisenreserven / Auslandsschulden (Mrd. USD)	75 / 256
Staatsschuld / Haushaltsaldo in % BIP	40 / -2,9	Realzins (Geldmarktzins minus Inflation) in %	11,8

Quellen: bfai, wto, Bayerische Landesbank, World Federation of Exchanges, dbresearch

Vergleiche, Vorbehalte, Vorstellungen (Stichworte)

- „Ewiger" EU-Kandidat, weil die Alt-Mitglieder aus der Angst vor einem Massenzustrom billiger Arbeitskräfte die Aufnahme verweigern.
- Sieben Millionen türkische Gastarbeiter in Westeuropa sind ein wichtiger Wirtschaftsfaktor.
- Politische Instabilität, Islamisierung, Intoleranz und Zweifel an der Rechtstaatlichkeit belasten seit Jahrzehnten das Verhältnis zu Europa.
- Durch frühere Schieflagen bei türkischen Währungsanleihen hat das Land das Vertrauen der Anleger mehrmals missbraucht.
- Permanente Wirtschaftsturbulenzen lassen Konstanz vermissen.

Ordnungspolitischer Rahmen

Spitzt sich bald wieder der Kampf zwischen Laizismus und Islamismus zu?

Die seit Jahrzehnten diskutierte EU-Aufnahme der Türkei hat sich nach den letzten Islamisierungsversuchen deutlich verschlechtert. Das Land bleibt politisch instabil. Das Debakel um die Kandidatennominierung bei den letzten Präsidentschaftswahlen 2007 hätte in der Türkei fast zu einem Militärputsch geführt. Daraufhin wurden Verfassungsänderungen erarbeitet, um einerseits den Zorn der radikalisierten Volksmassen zu dämpfen und andererseits eine politische Stabilität nach innen sowie ein liberales Antlitz nach außen zu wahren. Diese Versuche versprechen unseres Erachtens keinen durchbrechenden Erfolg, weil es der Türkei seit ihrer Laizistisierung unter Atatürk im Jahr 1923 noch nie gelungen war, diesen politischen Spagat zu schaffen. Andererseits ist ebenso deutlich, dass eine noch so große politische Gefahr zu keinem Zeitpunkt einen Grund lieferte, mit dem Land keine lukrativen Geschäfte zu machen. Die geopolitisch strategische Lage der Türkei hilft ihr mehr und mehr, zur Drehscheibe des Energiehandels zwischen den Energiequellen in Asien und den europäischen Verbraucherzentren zu werden. Das Land am Bosporus genießt hohes Ansehen in der islamischen Welt. Die besonders guten Beziehungen zu den mittelasiatischen Türkvölkern in der ehemaligen Sowjetunion verleiht ihr weiteres geopolitisches Gewicht.

Gesamtwirtschaftliche Entwicklung

Die türkische Wirtschaft war schon immer für ihre Extremzyklen bekannt.

Wirtschaftlich gesehen, ist das Land ein „Enfant terrible" unter den großen Schwellenländern, das die Betroffenen zwischen Hoffnung und Bangen hin und her versetzt. Im Falle der Türkei hatten die Volkswirte schon immer mit hohen Zahlen zu tun. Das Land muss über 200 Milliarden US-Dollar Auslandsschulden schultern, verwendet ein Drittel seiner Exporteinnahmen für den Schuldendienst, kennt eigentlich nur zweistellige Inflationsraten und Arbeitslosenquoten, lebt mit Zinsen von über 20 Prozent und verkraftet gewaltige Kursschwankungen der heimischen Lira von über 30 Prozent in drei Jahren. Wenn das keine aufregenden Zahlen sind! Trotzdem funktioniert die Wirtschaft irgendwie. Als ob das alles noch nicht genug wäre: Die Türkei erreicht ein beachtliches BIP-Wachstum von über fünf Prozent bei guten mittelfristigen Prognosen. Die Außenwirtschaft steht dem Inland nicht nach. So bringen ausländische Direktinvestoren zwar über 20 Milliarden US-Dollar ins Land (mehr als in das politisch stabile Mexiko, Indonesien oder nach Polen), sie können aber leider das enorme Leistungsbilanzdefizit von über 30 Milliarden US-Dollar auch nicht kompensieren. Wie man es nimmt, ein klarer wirtschaftlicher Trend ist am Bosporus schwer auszumachen. Die Wirtschaft hat gelernt, mit den großen Schwankungen zu leben.

Es gibt dennoch mehrere Gründe, warum ausländische Direktinvestoren das Land nicht aufgegeben haben und ihm weiteres Vertrauen schenken:

- Die Abhängigkeit von internationalen Finanzhilfen ermöglicht wirksame Kontrollen, obwohl über die Türkei immer wieder „geklagt" wird.
- Die Überweisungen türkischer Gastarbeiter halfen in den letzten 40 Jahren eine wirtschaftliche Basis aufzubauen und so manche Krise zu überstehen.
- Die abgeschlossene Industrialisierung erlaubt viele kleine Investments. Die Wirtschaft ist breit aufgestellt.
- Der volatile türkische Kapitalmarkt versteht immer wieder viel spekulatives Auslandskapital anzuziehen.
- Die Türkei hat eine junge und schnell wachsende Bevölkerung, die in 20 Jahren auf 100 Millionen anwachsen soll.

Finanzmarktkommentar

Ein Tummelplatz für „Spekulanten"?

Kein Wunder, dass vor diesem Hintergrund auch der türkische Kapitalmarkt Achterbahnfahrten gewohnt ist. Wo es volatil zugeht, waren Verfechter des schnellen Geldes schon immer dabei. Statistiken zufolge werden heute 75 Prozent der türkischen Aktien von Ausländern gehalten. Die Spekulation und nicht die Anlage sind demnach in Istanbul das beherrschende Börsenmotiv. Da sich am Finanzmarkt ständig alles in Bewegung befindet, können die Akteure nach Belieben mit Aktien, Anleihen, Zinsen, Währungen und nicht zuletzt mit Wetten auf „politische Veränderungen" spekulieren. Was sie außer Geld mitbringen müssen, sind starke Nerven. Denn mehrprozentige Schwankungen im Tages- und zweistellige im Wochenverlauf sind am Bosporus keine Seltenheit. Es wird behauptet, dass die hohen Landeszinsen von 15 Prozent verhindert haben, dass türkische Banken nicht in Versuchung gerieten sich in den unglücklichen Subprime-Anleihen zu engagieren, die gerade sechs bis acht Prozent abwarfen. Wie ersichtlich, waren in diesem Fall steigende Zinsen von Nutzen.

Die börsentechnischen Indikatoren bestätigen voll den volatilen Charakter des türkischen Marktes. Der türkische Rentenmarkt ist mit einem Volumen von 254 Milliarden US-Dollar größer als der Aktienmarkt mit 214 Milliarden US-Dollar (319 gehandelte Titel). Dies ist ungewöhnlich für ein Schwellenland. Da in jeder „Spekulation" (Trading) die schnellen Depotumschichtungen zählen, verwundert nicht der mit 130 Prozent nach Pakistan höchste Rotationskoeffizient unter den NEM14-Staaten. Die Umsatzkonzentration auf zehn am meisten gehandelte Titel ist mit 48 Prozent der Gesamtumsätze nicht besonders hoch, was auf eine gute Marktbreite der Handelsaktivitäten hindeutet. Türkische Wertpapiere sind auch im Ausland populär. An den ausländischen Börsen werden 78 Aktien und 18 Euroanleihen gehandelt. In Deutschland sind über 40 Fonds auf die Türkei fokussiert.

Durchschnittlich werden in Istanbul Aktien für 600 bis 800 Millionen US-Dollar pro Tag umgesetzt, was etwa das Zwanzigfache dessen ausmacht, was zum Vergleich in Bukarest gehandelt wird. Die Börse besitzt eine funktionierende Handelsüberwachung und die gelisteten Unternehmen sind gesetzlich verpflichtet, Quartalsberichte und andere kursrelevante Informationen zu veröffentlichen, die einen Insiderhandel verhindern sollen. Dies erhöht die Transparenz und schafft Anlegervertrauen.

Der Leitindex *ISE National 100* ist stark bankenlastig, die Bank-Schwergewichte Akbank und Türkiye Is Bankasi weisen Börsenkapitalisierungen von acht bzw. sechs Milliarden US-Dollar auf. Der Index ist seit seinem Rekordhoch im Oktober 2007 von 58.000 Punkten auf leicht unter 38.000 Punkten (17.7.2008) gefallen, also um 40 Prozent. Auch in den Jahren davor zeichnete sich der Markt durch ein ständiges Auf und Ab aus, konnte sich jedoch sehr schnell erholen. Das Barometer ist aktuell mit einem geschätzten 2008er KGV von acht historisch günstig bewertet. Nach dieser Kurzanalyse wird klar, dass der türkische Aktienmarkt vor allem für kurzfristig orientierte Trader weiter interessant bleibt, so wie er es schon immer war. Auf die „Europa-Karte" braucht der Türkei-Investor nicht zu setzen.

3.3.6 Pakistan

Wirtschaft / Geographie	2008e	Kapitalmarkt	2008e
Fläche (1000 km 2)	796	Börsenwert Aktien (Mrd. USD) / KGV (30.4.2008)	70 / 13,8
Einwohner in Mill. / pro km 2	163 / 205	Devisenzufluß netto ohne Portfolio (Mrd. USD)	-4
BIP-Wachstum in % / Inflation in %	6,5 / 6,5	Devisenreserven / Auslandsschulden (Mrd. USD)	16 / 44
Staatsschuld / Haushaltsaldo in % BIP	64 / -4,8	Realzins (Geldmarktzins minus Inflation) in %	1,8

Quellen: bfai, wto, Bayerische Landesbank, World Federation of Exchanges, dbresearch

Vergleiche, Vorbehalte, Vorstellungen (Stichworte):

- Die geopolitische Lage in einer „unruhigen" Region und der Dauerkonflikt mit Indien belasten.
- Pakistan liefert ein Musterbeispiel für viele innenpolitische Unsicherheiten (Militärjunta, Stammeskonflikte); von der „Balkanisierung" ist die Rede.
- Eins der „Armenhäuser" Asiens liefert als Atommacht den besten Beweis für falsche Entwicklungsprioritäten.
- Gastarbeiter aus den reichen Golfstaaten und der weltweiten Diaspora sorgen für dauerhaften Devisenzustrom.
- Im Unterschied zu Indien sind wirtschaftliche Erfolgsmeldungen eher rar.

Ordnungspolitischer Rahmen

Stünde das Land ohne Militärdiktatur vor dem politischen Zerfall?

Pakistans politische Instabilität ist weltbekannt und äußert sich in den blutigen Terroranschlägen, ethnischen Gewalttaten, Separationsbestrebungen an der Grenze zu Afghanistan und in lähmenden Generalstreiks. Die verschiedenen Bevölkerungsgruppen stehen sich seit Jahrhunderten misstrauisch gegenüber. Die Gefahr eine Balkanisierung nimmt zu. Auf der „Korruptionsliste" rangiert das Land auf Platz 150 von 163 Ländern. Inwiefern die Militärdiktatur Musharrafs – der im Oktober 2007 für weitere fünf Jahre gewählt wurde – noch Schlimmeres verhinderte, indem sie die Integrität des Landes noch einigermaßen zusammen hält, oder selbst die Ursache ständiger Unruhen ist, bleibt offen. Der islamische Extremismus einerseits und die politische Einflussnahme des Militärs andererseits sind die Pole, mit denen das Land am Indus auch in den kommenden Jahren nicht so schnell fertig wird. Positiv ist andererseits die allmähliche Lösung aus der internationalen Isolation zu werten. Der zusammen mit dem Erbfeind Indien geplante Bau einer Pipeline („Friedensleitung") für den Erdgasbezug aus dem Iran führte zu erheblichen Verstimmungen mit dem mächtigen Protektor USA. Das Projekt besitzt eine hohe Realisierungschance, weil auch energiearme Länder, wie Bangladesh, Thailand und Malaysia an der transkontinentalen Führung Interesse zeigen.

Wirtschaftliche Entwicklung

Es muss gute Gründe geben, um in einem solchen Krisenland zu investieren!

Umso mehr erstaunt angesichts der politischen Turbulenzen die respektable Wirtschaftsbilanz. Die Regierung setzt voll auf die Marktwirtschaft, konkret auf die Liberalisierung, Privatisierung und die außenwirtschaftliche Öffnung. Das Resultat kann sich im extrem hohen Wachstum von über sieben Prozent jährlich sehen lassen. Die stärksten Impulse gehen von den mit 20 Prozent wachsenden Investitionen aus. Selbst bei diesem Rekordtempo kann von einem Aufholprozess des zweitärmsten NEM14-Landes, mit einem Pro-Kopf-Einkommen von 100 US-Dollar monatlich, kaum die Rede sein. Die dynamische Entwicklung verläuft nicht reibungslos. Die den Aufschwung begleitenden Inflations- und Arbeitslosenraten bewegen sich seit Jahren auf dem für asiatische Verhältnisse „üblichen Niveau" von knapp zehn Prozent p.a. Die Neuverschuldung stellt mit einem Jahresanstieg von fünf bis sieben Prozent des BIP ein ernsthaftes Problem dar und der angehäufte Schuldenberg ist mit 64 Prozent der größte in der NEM14-Gruppe.

Da Pakistan außer etwas Erdgas nur wenige Ressourcen besitzt, bleibt auch das zweite „Geheimnis" seines ökonomischen Erfolges, das hohe Interesse des Auslandes nicht ganz geklärt. Die Investitionen werden, wie sonst in anderen Schwellenländern, in den dynamisch wachsenden und hoch rentierlichen, wenngleich risikoreichen Branchen Energie, Telekommunikation, Banken und Immobilien getätigt. Bei der Jagd nach Rendite werden die langfristig orientierten, weniger lukrativen Infrastrukturprojekte gemieden. Aus eigener Kraft wäre das Land wohl nicht im Stande, seine Außenwirtschaftsbilanz zu verbessern, da die Exportleistung zu 90 Prozent aus lohnintensiven Textilausfuhren besteht. So ist in der stabilen pakistanischen Rupiah, die sich trotz steigender Leistungsbilanzdefizite gegenüber dem US-Dollar gut behaupten kann, das dritte ökonomische „Geheimnis" des Landes zu sehen. Denn auch die Überweisungen der pakistanischen Gastarbeiter vermögen die hohen Leistungsbilanzdefizite nicht zu stoppen. Warum die Währung trotzdem bis Anfang 2008 so lange fest geblieben war, wird niemand auf den ersten Blick erklären können!

Folgende Erklärung klingt logisch: Des Rätsels Lösung liegt unseres Erachtens in der großzügigen Wirtschafts- und Finanzhilfe, die die USA ihrem wichtigsten Verbündeten in der Region leisten. Das politische Wohlwollen kann dabei relativ „billig" erkauft werden. Bei einer BIP-Leistung von gerade 150 Milliarden US-Dollar wird ein US-Hilfspaket von wenigen Milliarden US-Dollar die Makrobilanz des Landes in ein deutlich positiveres Bild rücken. Drei Milliarden Dollar aus US-Wirtschaftshilfe heißt bei Pakistan zwei Prozent weniger Auslandsschulden in Relation zum BIP. Wen wundert es, wenn vor dem US-Hintergrund andere Industrieländer, so der IWF und die Weltbank, mitziehen und spürbare Erleichterungen beim Schuldendienst gewährleisten? Derzeit bezieht das Land insgesamt vier Milliarden US-Dollar an zivilen und militärischen Transferzahlungen, was mehr als die Hälfte des jährlichen BIP-Zuwachses ausmacht. Politisches Wohlverhalten kann sich lohnen.

Nach außen wird der prekäre Finanzstatus durch aktuelle Wachstumserfolge und vom Vertrauen in die binnenwirtschaftlich orientierte Marktwirtschaft sowie in eine junge und stark wachsende Bevölkerung überlagert. Eine defensive Entwicklungsstrategie, die anstatt auf harter Eigenleistung völlig auf fremder Wirtschaftshilfe und vielen Vertrauenselementen aufbaut, ist nicht ungefährlich.

Finanzmarktkommentar:

Wer macht eigentlich den pakistanischen Markt?

Es gibt einen alten Börsenspruch: Politische Börsen haben kurze Beine! Sollte der politische Unruheherd Pakistan keine Bedrohung für den dortigen Kapitalmarkt darstellen? Zieht der Anleger Vergleiche mit Nigeria, der Türkei oder Ägypten, wird er daran fast glauben müssen.

Der dortige Kapitalmarkt besteht quasi nur aus dem Aktienmarkt. Er ist klein, aber traditionsreich und effizient. Die 680 gelisteten Firmen ergeben fast 70 Milliarden US-Dollar an Marktkapitalisierung. Daran ist zu sehen, dass die Börsenunternehmen für westliche Maßstäbe sehr klein sind. Da sich ausländische Portfolioengagements in Grenzen halten, kann bei einem BIP, das fünfzehn Mal kleiner als das deutsche ausfällt, nicht mehr erwartet werden. Die lange Zeit der stabilen pakistanischen Rupiah, die Anfang 2008 dann schnell 15 Prozent gegenüber dem US-Dollar nachgab, beunruhigt die Auslandsinvestoren. Die Börsenumsätze sind dennoch sehr rege. Einige wenige Titel werden in London notiert.

Der repräsentative Aktienindex *KSE 100 (Karachi Stock Exchange 100)* brach in 2008 innerhalb weniger Monate von 15.600 Punkten auf 10.057 Punkte (17.7.2008) massiv ein. Viele Parallelen zu Vietnam werden sichtbar. Mit einer geschätzten 2008er KGV-Bewertung von etwa 12 ist der Markt zwar moderat bewertet, die unsichere Datenbasis zur Gewinnermittlung mahnt jedoch zur Vorsicht.

Wie bei vielen NEM14-Ländern war auch in Karachi die Kurskorrektur überfällig. Diese dauert bis dato noch an. Der Anleger sollte daher nach langfristigen Kurstreibern fragen. Diese sind im „Armenhaus" Asiens nicht so einfach auszumachen, da weder wettbewerbsfähiges Humankapital noch eine besondere Exportstärke zu finden ist. Es fehlt auch eine investorenfreundliche Gesetzgebung. Die vage Fantasie auf den Aufbau eines Binnenmarktes in weiter Zukunft dürfte wohl nicht ganz ausreichen. Die Börse ist und bleibt eine große Unbekannte. Sie liefert nicht ohne Grund freundliche Kurse. Im Fall von Pakistan scheint sich wohl ihr Geheimwesen voll zu bestätigen. Oder haben die Analysten etwas übersehen?

3.3.7 Südafrika

Wirtschaft / Geographie	2008e	Kapitalmarkt	2008e
Fläche (1000 km 2)	1.220	Börsenwert Aktien (Mrd. USD) / KGV (30.4.2008)	789 / 13,8
Einwohner in Mill. / pro km 2	49 / 40	Devisenzufluß netto ohne Portfolio (Mrd. USD)	-1
BIP-Wachstum in % / Inflation in %	4,5 / 6,0	Devisenreserven / Auslandsschulden (Mrd. USD)	32 / 74
Staatsschuld / Haushaltsaldo in % BIP	28 / 0,6	Realzins (Geldmarktzins minus Inflation) in %	5,5

Quellen: bfai, wto, Bayerische Landesbank, World Federation of Exchanges, dbresearch

Vergleiche, Vorbehalte, Vorstellungen (Stichworte):

- Das rohstoffreiche Land ist durch seine Gold- und Diamantenminen bekannt.
- Seit Jahrhunderten beliebtestes Einwanderungs- und Kolonisierungsland in Afrika; auch heute hohes Ansehen in Kreisen vieler Emigrationswilligen.
- Große leistungsstarke Minderheiten (Engländer, Buren, Deutsche, Inder) geben im Land seit 200 Jahren den wirtschaftlich den Ton an.
- Überraschend friedliche Rassenkoexistenz nach Jahrzehnten Apartheid; sie wurde zuletzt durch blutige Unruhen und Kriminalität unterbrochen.

Ordnungspolitischer Rahmen

Dem Fremdenhass könnten bald soziale und Rassenunruhen folgen!

Das politische Klima in Südafrika ist wegen der klaren parlamentarischen Mehrheiten stabil, obwohl das Land durch enorme Gegensätze gekennzeichnet ist. Neben den hoch entwickelten Zentren im Bergbau, der verarbeitenden Industrie und im Dienstleistungssektor herrscht landesweit Massenarmut, Arbeitslosigkeit und eine nicht gebändigte Aids-Epidemie, die temporär 20 Prozent der erwachsenen Landesbevölkerung in den Townships und den ehemaligen Homelands erreicht. Seit 1994 regiert in der Nationalversammlung mit Zweidrittel Mehrheit der ANC (African National Congress). Neuwahlen gibt es bereits 2009, wobei der aussichtsreichste Kandidat Mbeki für Kontinuität steht. Die ausgebrochenen blutigen Unruhen zwischen Einheimischen und den Zuwanderern aus Simbabwe und Mosambik, die illegal auf den überlasteten Arbeitsmarkt drängen und Lohndumping betreiben, werden auf absehbare Zeit für innenpolitischen Sprengstoff sorgen. Ein weiteres ungelöstes Problem stellt die ungebändigte Kriminalität dar, die zunehmend zum Wettbewerbsnachteil wird. Die gespaltene Entwicklung der Gesellschaft – neben Superreichen leben 50 Prozent der Menschen in Armut – birgt enormen Zündstoff.

Gesamtwirtschaftliche Entwicklung

Energieknappheit wird zum größten Wachstumsbremser.

Der sprichwörtliche Rohstoffsreichtum des Landes kommt in der jetzigen Lage zu wenig zum Vorschein. Zum einen besitzt Südafrika die preislich nicht lukrativen Bergbaurohstoffe und Rohöl. Zum anderen verteilen sich die Einnahmen auf eine viel höhere Bevölkerungszahl als zum Beispiel in Kasachstan. Schließlich steuert der Bergbau nur sieben Prozent zum BIP des Landes bei. Für die Ausfuhr sind Agrarprodukte wie Wein, Obst und Gemüse sowie die Pkws wichtiger als die Bergbauprodukte.

Die langfristigen Wirtschaftsprognosen bleiben positiv, obgleich der aktuelle wirtschaftliche Expansionskurs nicht ohne Gefahren verläuft. Die mit gut fünf Prozent wachsende Wirtschaft wird von den Investitionen, dem privaten Verbrauch und dem Staatsverbrauch proportional getragen. Die Inlandskonjunktur wächst sehr harmonisch. Probleme bereiten dem Land dagegen die enormen Schieflagen in der Außenwirtschaft, da es, als stark abhängiger Energieimporteur, die extremen Preissteigerungen auf dem Weltmarkt deutlich zu spüren bekommt. Gravierende Energieausfälle lähmen zeitweise ganze Industriezweige und behindern den lebenswichtigen Export. Die Konsequenzen der Stromknappheit schlagen sich im steigenden Leistungsbilanzdefizit, einer zunehmenden Auslandsverschuldung, dem temporären Währungsverfall und nicht zuletzt in der importierten Inflation aufgrund der teuren Energieimporte nieder. Die Inflationsbekämpfung gestaltet sich besonders schwierig. Sie kann angesichts steigender Nahrungsmittelpreise leicht zu Rassenunruhen führen. Unglücklicherweise ist der Preisdruck zum Teil durch die in der Vergangenheit betriebene lasche Kreditpolitik mitverschuldet. Die Regierung steuert heute überzeugend mit der restriktiven Geldpolitik (Leitzinserhöhungen) gegen, wird aber auf Dauer nicht Herr der Lage.

Bei den rasant steigenden Auslandsschulden ist nicht so sehr das gegenwärtige Volumen, sondern der negative Trend das größte Problem. Der schwer kontrollierbaren Preisvolatilität auf den Auslandsmärkten wird seit Jahren durch die Förderung des Tourismus zu begegnen versucht. Im Unterschied zu Finanzinvestitionen bleiben ausländische Direktinvestitionen noch rar am Kap der Guten Hoffnung, was eine Ursache im Jahrzehnte langen Boykott der Apartheid haben mag. Die restriktive Einstellung kann sich aber in Bezug auf den Bausektor kurzfristig ändern, weil im Zusammenhang mit der Austragung der Fußballweltmeisterschaft 2010 viele Investitionsprojekte anstehen. Südafrika bleibt ein Land von Großinvestitionen. Insgesamt werden in den nächsten fünf Jahren Projekte mit einem Volumen von etwa 30 Milliarden Euro (330 Milliarden Rand) in Angriff genommen oder sind geplant.

Die kluge Wirtschaftspolitik ist breit angelegt. Das Land ist weit industrialisiert und besitzt neben einem florierenden Maschinenbau als einziger Staat auf dem schwarzen Kontinent eine eigene Autoproduktion. Neben der Inflation stellt die Massenarbeitslosigkeit das größte wirtschaftliche Problem dar. Der Staat versucht angesichts der guten Haushaltslage (Rückgang der Gesamtverschuldung, laufende Budgetüberschüsse) mittels der expansiven Ausgabenpolitik neue Arbeitsplätze zu schaffen, um so das Armutsproblem teilweise zu entschärfen. Die geplante, politisch brisante, Landreform und viele Entwicklungsprogramme sollen die Massenflucht der Landbevölkerung in die Großstädte bremsen. Denn neben der Energie- wird dort die mangelnde Wasserversorgung zur Wachstumsbarriere.

Finanzmarktkommentar

Traditionsbörse handelt nicht nur mit Diamantenaktien!

Südafrika hat den mit Abstand stärksten und traditionsreichsten Kapitalmarkt, nicht nur in Afrika, sondern auch unter den NEM14-Ländern. Die 1887 gegründete Johannesburger Börse, an der 411 Aktien gehandelt werden ist sogar noch ein Jahr älter als der Platz in Kairo. Die Kaprepublik ist als Emittent von hochrentierlichen Euro- und US-Dollar-Anleihen auf den internationalen Kapitalmärkten seit langem bekannt (acht Titel werden derzeit in Deutschland notiert). Entsprechende Statistiken hierzu sind allerdings für den Privatanleger leider nur bei Banken erhältlich.

Hinsichtlich der Marktkapitalisierung seines Aktienmarktes, die per 30.4.2008 789 Milliarden US-Dollar betrug, übersteigt Südafrika zum Beispiel das zweitplatzierte Mexiko (389 Milliarden US-Dollar) um das Doppelte. Dieses ansehnliche Marktvolumen ist auch im Vergleich zu den großen Industrieländern nicht zu unterschätzen. So betrug die DAX-Kapitalisierung zum gleichen Zeitpunkt umgerechnet 1.220 Milliarden US-Dollar, das sind absolut gesehen 50 Prozent mehr, pro Einwohner dennoch um einiges weniger. Noch deutlicher wird die Börsendurchdringung der südafrikanischen Wirtschaft am Quotienten Börsenkapitalisierung zum BIP ersichtlich, der eine Rekordmarke von 245 Prozent aufweist. An der Umschlaghäufigkeit der Börsenumsätze (Kennzahl Rotationskoeffizient) gemessen liegt es mit 48 Prozent im NEM14-Universum nur im Mittelfeld. Wenn über 200 südafrikanische Aktien an den ausländischen Börsen notiert werden, bietet sie dem ausländischen Investor eine breite Auswahl. Was die Liquiditätsseite anbelangt, bestehen wenige Bedenken für eine Direktanlage, denn die Schwergewichte, wie Sasol, Sappi, AngloGoldAshanti, Gold Fields, Marmony Gold Mining oder Telkom SA, werden auch an der NYSE (New York) notiert. Bevor der Anleger dennoch leichtsinnig ein Engagement eingeht, hat er die akute Abwertungsgefahr des Rand ins Kalkül zu ziehen.

Der marktbreiteste Aktienindex Südafrikas ist der *JSE Top 40*, der von Finanz- und Konsumtiteln dominiert wird. Er hat seit 2002 keinen großen Rückschlag erlitten und notiert jetzt (17.7.2008) bei 25.765 Punkten. Damit hat er von seinem Top im Mai 2008 etwa 22 Prozent verloren. Südafrikanische Aktien und Anleihen sind dem Privatanleger seit Jahren bekannt, einmal als Geheimfavoriten, dann wieder als Risikopapiere. Zum hiesigen Kapitalmarkt liegen sehr viele Informationen vor. Südafrika muss als Anlageland – Parallelen zur Türkei drängen sich auf – nicht erst neu, sondern immer wieder neu entdeckt werden!

3.3.8 Nigeria

Wirtschaft / Geographie	2008e	Kapitalmarkt	2008e
Fläche (1000 km 2)	924	Börsenwert Aktien (Mrd. USD) / KGV (30.4.2008)	87 / > 15
Einwohner in Mill. / pro km 2	139 / 48	Devisenzufluß netto ohne Portfolio (Mrd. USD)	16
BIP-Wachstum in % / Inflation in %	7,0 / 8,5	Devisenreserven / Auslandsschulden (Mrd. USD)	80 / 4
Staatsschuld / Haushaltsaldo in % BIP	12 / -2,0	Realzins (Geldmarktzins minus Inflation) in %	0,5

Quellen: bfai, wto, Bayerische Landesbank, World Federation of Exchanges, dbresearch

Vergleiche, Vorbehalte, Vorstellungen (Stichworte):

- Der Ölreichtum des Landes wird von internationalen Multis (Chevron, ExxonMobil, Texaco, Total/FinaElf, Shell) kontrolliert.
- Stammesfehden, Unruhen, Kriminalität und Chaos in den überbevölkerten Großstädten könnten bald ausländische Direktinvestoren abschrecken.
- Ein schneller Aufbau einer funktionstüchtigen Marktwirtschaft in einem schwarzafrikanischen Land stößt im Westen grundsätzlich auf Skepsis.
- Niedriger Bekanntheitsgrad und wenig Interesse für das größte Land in Afrika dürften nicht gerade die Anlegeattraktivität steigern.

Ordnungspolitischer Rahmen

Häufig am Rande eines (neuen) Bürgerkrieges!

Die politische Lage im bevölkerungsreichsten Land Afrikas kann seit 1990 nur als chaotisch bezeichnet werden. Sie ist geprägt von brutalen Gewalttaten, Entführungen von Ausländern, ständigen Sabotageakten und Anschlägen gegen Pipelines und Mitarbeiter ausländischer Ölkonzerne, Produktionsunterbrechungen und Streiks. Allein im Nigerdelta – Nigeria ist OPEC-Mitglied – kämpfen über 20 bewaffnete Gruppierungen um die Macht und den Zugang zu den reichen Ölquellen. Die schwache Zentralregierung in Lagos wird nicht Herr der Lage. Der von blutigen Unruhen begleitete Regierungswechsel 2007 und die danach folgende relative Stabilität konnten an dieser Lage wenig ändern. In den Sechzigerjahren erlebte Nigeria bereits einen Bürgerkrieg aufgrund der Sezessionsversuche in der Provinz Biafra. Andererseits leben 50 Prozent Muslime und 40 Prozent Christen sehr friedlich miteinander. Nigeria wird zusehends zum bedeutendsten Partner Chinas in Afrika, das im Land massive „Entwicklungshilfe" leistet. Rot-Chinesen helfen vor allem beim Bau von Wasserkraft- und

Gaswerken. Ohne die hohen Gewinnmargen im Ölsektor und verbesserte Chancen auf anstehende lukrative Investitionsaufträge wären im nigerianischen Chaos ausländische Investitionen kaum vorstellbar.

Gesamtwirtschaftliche Lage

Wie viel Chaos kann eine Volkswirtschaft ertragen?

Es gehört zu den vielen ungeklärten Rätseln der Schwellenländer, wie unter fast kriegerischen Bedingungen die Volkswirtschaft in einem Land blühen kann und in einem anderen – erwartungsgemäß – völlig zusammenbricht. Nigeria gehört dabei mit einem sich zuletzt auf sieben Prozent jährlich beschleunigenden BIP-Wachstum zu der glücklichen ersten Kategorie. Das Entwicklungspotenzial dürfte noch lange nicht ausgeschöpft sein. Denn die katastrophale Infrastruktur, der zuletzt chronische Energiemangel und das enorme Fachkräftedefizit erweisen sich als spürbare Wachstumsbarrieren. Dagegen ist die HIV-Ansteckungsrate mit „nur" vier Prozent für ein schwarzafrikanisches Land erstaunlich niedrig.

Obwohl sich in der hiesigen Wirtschaft alles um das heute teure Öl dreht, spürt die Bevölkerungsmehrheit wenig vom neuen Reichtum. 70 Prozent der Nigerianer leben unter der offiziellen Armutsgrenze, die nach internationalen Maßstäben einen US-Dollar beträgt. Im Agrarsektor, der gerade 30 Prozent zum BIP beisteuert, sind 70 Prozent der arbeitsfähigen Bevölkerung beschäftigt. Trotz der geschilderten Ungleichgewichte konnten sich in den letzten drei Jahren alle makroökonomischen Daten, vor allem die außenwirtschaftlichen, wie die Leistungsbilanz, die Auslandverschuldung, der Wechselkurs und die Inflation spürbar verbessern. Ebenso zeigt die Landeswährung Naira gegenüber dem US-Dollar seit sechs Jahren eine erstaunliche Stabilität. Die enormen Währungsreserven des Landes in Höhe von 80 Milliarden US-Dollar legen die baldige Gründung eines Staatsfonds nahe, nach dem Vorbild anderer reicher Rohstoffländer. Erst vor kurzem hat Nigeria als erstes afrikanisches Land seine Auslandsschulden vor dem Pariser Club (Organisation westlicher Gläubigerländer) gänzlich bezahlt. Der Zentralregierung in Lagos werden sehr gute Noten für ihre Wirtschaftspolitik gegeben. Sie versteht es gegenüber den mächtigen internationalen Ölkonzernen, die das schwarze Gold in Joint Venture mit der staatlichen Nigeria National Petroleum Corporation (NNPC) fördern, als gleichberechtigter Partner aufzutreten. Zudem kann die Regierung im Kampf um die Befreiung des Nigerdeltas, bei der Bekämpfung der allmächtigen Korruption, der Kriminalität und der Armut sowie in der breit angelegten Bodenreform sowie der Förderung der Kleinunternehmen Erfolge vorweisen. Der Aufschwung in Nigeria soll auf eine breitere Basis gestellt werden und genießt in den zentralen Entwicklungsprogrammen oberste Priorität. Während der Industriesektor erheblichen Krisen ausgesetzt ist, boomt unerwartet die Telekommunikation. Bei akuten Stromausfällen, dem lähmenden Chaos in den Straßen der Hauptstadt Lagos und den zuletzt ausgebrochenen Hungerrevolten klingt diese Nachricht heute wie blanker Hohn. Die Gegensätze könnten nicht schärfer ausfallen!

Die ausländischen Banken will der Staat in Zukunft stärker kontrollieren. Mit über 40 Prozent BIP-Anteil übersteigt der Staatsverbrauch deutlich den Privatverbrauch, was nicht nur in den NEM-Ländern eine Seltenheit darstellt.

Finanzmarktkommentar

Reicht die starke Bankenposition als Vertrauensbasis aus?

Ähnlich wie die robuste Wirtschaftsverfassung erstaunt die Festigkeit der nigerianischen Börse angesichts des politischen Chaos. Während der Korrektur an den internationalen Finanzmärkten gab der breite Aktienindex *NSE (Nigerian Stock Exchange)* gerade „symbolische" 16 Prozent nach und steht aktuell bei 52.286 Punkten (17.7.2008). Zwei Jahre zuvor hat er gerade die Marke von 25.000 durchbrochen. Diese Stabilität wird sich wahrscheinlich ausschließlich mit dem Rekordpreis des Rohöls erklären lassen, generiert doch das Land 99 Prozent der Exporteinnahmen, 85 Prozent der Staatseinnahmen und 52 Prozent des BIP aus dem schwarzen Gold. Obwohl der *NSE-Index* zu etwa 75 Prozent bankenlastig ist, wird ebenso das geringe Engagement der dortigen Banken in der Subprime-Krise – was hätten diese wohl in Amerika zu suchen? – eine gewisse Rolle gespielt haben. Nigerias Großbanken betreiben primär Währungs- und Finanzierungsgeschäfte mit dem Staat und managen dessen Ölgelder. Das Kreditgeschäft spielt hier nur eine untergeordnete Rolle.

Der Größe nach ist der 1965 eröffnete, heute drittgrößte afrikanische Aktienmarkt mit einer Marktkapitalisierung von 87 Milliarden US-Dollar und 212 gehandelten Titeln nach internationalen Maßstäben noch nicht bedeutsam. Dies bezieht sich nicht auf seine relative Bedeutung, die in der Börsenkapitalisierung im Verhältnis zum BIP von 73 Prozent und im Verhältnis zu den Börsenumsätzen von 30 Prozent zum Ausdruck kommt. Der nigerianische Anleihemarkt ist mit einem Anleihenvolumen von 35 Milliarden US-Dollar für afrikanische Verhältnisse groß.

Wer auf Nigerias Aktienmarkt setzt, darf Effekte von den Infrastrukturprojekten erwarten. Derzeit befinden sich mehrere Großprojekte mit einem Volumen von über 12 Milliarden US-Dollar in der Durchführungs- oder in der Implementierungsphase. Durch den Bau eines Kraft- und Wasserkraftwerkes und die Rehabilitierung der maroden Eisenbahn – alles unter chinesischer Ägide – werden klassische wachstumshemmende Engpässe im Erdölsektor beseitigt. Dort sind weitere Großinvestitionen im Wert von fünf Milliarden US-Dollar in Planung. So gesehen, ergibt die Investitionspolitik der Regierung eine durchaus vernünftige Entwicklungsstrategie.

Für den Langfristinvestor bieten sich im Land zweifelsohne interessante Investitionsmöglichkeiten. Kurzfristig sollte ihn die bislang ausgebliebene kräftigere Korrektur misstrauisch machen. Um diesen störenden Umstand Rechnung zu tragen, haben wir Nigeria in unserem NEM14-Universum in die dritte und damit letzte Bonitätsgruppe eingeordnet, was eine Untergewichtung impliziert.

3.3.9 Ägypten

Wirtschaft / Geographie	2008e	Kapitalmarkt	2008e
Fläche (1000 km 2)	1.002	Börsenwert Aktien (Mrd. USD) / KGV (30.4.2008)	153 / 15,2
Einwohner in Mill. / pro km 2	77 / 77	Devisenzufluß netto ohne Portfolio (Mrd. USD)	10
BIP-Wachstum in % / Inflation in %	7,2 / 5,7	Devisenreserven / Auslandsschulden (Mrd. USD)	34 / 32
Staatsschuld / Haushaltsaldo in % BIP	90 / -7,4	Realzins (Geldmarktzins minus Inflation) in %	5,8

Quellen: bfai, wto, Bayerische Landesbank, World Federation of Exchanges, dbresearch

Vergleiche, Vorbehalte, Vorstellungen (Stichworte)

- Ressourcenarm, bevölkerungsreich, wenig wirtschaftlich nutzbare Fläche, begrenzt auf das Nil-Tal.
- Die Regierung ist anti-, die breiten Bevölkerungsschichten sind pro-islamisch eingestellt, was potenzielle Unruhen hervorrufen kann.
- Ausgebildete Fachkräfte bilden die wichtigste Humankapitalreserve, Gelder von Auswanderern und Gastarbeitern stützen die kränkelnde Wirtschaft.
- Gute Beziehungen zum Westen – allem voran zu den USA – und den Golf-Staaten bringen wirtschaftliche Vorteile.
- Tourismus gilt als wichtige konjunkturunabhängige Dauereinnahmequelle.

Ordnungspolitische Rahmen

Ein „geduldeter Staat" ohne Rückgrat bei den Massen.

In Ägypten, dem bevölkerungsreichsten arabischen Land, herrscht seit über 20 Jahren quasi ein Einparteiensystem. Die Nationaldemokratische Partei des Präsidenten Mubarak regiert mit einer Mehrheit von über 80 Prozent der Parlamentsitze. Die politische Aktivität der, für ihre Ausländerfeindlichkeit bekannten, radikal-islamischen Moslembruderschaft bleibt weiter offiziell verboten. Sie wird vom Staat massiv unterdrückt und konzentriert ihre Aktivitäten primär auf die sozialen Aufgaben in den Armenvierteln der Großstädte. Dennoch hat die offizielle Exekutive wenig Macht im Lande. Weil seit dem Anschlag auf Präsident Sadat 1980 die Notstandsgesetze praktisch immer noch in Kraft sind, stehen die Ägypter heute mehrheitlich in Opposition zu ihren staatlichen Strukturen und Institutionen. Die Wahlbeteiligung beträgt zuweilen gerade zehn Prozent! Damit erinnert das Land stark an den Casus Türkei. Die Judikative wird in der Bevölkerung nicht als unabhängig angesehen. Weitaus gefährlicher als die vorgenannten Demokratiemängel sind die sozialen Spannungen und die vom Extremismus ausgehenden Terrorgefahren. 20 Prozent der mit zwei Prozent jährlich wachsenden Bevölkerung gelten als absolut arm und bilden einen akuten Nährboden für politischen Extremismus. Während der Privatisierung oberste Priorität eingeräumt wird, ist eine politische Liberalisierung nicht in Sicht. Wie in anderen Ländern Afrikas ist Rot-China auch in Ägypten stark präsent ohne politische Ambitionen zu zeigen. Ausgleichend bezieht das prowestlich orientierte arabische Land wegen seiner geostrategischen Lage hohe militärische und zivile US-Hilfe.

Gesamtwirtschaftliche Entwicklung

Bestes Humankapital in der arabischen Welt unterstützt die heimische Wirtschaft.

Die relativ spät, weil erst 2004, begonnenen marktwirtschaftlichen Reformen stellen heute die positive Seite Ägyptens dar. Die Ägypter genießen einen guten Ruf, was ihre Wirtschaftgesinnung anbelangt. In kurzer Zeit konnten ordnungspolitische „Krankheiten", wie die außenwirtschaftliche Abschottung, die inkonsistente Wirtschaftpolitik, die Einmischungen des Staates, der mangelnde Wettbewerb und nicht zuletzt die Eindämmung der Bürokratie und der Korruption beseitigt werden. Der Antriebsmotor des sich beschleunigenden BIP-Wachstums – es erreichte 2007 die Rekordmarke von 7,0 Prozent – bilden die privaten Investitionen, die jährlich zwischen 20 und 30 Prozent wachsen. Ein Großteil des Kapitals fließt in die Erschließung der wenig bekannten Öl- und Gasfelder. Andere wichtige Ausfuhrgüter sind die weltbekannte hochqualitative Baumwolle und gewisse Agrarprodukte, wegen derer es immer wieder mit südeuropäischen EU-Bauern Probleme gibt. Die Wirtschaftsbilanz ist per saldo positiv.

Wegen der Gefahr einer möglichen Überhitzung ist bei so viel Euphorie dennoch Vorsicht geboten. Wie an der Börse, so trägt auch jede überzogene Konjunkturhausse in sich bereits die ersten Keime einer nahenden Baisse. Das heißt, die Drosselung des Wachstumstempos muss keinesfalls in Form einer sanften Landung (engl. soft landing) geschehen. Sie kann viel rücksichtsloser ausfallen. Dann wird analog von einer harten Landung gesprochen. Erst extreme Preissteigerungen infolge übertriebener Lohnsteigerungen, dann massive Produktionseinbrüche, Pleiten, Verschuldungsberge auf allen Ebenen und schließlich hohe Arbeitslosigkeit sind die Folgephänomene einer Überhitzung. Mit einer Inflationsrate von sechs bis acht Prozent jährlich und einer Staatsverschuldung von 90 Prozent des BIP – Rekordwert in der NEM14-Gruppe – ist die Wirtschaft Ägyptens ein erstklassiger Kandidat für eine harte Landung. Dennoch kann gezeigt werden, wie heute dieser Gefahreneffekt noch überkompensiert wird.

Die Chancen für eine sanfte Landung bieten die Auslandsgelder, die nicht nur von den Konten der Auslandsinvestoren, sondern von außenwirtschaftlichen Dienstleistungen kommen (Tourismus, Gebühren für die Benutzung des Suez-Kanals und Überweisungen ägyptischer Gastarbeiter). Keine dieser Quellen gewährleistet für sich allein die wirtschaftliche Stabilität und Ägypten bleibt auf den Außenhandel angewiesen. Hier hat das Land sichtbare Erfolge zu verzeichnen. So konnte 2007 die Leistungsbilanz mit einem hohen Überschuss von 2,5 Prozent des BIP abschließen. Heutige Devisenreserven sind mit etwa 30 Milliarden US-Dollar genau so groß wie die Schulden. Das Kredit-Rating des Landes liegt im ersten Drittel der beobachteten 174 Länder. Das ägyptische Pfund gewann infolge dessen enorm an Stärke gegenüber dem US-Dollar und es gibt aktuell keine nennenswerten Gefahren für den Wechselkurs.

Die Schwächen liegen in der Abhängigkeit von Agrarimporten, obwohl im Agrarsektor 30 Prozent der Ägypter arbeiten. Das Land gilt als überbevölkert, im Durchschnitt leben 2.500 Personen pro Quadratkilometer auf der nur zu drei Prozent bewohnbaren Landesfläche. Laut Statistik haben gerade zwei Prozent der Bevölkerung Zugang zum Gesundheitsdienst, jedes fünfte Kind unter 14 Jahren arbeitet und bleibt dem Schulunterricht fern. Der informelle Sektor blüht ungehindert.

Alles in allem können die Auslandsinvestoren jedoch ruhig schlafen. Sie werden klar die wirtschaftlichen Stärken des Landes sehen und den sozialen Sprengstoff nicht ignorieren. Sie setzen auf die intakten autokratischen Regierungsstrukturen, die die Wirtschaft beschützen. Das ist zwar kein besonders harmonisches Umfeld, es bietet aber dennoch die benötigte Sicherheit, um gute Geschäfte zu machen.

Finanzmarktkommentar:

Traditionsbörse kann zum regional führenden Finanzplatz aufrücken.

Ägyptens Kapitalmarkt (Börsen in Kairo und Alexandria) ist der zweitgrößte in Afrika und besteht aus einem dominierenden Aktienmarkt mit 150 Milliarden US-Dollar Börsenkapitalisierung und einem kleinen Anleihenmarkt von 12 Milliarden US-Dollar. An der Zahl gehandelter 430 Aktien – vor drei Jahren waren es über 700 – wird deren Fragmentierung ersichtlich. Das Land zählt zu den wenigen Ausnahmen im NEM14-Universum, die eine rückläufige Anzahl gelisteter Börsentitel aufweisen. Die Bedeutung der Börse als Finanzierungsquelle für die Wirtschaft, gemessen am Anteil der Marktkapitalisierung und der Umsätze am BIP, die jeweils 136 Prozent und 71 Prozent betragen, ist als sehr hoch zu bezeichnen,

Die 1888 eingeweihte ägyptische Börse kann eine lange Tradition vorweisen. Der *CASE 30*-Aktienindex liegt mit 9.439 Punkten etwa 25 Prozent unter seinem historischen Höchstkurs und dürfte sich erfahrungsgemäß bei einem 2008er KGV von 15 erst eine Weile konsolidieren. Angesichts weltweiter Turbulenzen drängt sich bei dem vom Weltmarkt abhängigen Ägypten ein Engagement nicht unbedingt auf. Zudem vermindern hohe Zinsen von elf Prozent die Attraktivität des heimischen Aktienmarktes.

Die Langfristperspektiven für den Aktienmarkt bleiben allerdings günstig. Zum einen ist das Land dank seines Know-hows dazu prädestiniert, die Rolle des führenden Finanzplatzes in der arabischen Welt einzunehmen. Die dürfte dann realistisch werden, wenn die reichen Golf-Staaten keinen Stabilitätsbonus gegenüber dem Land am Nil mehr haben. Zweitens kann Ägypten zukünftig seine Trumpfkarte als Billiglohnland stärker ausspielen. In der Textilindustrie sind die heimischen Lohnkosten mit einem US-Dollar/Stunde halb so hoch wie in Tunesien und drei Mal niedriger als in der Türkei. Auch im Energiehandel und der Förderung heimischer Erdölquellen – die Felder wurden erst 1975 entdeckt – gewinnt Ägypten an Bedeutung. Trotz dieser Aktiva hat das Land die eigene Nische in der Globalisierung noch nicht so richtig gefunden.

3.3.10 Polen

Wirtschaft / Geographie	2008e	Kapitalmarkt	2008e
Fläche (1000 km 2)	312	Börsenwert Aktien (Mrd. USD) / KGV (30.4.2008)	196 / 11,9
Einwohner in Mill. / pro km 2	38 / 122	Devisenzufluß netto ohne Portfolio (Mrd. USD)	10
BIP-Wachstum in % / Inflation in %	5,3 / 4,3	Devisenreserven / Auslandsschulden (Mrd. USD)	50 / 180
Staatsschuld / Haushaltsaldo in % BIP	45 / -2,5	Realzins (Geldmarktzins minus Inflation) in %	1,7

Quellen: bfai, wto, Bayerische Landesbank, World Federation of Exchanges, dbresearch

Vergleiche, Vorbehalte, Vorstellungen (Stichworte):

- Die andauernden Ressentiments gegenüber Deutschland, Russland und Europa sowie die aktuell starke US-Hörigkeit sind nicht sehr ernst zu nehmen.
- Wegen seiner Landwirtschaft größter EU-Subventionsempfänger.
- Der auf die Wirtschaftsgesinnung abzielende und negativ belegte Begriff „polnische Wirtschaft" ist nicht nur in Deutschland bekannt.
- Zwei Millionen polnischsprachiger Aussiedler und Deutschpolen sind eine wichtige Quelle für Devisenzuflüsse und Kontakte mit dem Westen.
- Polen wird von den Deutschen als Investitions- und Einwanderungsland zunehmend entdeckt; das Polen-Bild hierzulande verbessert sich rapide.

Ordnungspolitischer Rahmen

Nach zwei Jahren Populismus Rückkehr zur europäischen Normalität.

Viele Pessimisten hatten mit ihrer Annahme, das Land werde nach der EU-Aufnahme Schwierigkeiten machen und die geltenden Einstimmigkeitsregeln egoistisch ausnutzen, Recht gehabt. War doch Polen als ehemalige osteuropäische Großmacht während der „goldenen Zeiten" seiner Adelsdemokratie über ein Jahrhundert (1652 – 1772) für sein unsinniges „liberum veto" bekannt. Eine Gegenstimme genügte damals, um im Sejm die dringend notwendigen Reformen auf dem Gebiet der Finanzen, des Militärwesens und der königlichen Zentralmacht zu Fall zu bringen. Nicht zuletzt war das Land wegen dieser Partikularinteressen im 18. Jahrhundert als Staat untergegangen. Nach dem EU-Beitritt kam es also, wie es kommen musste: Dieser alten Tradition ihres Landes „verpflichtet", versuchten die Gebrüder Kaczynski, die europäische Einigkeit zu torpedieren. Aber auch die Optimisten von damals haben Recht behalten. Sie sagten voraus, dass die Polen berechenbar und pragmatisch bleiben und die ökonomische Vernunft am Ende obsiegen wird. So ist es nach zwei Jahren Populismus unter der Ägide der Kaczynski-Brüder doch noch zu einem Happy End gekommen. Für die Zukunft bleibt dennoch Vorsicht geboten, weil die neue Mannschaft unter Ministerpräsident Tusk auf die unverändert latent vorhandenen Ressentiments gegenüber Russland Rücksicht nehmen muss. Polen, sich der US-Unterstützung bewusst, bleibt ein politisch schwieriger EU-Partner.

Gesamtwirtschaftliche Entwicklung

Keine Spur mehr von der „polnischen Wirtschaft"?

Als das wirtschaftlich wichtigste osteuropäische EU-Land entwickelte sich Polen in den letzten Jahren genau so dynamisch wie Tschechien. Dennoch gibt es einige signifikante Unterschiede zwischen beiden Staaten. Erstens zählt Polen bei dem Pro-Kopf-Einkommen zu den ärmeren EU-Ländern. Zweitens befindet sich das Land aktuell in einer regelrechten Bauhausse, was einerseits mit den hier 2012 ausgetragenen Europa-Fußballmeisterschaft und der bis 2013 fließenden 60 Milliarden Euro EU-Subventionen zusammen hängt. Die Sachinvestitionen erreichen mit Wachstumsschüben von 20 Prozent und mehr fast asiatische Dimensionen. Das „Wirtschaftswunder an der Weichsel" wird nicht zuletzt an der innerhalb von fünf Jahren halbierten Arbeitslosenquote sichtbar. Dieser Erfolg war durch den Massenexodus von bis zu 800.000 junger Polen nach Großbritannien und Irland erleichtert worden. Da Polen dadurch regelrecht von Fachkräften leergefegt wurde, kam es zu einem in Alteuropa lange vergessenen Phänomen der Lohn-Preis-Spirale.

Die Schattenseiten des Booms dürfen nicht übersehen werden. Polen war, ist und wird ein sowohl binnen- als auch außenwirtschaftlich hoch verschuldetes Land bleiben. Der für 2008 erwartete Schuldenberg von 180 Milliarden Euro übersteigt die Grenze von 50 Prozent des BIP. Dennoch blieben negative Auswirkungen auf den Wechselkurs des Zloty aus, weil gegenwärtig immer mehr Geld ins Land herein als aus ihm heraus fließt. So konnte die Währung in den letzten drei Jahren 50 Prozent Wertzuwachs gegenüber dem Euro verzeichnen. Die ausländischen Direktinvestitionen übersteigen mit erstaunlicher Regelmäßigkeit seit einigen Jahren das hohe Leistungsbilanzdefizit. Auch die Staatsverschuldung erreicht die Höhe von 50 Prozent am BIP. Die Neuverschuldung – ein wichtiges Kriterium für alle Eurokandidaten – ist auf 2,5 bis 3,0 Prozent des BIP gesunken und damit eurokonform.

Finanzmarktkommentar:

Viele „Einzelfantasien" ergeben insgesamt ein positives Bild.

Der polnische Kapitalmarkt ist nach dem russischen der zweitgrößte in den ehemaligen Ostblockstaaten. Seine wichtigsten Teilmärkte sind der Aktienmarkt mit einer Börsenkapitalisierung von 196 Milliarden US-Dollar und der Anleihemarkt mit einem Volumen von 142 Milliarden US-Dollar (Stand: 30.4.2008). Bei einem Universum von 421 Titeln – im Ausland sind 44 polnische Aktien, in Deutschland 69 Fonds mit Polen-Fokus notiert – ist die Auswahl ausreichend. Jährlich wird das Angebot um fünf bis sieben neue Börsengänge aus privatisierten Staatsbetrieben erweitert. Aktuell stehen auf der Privatisierungsagenda einige Großbetriebe im Bergbau und die polnische Bahn. Das IPO-Potenzial ist dennoch bei weitem nicht ausgeschöpft, was anhand der gängigen Kennzahl Börsenkapitalisierung in Relation zum BIP, die aktuell 36 Prozent erreicht, ersichtlich wird.

Polnische Aktien werden gegenwärtig eher als „billig" eingestuft. Die 2008er KGV-Bewertung des repräsentativen *WIG20-Indizes* (20 Titel) liegt mit 11,9 deutlich unter seinem langfristigen Durchschnitt. Sowohl die KGV-Bewertung als auch der Anleihenzins implizieren ein Kurspotenzial am Aktienmarkt von 30 Prozent. Die heutige Indexnotierung (17.7.2008) liegt mit 2.508 etwa 40 Prozent unter seinem historischen Hoch von 3.917 vom Oktober 2007. Damit dürfte auch „optisch" der Aktienmarkt angemessen korrigiert haben.

Auch der polnische Anleihenmarkt ist für ausländische Anleger mit einer Rendite von 6,0 Prozent für 10-jährige Staatsanleihen – die damit etwa 1,5 bis 1,7 Prozent über dem Zinssatz für vergleichbare Euroanleihen liegen – nicht uninteressant. Denn Polen gilt als zuverlässiger Schuldner, was sich an seinem hohen Länder-Rating ablesen lässt. An den deutschen Wertpapierbörsen werden derzeit fünf polnische Euroanleihen notiert, die einen Zinsaufschlag (Spread) von 0,7 Prozent aufweisen. Ein gewisses Währungsrisiko geht vom extrem starken Zloty aus. Viele Experten sehen die Wechselkursavancen als einen Vorgriff auf den späteren Euro-Beitritt, halten aber eine Parität 1 Euro : 2,5-3,0 Zloty für nicht unwahrscheinlich. Auch spricht gemäß einer alten Konjunkturweisheit die starke polnische Wirtschaft für einen festen Zloty.

Wer sich am polnischen Kapitalmarkt engagiert, setzt voll auf die Europa- und die Euro-Karte. Von der sprichwörtlichen „polnischen Wirtschaft" als dem uralten Inbegriff der Misswirtschaft und Anarchismus kann heute nicht mehr die Rede sein. Nach dem EU-Beitritt im Jahr 2005 will das Land noch vor der Europa-Fußballmeisterschaft 2012 dem gemeinsamen Währungsgebiet beitreten. Die Bedingung hierfür ist die Erfüllung der Konvergenzkriterien, welche von der Börse bislang immer als ein kursfreundlicher Faktor angesehen wurden. Das Fußballgroßereignis wird vorrangig den Bausektor stimulieren, da im Infrastrukturbereich Polen großes Nachholpotenzial hat (besonders im Straßenbau). Projekte, wie die Reifenfabrik von Bridgestone, die Computerfabrik von Dell oder die Biobrennstoffanlage von Green Source, sind bereits seit Jahren geplant. Ihr Volumen ist allerdings eher unspektakulär und überschreitet selten 200 Millionen US-Dollar pro Projekt. Als die größten Profiteure im Bausektor wären die Baukonzerne Budimex, Elbudowa und Mostal zu nennen. Anlagechancen im Rentenbereich sind ebenfalls überlegenswert: Denn bei der Anpassung der polnischen Zloty-Zinsen an das niedrigere europäische Zinsniveau sind bei 10-jährigen Titeln rein rechnerisch Kursgewinne von bis zu 30 Prozent zu erwarten.

Die wichtigsten Störfaktoren dieses Positivszenarios sind in der ambivalenten Beziehung zu Russland und der gewissen Konjunkturüberhitzung zu suchen. Denn die hysterische Hausse am polnischen Immobilienmarkt – ein zuverlässiger globaler Vorbote des nahenden Konjunkturrückschlags – mahnt zur Vorsicht.

3.3.11 Ukraine

Wirtschaft / Geographie	2008e	Kapitalmarkt	2008e
Fläche (1000 km 2)	604	Börsenwert Aktien (Mrd. USD) / KGV (30.4.2008)	40 / 27,3
Einwohner in Mill. / pro km 2	46 / 77	Devisenzufluß netto ohne Portfolio (Mrd. USD)	0,5
BIP-Wachstum in % / Inflation in %	6,0 / 17,7	Devisenreserven / Auslandsschulden (Mrd. USD)	40 / 95
Staatsschuld / Haushaltsaldo in % BIP	> 30 / -2,0	Realzins (Kreditzins minus Inflation) in %	-2,2

Quellen: bfai, wto, Bayerische Landesbank, World Federation of Exchanges, dbresearch

Vergleiche, Vorbehalte, Vorstellungen (Stichworte):

- Im Spannungsfeld zwischen dem „großen Bruder" Russland und den West-Avancen (EU- und/oder NATO-Beitritt) gelegen; die extreme Energieabhängigkeit von Russland verhindert eine zu starke Westöffnung.
- Agrarpotenzial (vormalige „Kornkammer Europas") angesichts letzter Preisexplosionen auf dem Weltmarkt noch nicht ausgenutzt.
- Innenpolitische Machtkämpfe stören die Wirtschaft; Oligarchien als Hinterlassenschaft der Sowjet-Ära bilden die Gefahr für den Wettbewerb.
- Hyperkorruption und markante Rechtsunsicherheit sind noch als gravierende Hindernisse für Auslandsinvestoren anzusehen.
- Zukünftiges Billiglohnland für westliche Produktionsauslagerungen nachdem Polen, Tschechien und Ungarn zu teuer geworden sind.

Ordnungspolitischer Rahmen

Die Politik konzentriert sich voll auf die internen Machtkämpfe.

Die offizielle Politik bleibt nach den Parlamentswahlen 2006 weiter durch den Machtkampf zwischen dem westlich orientierten Lager „Revolution in Orange" unter Präsident Justschenko und dem pro-russischen Bündnis „Unsere Ukraine" des Ministerpräsidenten Janukowitsch bestimmt. Es geht den Parteien primär darum, ob die Ukraine ohne Einverständnis Russlands so einfach ins westliche Lager übertreten kann. Dies hängt nicht zuletzt von der extremen Energieabhängigkeit vom „großen" Bruder und der starken russischen Minderheit ab. Dagegen steht die Diskussion um den NATO-Beitritt aktuell nicht zur Debatte, was allerdings nicht für die EU-Frage gilt. Die Lager sind so sehr miteinander beschäftigt, dass sie keine Zeit haben, weder die Aktivitäten der mächtigen Oligarchien noch die der Kleinunternehmen zu stören. Dadurch bleiben wichtige Reformen (Rechtswesen, Privatisierung, Kapitalmarkt, Auslandsbeteiligungen) auf der Strecke. Die Schattenwirtschaft blüht unbekümmert. Die baldige Aufnahme in die WTO wird an diesem negativen Eindruck nicht viel ändern.

Gesamtwirtschaftliche Entwicklung

Ein Land in der klassischen Lohn-Preis-Spirale gefangen.

Die vorgenannten Störfaktoren tun der boomenden Wirtschaft bislang keinen Abbruch. Das BIP-Wachstum vergangener Jahre war im Durchschnitt mit sieben bis acht Prozent zwar hoch, aber gleichzeitig äußerst sprunghaft. Die Steigerungsraten lagen zwischen +2,7 Prozent im Jahr 2005 und +12,1 Prozent im Jahr 2004. Solche Dimensionen können schon imponieren. Dennoch besteht zwischen der Ukraine und Polen ein riesiges Wirtschaftsgefälle, was sich in dem vier Mal höheren Pro-Kopf-Einkommen Polens niederschlägt. Diametral anders als in den sonstigen NEM14-Ländern entwickelten sich die BIP-Einzelaggregate: Während der private Konsum, getragen von massiven, „populistisch" motivierten, Lohn- und Rentenerhöhungen sowie einer expansiven Kreditvergabe der Banken (das Beispiel Rumäniens drängt sich auf) um 15 bis 20 Prozent anstieg, verharrten die Investitionen bis 2004 auf einem kümmerlichen Niveau von drei Prozent, um ab 2006 ebenfalls einen Satz von über 20 Prozent zu machen. Klar, dass diese Überhitzung inflationär wirken muss. Offizielle Quellen sprechen von 25 Prozent (Juni 2008), inoffizielle geben 30 bis 40 Prozent an.

Auch sämtliche Außenwirtschaftszahlen sind denkbar schlecht. Die hohen und ständig zunehmenden Defizite (erreichen in der Spitze sechs Prozent des BIP) im Warenhandel werden durch Überschüsse im Dienstleistungsverkehr aus den Pipeline-Gebühren und den ausländischen Direktinvestitionen, die gerade sechs Milliarden US-Dollar ausmachen, nicht kompensiert. Das Land profitiert zwar als Exporteur von den Rekordpreisen auf dem Weltstahlmarkt, verliert aber wieder alles durch die gestiegenen Energieimporte. Eine Ersparnis des Energieverbrauchs ist nicht in Sicht. Die veralteten Produktionstechnologien aus der Sowjetzeit zeichnen sich durch hohe Verbrauchskoeffizienten aus und bieten dafür keine Spielräume.

Das Land braucht noch mehr als Russland eine sofortige Modernisierung seines Produktionsapparates, besitzt aber zu wenig Kapital und Kreditmöglichkeiten für westliche Technologiekäufe. Das Land muss bei US-Dollar-Anleihen einen Spread von 3,8 Prozent (17.7.2008) zahlen. Auf der anderen Seite hat es noch keine attraktiven Voraussetzungen fürs Auslandskapital geschaffen. Denn die Politik befürchtet interne Schocks, die sich unweigerlich mit der Aufhebung der Verkäufe von Land und Betrieben sowie der Freigabe des Wechselkurses des an den US-Dollar teilweise gebundenen Griwna ergeben würden.

Wie soll es also mit einem wirtschaftlich derart gerüttelten Land weitergehen? Vielleicht über die Intensivierung seiner Agrarexporte? Binnen weniger Jahre hat sich die Ukraine zum weltweit fünftgrößten Weizenexporteur entwickelt und wird ihrem Ruf als die „Kornkammer" Europas wohl bald wieder voll gerecht.

Finanzmarktkommentar

Börse? Welche Börse?

Der unterentwickelte ukrainische Kapitalmarkt hat im Vergleich zu Polen oder Tschechien ein Nachholpotenzial von gut 15 Jahren. Die zerstrittenen politischen Entscheidungsträger in Kiew scheinen dem Land den Stempel des klassischen Stufenmodells zugedacht zu haben, wonach erst die Politik, dann die Wirtschaft und zum Schluss die Börse im Mittelpunkt staatlicher Reformen zu stehen haben. Hinsichtlich dieser stiefmütterlichen Behandlung ihres Kapitalmarktes erinnert die Ukraine ein wenig an Vietnam, mit dem Unterschied, dass am Dnjepr hinter diesem Vorgehen keine bewusste Antiinflationspolitik zu stehen scheint. Denn die Ukrainer besitzen zu wenig Erspartes, um es an der Börse zu verlieren.

Offizielle Daten zur Marktkapitalisierung, zu den Zinsen und Inflationsraten fehlen ganz oder sind widersprüchlich. Deutsche Privatanleger müssen also auf externe Angaben zurückgreifen. So lässt sich nicht klären, ob Anleihenhalter und Sparer einen negativen Realzins vorfinden. Genauso wenig wagen sich die großen Investmentbanken an das Thema „Investmentregion Ukraine" heran, obwohl doch alle westlichen Massenmedien die „orangene" Revolution seinerzeit so hochgejubelt haben. Unter diesen Umständen ist dem Privatanleger von einer Direktanlage strikt abzuraten, selbst wenn es technisch möglich wäre, ein Depotkonto bei einem heimischen Broker einzurichten.

Der Aktienmarkt weist – je nach Quelle – und höchstwahrscheinlich unter Einbeziehung des OTC-Handels eine Marktkapitalisierung von etwa 40 Milliarden US-Dollar bei über 960 gehandelten Titeln aus. Die Tagesumsätze sind bei einem Handelstag pro Woche mit knapp zehn Millionen Euro äußerst bescheiden. Auch der ukrainische Rentenmarkt mit zwölf Milliarden US-Dollar ist sehr klein. Ob allerdings alle diese Daten glaubwürdig sind, bleibt fraglich. Verbindliche Zahlen sind der offiziellen Webseite der Kiewer Börse *Ukrainian Stock Exchange*, mit Einträgen zum Teil aus dem Jahr 2003 (!), nicht direkt zu entnehmen.

Der heute bei 630 Punkten notierende breite Aktienindex *PFTS* befindet sich seit Ende Oktober 2007 im freien Fall und hat seitdem bereits 45 Prozent verloren. Neben den globalen

Turbulenzen werden für den Einbruch der regelrechte „Käuferstreik" und das Fehlen ausländischer Investoren verantwortlich gemacht. Woher sollen diese auch kommen? Die Abstinenz der Ausländer bei der derzeitigen unfreundlichen Gesetzgebung darf niemanden verwundern. Der PFTS-Index umfasst 18 der am meisten liquiden ukrainischen Titel und ist sehr, der Wirtschaftsaftsstruktur des Landes entsprechend, versorgerlastig. Seine Marktkapitalisierung liegt derzeit bei etwa zehn Milliarden US-Dollar, wobei vier Gesellschaften bei der Börsenkapitalisierung immerhin die Grenze von einer Milliarde US-Dollar überschritten haben. Die geschätzte 2008er KGV-Bewertung wird von einigen Investmentbanken mit 16 angegeben, womit der Aktienmarkt auch nach dem letzten Rückschlag noch nicht „billig" ist.

Ohne Zweifel besitzt die Ukraine große „stille Reserven", die schon mit einfachen administrativen Eingriffen geweckt werden können. Dazu zählen eine umfassende Börsenreform und die Freigabe des Wechselkurses der Landeswährung Griwna. Sobald diese Grundvoraussetzungen vorliegen, kann das Startzeichen für einen Einstieg gegeben werden. Den Mutigen winken hohe Pioniergewinne!

3.3.12 Rumänien

Wirtschaft / Geographie	2008e	Kapitalmarkt	2008e
Fläche (1000 km 2)	238	Börsenwert Aktien (Mrd. USD) / KGV (30.4.2008)	40 / 21,6
Einwohner in Mill. / pro km 2	22 / 92	Devisenzufluß netto ohne Portfolio (Mrd. USD)	-23
BIP-Wachstum in % / Inflation in %	5,7 / 4,3	Devisenreserven / Auslandsschulden (Mrd. USD)	27 / 53
Staatsschuld / Haushaltsaldo in % BIP	13 / -3,0	Realzins (Geldmarktzins minus Inflation) in %	2,7

Quellen: bfai, wto, Bayerische Landesbank, World Federation of Exchanges, dbresearch

Vergleiche, Vorbehalte, Vorstellungen (Stichworte)

- Typischer „Balkan"-Staat, der durch Schattenwirtschaft, Korruption, Kriminalität und schwache staatliche Institutionen charakterisiert ist.

- Das negative Erscheinungsbild rumänischer Westflüchtlinge weckt Zweifel an der wirtschaftlichen Leistungsfähigkeit des Landes.

- Ehemaliges Siedlungsgebiet der Deutschen in Siebenbürgen; teilweise Zugehörigkeit zur K.u.K-Monarchie als guter Türöffner für die Integration.

- Die über 30-jährige Ceausescu-Diktatur verursachte eine abenteuerliche Rückständigkeit zu Rest-Europa.

- Neues Billiglohnland vor der EU-Haustür, hohe EU-Agrarsubventionen.

Ordnungspolitischer Rahmen

EU-Abhängigkeit bester Garant für die Durchführung von Reformen

Das für die Börsenentwicklung politisch relevante Umfeld ist im Falle des EU-Neumitglieds Rumänien nicht besonders aufregend. Der Anleger sollte sich hier maximal drei Punkte merken: Erstens wird der Reformprozess von der EU streng überwacht. Das Land ist zwar groß, aber als eines der „Armenhäuser" Europas wirtschaftlich zu schwach, um eigensinnig – wie zum Beispiel Polen – einen abweichenden Weg zu wagen. Zweitens fand 2007 ein Regierungswechsel statt. Die Mitte-Rechts-Koalition löste die langjährige Herrschaft der Sozialdemokraten ab. Sowohl die Posten des Prämierministers Popescu als auch des Präsidenten Basescu sind relativ stabil. Drittens ist der NATO-Beitritt des Landes nur noch eine Frage der Zeit. Zusätzliche wirtschaftliche Trümpfe sind allerdings aus dem Beitrittsakt nicht zu erwarten. Rumänien muss nicht mehr umworben werden!

Gesamtwirtschaftliche Entwicklung

Ein Leben über den Verhältnissen beschwört den Zusammenbruch!

Ein Land, das arm ist, kann, basisbedingt, schneller wachsen als eines, das bereits hoch entwickelt ist. Diese Binsenweisheit trifft auf Rumänien, das ein BIP-Wachstum von über sieben Prozent jährlich vorlegt, im starken Maße zu. Pro Einwohner wird hier allerdings gerade ein Drittel dessen erwirtschaftet, was in dem nur Tausend Kilometer Luftlinie entferntem Tschechien erzielt wird. Die Dynamik ist nichtsdestotrotz erstaunlich. Ein Blick hinter die Kulissen dieser Hausse gibt allerdings Anlass zur Sorge. Die Wirtschaft entwickelt sich stark ungleichgewichtig. Warum?

Der private Konsum (+11 Prozent im Jahr 2007), inklusive Wohnungsbau, wächst aufgrund nicht produktivitätsgerechter Lohnsteigerungen (+18 Prozent) und hoher Bankkredite überproportional schnell. Importe und die Produktion kommen hiermit nicht nach, was inflationäre Bedingungen von offiziell fünf bis sieben Prozent hervorruft. Tatsächlich ist der Preisdruck mindestens doppelt so hoch. Investitionen, die langfristig über den Kapitalstock die zukünftige Wachstumsgrundlage bilden sollen, werden sträflich vernachlässigt. Wer möchte dem bitter armen Rumänien diesen „Konsumrausch" nach 30 Jahren Ceausescu-Entbehrung verdenken? Schließlich leben selbst die US-Konsumenten seit Jahrzehnten über ihre Verhältnisse und die Wirtschaft läuft dort besser als in dem sparsamen und vorsichtigen Alt-Europa. Jeder weiß dennoch, Rumänien ist nicht die USA. Offizielle Stellen machen sich bereits Sorgen. Die Gefahr, welche von der Konsumüberhitzung ausgeht, wird von der dortigen Notenbank klar erkannt. Sie steuert mit steigenden Leitzinsen (aktuelle Rate 7,0 Prozent) geldpolitisch gegen. Allerdings wird das Ungleichgewicht durch eine, heute auf 40 Prozent des BIP angestiegene, Auslandsverschuldung drastisch verschärft. Was diese externe Finanzierungsquelle angeht, werden 2008 mit dem geplanten Negativsaldo in der Leistungsbilanz von 13 Prozent BIP-Anteil alle denkbaren Rekorde gebrochen. Ein Minus von fünf Prozent gilt im internationalen Vergleich bereits als ernsthaftes Warnzeichen!

Die Landeswährung, die neu Leu, konnte dennoch gegenüber dem US-Dollar – nicht gegenüber dem Euro – im Verlauf der letzten drei Jahre Boden gut machen, obgleich Direktinvestitionen keinen Ausgleich der Handelsdefizite zu schaffen vermochten. Was ist der Grund dafür? Wie bei vielen anderen EU-Neulingen haben die Unions-Subventionen, ausländische Portfolioinvestitionen und Kredite ausländischer Banken für den Ausgleich über die positive Kapitalverkehrsbilanz gesorgt. Die privaten Engagements zogen nach. Den Appetit und das Vertrauen der Auslandsinvestoren versuchen die Rumänen mit den EU-weit niedrigsten Einkommensteuersätzen von 16 Prozent zu erhöhen. Wenn der rumänische Staat in einem Umfeld, in dem alle auf Pump leben, trotzdem mit 13 Prozent (noch?) nicht zu hoch verschuldet ist, so ist dies auf Privatisierungseinnahmen zurück zu führen. Wie lange diese Einnahmequelle ausreicht, wenn die Neuverschuldung jährlich in dem geschilderten Tempo ansteigt, lässt sich schnell ausrechnen. In absoluten Volumina gerechnet, müssen allein 2008 im Ausland wahrscheinlich 23 Milliarden US-Dollar neue Schulden gemacht werden.

Es bleibt festzuhalten: Bukarest betreibt eine gefährliche Wirtschaftspolitik. Das seltene Phänomen einer im Kern auf Geschenken und Vertrauen basierenden Entwicklungspolitik einerseits und den denkbar schlechten außenwirtschaftlichen Makrodaten andererseits kann selbstverständlich auf Dauer nicht gut gehen.

Finanzkommentar

Die Früchte des EU-Beitritts werden erst später geerntet!

Der Kapitalmarkt Rumäniens ist im Vergleich zu der geringen Wirtschaftskraft des Landes erstaunlich gut entwickelt. Die Deutsche Börse hat bei seinem Aufbau kompetent mitgewirkt. Die Marktkapitalisierung der 65 notierten Aktien beträgt inklusive des Segmentes Nebenwerte etwa 35 Milliarden Euro (17.7.2008). In den letzten zehn Jahren halbierte sich der Börsenzettel durch die Rücknahme kleiner, wenig liquider Titel vom Börsenhandel. Gemessen am BIP belegen die Marktkapitalisierung mit 31 Prozent und die Umsatzhöhe mit 18 Prozent allerdings keine vorderen Plätze im internationalen Vergleich. Zum Anleihenmarkt, auf dem 26 Emittenten vertreten sind, gibt es keine Angaben über die Volumina, sondern nur über Handelsumsätze. Rumänien hat, wie die anderen „Hochinflationsländer", das Problem, Anleihebesitzern einen positiven Realzins darzustellen, weil die hohe Inflation der jeweiligen Anpassung der Anlagezinsen immer einen Schritt vorauseilt. Im Deutschland werden zurzeit drei rumänische Euroanleihen mit einem zuletzt aufgrund verschlechterter Bonität erhöhten Spread von 1,70 bis 1,90 Prozent gehandelt.

Der repräsentative Aktienindex *BET (Bukarest Exchange Trading)* umfasst die zehn größten und am meisten liquiden Aktien des Landes. Auch er durchlief seit 2000 die für die jungen Aktienmärkte so charakteristische Superhausse. Innerhalb von knapp fünf Jahren stieg das Barometer von 2.000 auf über 10.000 Punkte, um auf heute 5.735 Punkte zu fallen. 70 Prozent der Indexkapitalisierung machen Finanzwerte und Energieversorger aus, die damit die Wirtschaftsstruktur des Landes unzureichend widerspiegeln. Was die Größe der Börsenschwergewichte anbelangt, so können fünf Titel immerhin eine Marktkapitalisierung von über einer Milliarde Euro vorweisen. Optimisten sehen im Umstand, dass sich 80 Prozent der rumänischen Banken im Ausländerbesitz befinden, einen stabilisierenden Marktfaktor. Einen anderen zuverlässigen Sicherheitsanker bilden die fünf nationalen Investmentfonds mit Pensionsfondscharakter, in die die Privatisierungsgelder der Neunzigerjahre eingebracht wurden. Diese Fonds sind am Markt immer sehr aktiv und für 40 Prozent der Börsenumsätze verantwortlich. Ein Kauf der Fondsaktien bedeutet ein breites Engagement in der rumänischen Wirtschaft. Der BET-Index weist für 2008 ein KGV von etwa 19 aus und ist damit – trotz zuletzt scharfer Korrekturen – deutlich überbewertet. Die ausländischen Portfolioinvestoren sind am Markt derzeit lediglich marginal vertreten und stören sich vor allem an der Währung, die wegen der geschilderten Defizite von einer chronischen Abwertung bedroht ist.

Langfristig bleibt Rumänien wegen der EU- und Euro-Fantasie durchaus interessant. Der Markt muss aber erst an Breite gewinnen. Auf der Mikroebene liegt die Fantasie in den EU-finanzierten Infrastrukturprojekten und in den durch seine Billiglöhne zu erwartenden ausländischen Direktinvestitionen. Das Land ist mit Stundenlöhnen, die halb so hoch wie in Tschechien oder in Polen sind, ein wahres Eldorado für Kostensparer.

3.3.13 Kasachstan

Wirtschaft / Geographie	2008e	Kapitalmarkt	2008e
Fläche (1000 km 2)	2.717	Börsenwert Aktien (Mrd. USD) / KGV (30.4.2008)	93 / >15
Einwohner in Mill. / pro km 2	15 / 6	Devisenzufluß netto ohne Portfolio (Mrd. USD)	3
BIP-Wachstum in % / Inflation in %	8,6 / 8,0	Devisenreserven / Auslandsschulden (Mrd. USD)	24 / 104
Staatsschuld / Haushaltsaldo in % BIP	13 / 0,2	Realzins (Geldmarktzins minus Inflation) in %	-2,3

Quellen: bfai, wto, Bayerische Landesbank, World Federation of Exchanges, dbresearch

Vergleiche, Vorbehalte, Vorstellungen (Stichworte):

- Geografische Lage zwischen Russland und China bietet wenig Platz sowohl für islamischen Extremismus als auch für zu starke westliche Einflüsse.
- Mit Erdöl- und Erdgasreichtum gesegnetes Land, sollte kurzfristig zum natürlichen Energielager des boomenden Chinas werden.
- Offen bleibt, ob die Mischung aus planwirtschaftlichem Sowjeterbe und orientalistischer Vetternwirtschaft eine Leistungsgesellschaft ergeben.
- Sprung vom Nomadentum in die Globalisierungsära wird auf Dauer nur mit Petrodollars schwer zu meistern sein.

Ordnungspolitischer Rahmen

De facto eine orientalische Despotie als Sowjeterbe.

Dem marktwirtschaftlichen Entwicklungsweg unterwarf sich Kasachstan – so die Kritiker – nur aufgrund der notwendigen außenwirtschaftlichen Öffnung. Um kurzfristig sein Ressourcenreichtum heben zu können, musste es Auslandskapital anwerben und nach außen eine liberale Struktur vorgeben. In Wirklichkeit ist hier, wie in den vier Nachbarrepubliken (Turkmenistan, Usbekistan, Tadschikistan, Kirgisien), nach dem Zerfall der Sowjetunion ein politisches Gebilde entstanden, das den vormaligen orientalischen Despotien nicht unähnlich ist. Seine drei wichtigsten Attribute heißen: Autokratie, Vetternwirtschaft, Stammesgesellschaft. Wer schnell in die Weltspitze vorrücken will – so wie Kasachstan –, hat sich klar für die „Inselvariante" zu entscheiden. Danach sind ausgewählte moderne Branchen vorrangig zu fördern. Dennoch wird das Land gerade wegen seiner politischen Stabilität, in dem Präsident Nasarbajew quasi eine lebenslange Regentschaft ausüben darf, hoch geschätzt. Nasarbajew setzt auf die politische Unabhängigkeit des Landes. Weder der islamische Extremismus, noch die West- und US-Abhängigkeit, wie in den mittelasiatischen Nachbarstaaten, greifen hier. Die politischen Machthaber erkennen sehr wohl ihre wirtschaftliche Rückständigkeit und die Sonderlage zwischen Russland und China. Politische Führungsambitionen in der Region sind ihnen daher fremd. Wir bringen euch die Marktwirtschaft bei und ihr bezahlt uns dafür mit euren Rohstoffen! – scheint wohl das „Gentleman Agreement" zwischen den Machthabern und den kapitalstarken Ausländern zu lauten. Westliche Beobachter bescheinigen der Führungsriege gute Absichten, einen modernen Staat aufzubauen, die aber von den auf Tradition aufbauenden Stammesfürsten torpediert werden.

Gesamtwirtschaftliche Entwicklung

Der Sprung in die Modernität ist nicht nur eine Frage von Petrodollars!

Die Wirtschaftlage Kasachstans erinnert wegen ihrer einseitigen Exportstruktur, die zu 90 Prozent aus Öl, Erdgas und Metallen besteht, ein wenig an die Golfstaaten der Fünfzigerjahre. Hauptabnehmer sind zu je 18 Prozent die Schweiz und Italien und nicht – was viele vermuten würden – das energiehungrige China. Je nach geplanter Förderung reichen die nachgewiesenen Rohstoffvorkommen zwischen 60 und 150 Jahren aus. Wer so reich ist, müsste wunschlos glücklich sein. Dennoch hat dieser Umstand mehrere Schattenseiten:

- Es entsteht eine importierte Inflation von offiziell acht Prozent jährlich, weil zu viel ausländisches Geld ins Land fließt, das in die Inlandswährung getauscht wird. Durch diese Nachfrage steigt der Tenge kontinuierlich. Trotzdem weist Kasachstan eine abenteuerliche Auslandverschuldung von 60 Prozent des BIP aus, weil die Zuflüsse primär aus Portfolioinvestments bestehen. Dagegen bleibt die Leistungsbilanz chronisch defizitär. Die Dividendentransfers ausländischer Firmen und Ausgaben für die Ausrüstungsimporte im

Ölsektor übersteigen die Exporteinnahmen deutlich. Damit wird das Land trotz des geschilderten Rohstoffreichtums immer abhängiger vom Ausland. Über diese Situation kann auch der erste Staatsfonds von 18 Milliarden US-Dollar nicht hinwegtäuschen.

- Die einseitige Entwicklungsstruktur fördert vorrangig die vier Sektoren Energie, Banken, Telekommunikation und Immobilen. Nicht wenige potemkinsche Dörfer sind in der Baueuphorie entstanden, als die Regierung plötzlich „landesspezifische" Industrien unterstützen wollte. So wurden unter anderem sinnlose Überkapazitäten in der Textilindustrie aufgebaut, obwohl gerade der bevölkerungsreiche Nachbar Usbekistan auf diesem Feld alle Vorteile auf seiner Seite besitzt. Die Anfang 2008 geplatzte Immobilienblase konnte nur mit kräftigen staatlichen Finanzspritzen an die gefährdeten Banken aufgefangen werden.

- Das unter den GUS-Ländern modernste Bankensystem wächst wegen zunehmender Internationalisierung zum größten Stabilitätsrisiko heran. Der Plan, in Astana einen nach dem Vorbild von Singapur führenden Finanzplatz in Mittelasien aufzubauen, übersieht die örtlichen Realitäten, die zu geringe Wirtschaftskraft der Region und schließlich das fehlende Finanz-Know-how.

Finanzmarktkommentar

(Noch kein) Singapur in der Steppe?

Kasachstan, noch vor kurzem ein Nomadenland, hat eine junge Börsengeschichte vorzuweisen, von der Börsenprofis Abenteuerliches zu berichten wüssten. Die Fokussierung der Wirtschaft auf die Sektoren Banken und Immobilien rächt sich in Zeiten der internationalen Kreditkrise und der platzenden Immobilienblasen. Da die örtlichen Banken hohe Kredite an die einheimische Baubranche vergeben hatten und selbst im Ausland hoch verschuldet sind, verstärkte sich ab Mitte 2007 die Abwärtsspirale und führte zur drastischen Abkühlung der Wirtschaft. Dem nicht gerade armen Staat, der mit einer künstlich geschaffenen „Ersatznachfrage" den Niedergang der Wirtschaft aufzuhalten glaubte, wurden bald seine Grenzen bewusst. Die Inflation steigt seitdem kontinuierlich an. Das Ende ist noch offen.

Vor diesem Hintergrund erscheint der nur leichte Rückgang des 72 Werte umfassenden, kasachischen Aktienindizes *KASE* binnen Jahresfrist von gerade zwölf Prozent auf 2.400 (17.7.2008) ein wenig unverständlich. Die Erklärung mag zum einen in seiner Zusammensetzung liegen. Während die Bank- und Bautitel im Einzelfall bis 50 Prozent kräftig nachgeben mussten, konnten die boomenden Rohstoffaktien (hier Steigerungen bis über 60 Prozent) diesen Rückgang ausgleichen. Zum anderen waren in Kasachstan keine besonderen Aktivitäten nervöser, unerfahrener Privatanleger – so wie zum Beispiel in Vietnam oder China – zu beobachten. Die Mehrzahl der Aktien wird dort von institutionellen Anlegern gehalten.

Analysten nennen für den KASE auf der 2008er Gewinnbasis ein KGV von acht bis neun, was extrem „billig" erscheint. Stimmen aber diese Bewertungen? Sind die für die KGV-Berechnung notwendigen Gewinnangaben realistisch? Der Anleger sollte nicht vergessen, dass ein Großteil der wirtschaftlichen Wertschöpfung durch einfache Rohpreiserhöhungen zustande kam. Eine landesinterne Leistung war für solch ein endogenes Wachstum nicht nötig.

Der Kapitalmarkt Kasachstans ist in Relation zu seiner Wirtschaftskraft mit einer Marktkapitalisierung des Aktienmarktes von 93 Milliarden US-Dollar und des kleineren Anleihemarktes von zwölf Milliarden US-Dollar gut entwickelt. Die Kapitalisierung des Aktienmarktes im Vergleich zum BIP beträgt immerhin 106 Prozent, was auf eine spürbare Interaktion zwischen Börse und der Realwirtschaft hindeutet. Dennoch steckt die Privatisierung der kasachischen Wirtschaft noch in den Kinderschuhen. zehn Aktien und einige Währungsanleihen – davon sind 2008 Titel im Gesamtvolumen von zwölf Milliarden US-Dollar fällig – werden an ausländischen Börsen notiert.

Vor einer kräftigeren Marktkorrektur in der Größenordnung von 25 bis 30 Prozent ist dem Anleger vom Kauf kasachischer Aktien abzuraten. Die langfristigen Chancen sind dagegen unstrittig, zumal russische und chinesische Investoren im Land noch nicht aktiv sind und das Agrarpotenzial der dünn besiedelten, aber fruchtbaren kasachischen Steppe angesichts haussierender Agrarpreise nicht richtig entdeckt ist. Für einen Durchbruch wird jedoch Zeit notwendig sein. In absehbarer Zeit wird aber wohl in der Steppe Sary Arka kein zweites Singapur entstehen.

3.3.14 Tschechien

Wirtschaft / Geographie	2008e	Kapitalmarkt	2008e
Fläche (1000 km 2)	79	Börsenwert Aktien (Mrd. USD) / KGV (30.4.2008)	123/ 14,7
Einwohner in Mill. / pro km 2	10 / 130	Devisenzufluß netto ohne Portfolio (Mrd. USD)	1
BIP-Wachstum in % / Inflation in %	4,5 / 3,3	Devisenreserven / Auslandsschulden (Mrd. USD)	24 / 52
Staatsschuld / Haushaltsaldo in % BIP	35 / -3,0	Realzins (Geldmarktzins minus Inflation) in %	-0,3

Quellen: bfai, wto, Bayerische Landesbank, World Federation of Exchanges, dbresearch

Vergleiche, Vorbehalte, Vorstellungen (Stichworte):

- Als vormalige Musterprovinz der habsburgischen Monarchie ist der EU-Neuling und Nettozahler der Union eher Westeuropa als ein Schwellenland.
- Das politisch stabile Land mit einer leistungswilligen Bevölkerung ist zudem ein zuverlässiger Verfechter der europäischen Integration.
- „Werkstatt" für die wirtschaftlich starken Nachbarn Deutschland und Österreich; viele Niederlassungen deutscher Konzerne vor Ort.
- Angesichts fehlender Potenziale voll auf Dienstleistungsexporte angewiesen.

- Tschechien entwickelt sich nach dem klassischen Modell, wonach die ordnungs- und wirtschaftspolischen Schritte des marktwirtschaftlichen Aufbaus Priorität genießen, denen Anpassungen am Kapitalmarkt folgen.

Ordnungspolitischer Rahmen

Sozialfragen beherrschen den politischen Alltag.

Nach den Euphoriejahren seit dem Fall des Kommunismus in den entwickelten MOE-Ländern (Polen, Tschechien, Slowakei und Ungarn) kam es in der Region zu nationalistisch-populistischen Rückschlägen. Auf dem wirtschaftlichen Gebiet äußerten sich diese Fehlschläge in überzogenen „linken" Forderungen, wie höheren Sozialleistungen, der Drosselung des Privatisierungsprozesses und der Behinderung der europäischen Integration. Auch in Tschechien bremste nach den Parlamentswahlen 2006 die entstandene Patt-Situation weitere Reformen. Anfang 2008 wurden jedoch wichtige Änderungen des Steuer- und Gesundheitssystems durchgesetzt. Dabei wurden die direkten Steuern, die Einkommen- und die Körperschaftsteuer auf 15 bzw. 19 Prozent gesenkt und die Mehrwertsteuer wurde angehoben. Bei den Sozialleistungen sollen Einschnitte vorgenommen werden. Bis 2012 wird mit der Einführung des Euro gerechnet. Um den Maastricht-Kriterien zu genügen – zum Beispiel ist die jährliche Neuverschuldung auf 3,0 Prozent des BIP zu reduzieren –, werden Kürzungen im staatlichen Rentensystem notwendig, was hohen sozialpolitischen Sprengstoff bilden kann.

Wirtschaftliche Entwicklung

Mehr als nur eine verlängerte „Werkbank" der deutschen Wirtschaft?

Oft wird Tschechien mit Westeuropa verglichen. Mit einem BIP pro Einwohner von 12.000 US-Dollar kann es mit Spanien oder Griechenland mithalten. Im Unterschied zum stagnierenden Westeuropa darf es allerdings auf einen fünfjährigen konjunkturellen Höhenflug zurückblicken. Die Wachstumsraten von über sechs Prozent p. a fielen an der Moldau zwei bis drei Mal höher als im Westen aus. Auch bei der 2008 auf 4,5 Prozent reduzierten Rate wird dieser Abstand nicht wesentlich geschmälert. Sektoral gesehen verschiebt sich der Wachstumsschwerpunkt zunehmend von der Außen- zur Binnenwirtschaft. Die rapide sinkende Arbeitslosenquote – sie liegt derzeit bei 6,5 Prozent – bestätigt diesen günstigen Trend deutlich.

Was sind die Hauptgründe dieser erstaunlichen Wachstumsdynamik in einem postkommunistischen Land, das sich weder durch einen Rohstoffreichtum noch durch besondere Ressourcen auszeichnet? Kann ein „sich selbst tragender Aufschwung" soviel Wachstumskraft entfalten?

Das über Jahrhunderte zu Österreich-Habsburg gehörende Böhmen und Mähren war schon immer für seine leistungsorientierte Wirtschaftsgesinnung bekannt. Der hohe Industrialisierungsgrad erlaubte es, sich mit vielen deutschen Ländern zu messen und der vorbildliche

Bildungsstand rundete das Positivbild ab. Gerade diese Kräfte wurden vorher durch Jahrzehnte sozialistischer Planwirtschaft unterdrückt und konnten sich nach dem Fall des Ostblocks endlich frei entfalten. Wie lange allerdings diese, im gewissen Sinne „kostenlose", Wachstumsquelle noch angezapft werden kann, ist schwer abzuschätzen. Für eventuell schlechtere Zeiten hat Tschechien durch seinen ausgezeichneten Ruf als zuverlässiger und attraktiver Wirtschaftsstandort auf jeden Fall gut vorgesorgt. Es bleibt dennoch zu fragen, wie viel zusätzliche Investitionsfreundlichkeit (Steuern, Privatisierung, bessere Ratings) es Ausländern anbieten kann.

Denn die starke Abhängigkeit vom kapitalkräftigen Ausland könnte dem Land zum Verhängnis werden. Abgesehen davon, dass der verbreitet ausländische Besitz für Unmut in der Bevölkerung sorgt, gibt es eine Gefahr, die vom Negativsaldo der Leistungsbilanz ausgeht. Wegen der Attraktivität des Standortes fließt viel Auslandkapital ins Land und sorgt für die Stärke der tschechischen Krone. Gleichzeitig transferieren Ausländer ihre Gewinne in die Heimatländer zurück und entziehen dem Land auf der anderen Seite die Devisen. Die Abflüsse übersteigen mittlerweile die Zuflüsse und die Krone wird bald stark unter Druck geraten. So kann irgendwann Tschechien Opfer des eigenen Erfolges werden!

Finanzmarktkommentar:

Solidität kann irgendwann langweilig werden.

Der tschechische Kapitalmarkt ist klein aber effizient. Er wird fast ausschließlich vom Aktienmarkt dominiert. Im Unterschied zum Nachbarn Polen nehmen sich die hier notierten 36 Titel mit einer Börsenkapitalisierung von 123 Milliarden US-Dollar sehr bescheiden aus. Die begrenzte Auswahl äußert sich zudem in der geringen Zahl der Auslandsnotierungen (17 Aktientitel und 11 Fonds) sowie in der hohen Konzentration auf wenige Werte. Drei Titel (CEZ, Erste Bank, Telefonica) machen fast zwei Drittel des Marktes aus. Ungeachtet dieser Restriktionen scheinen die Tschechen aktienfreundlich zu sein, was im Rotationskoeffizienten, der zum Beispiel doppelt so hoch wie in Polen ist, zum Ausdruck kommt.

Der Anleihenmarkt ist zu vernachlässigen. In Deutschland sind zwei tschechische Euroanleihen notiert. Wenngleich zur Euroanleihe alternative Anleihen in der Landeswährung Konvergenzgewinne bringen könnten, so lohnt sich das Engagement wegen des niedrigen lokalen Zinssatzes von 4,8 Prozent und mangelnder Liquidität für Ausländer nicht, obwohl Währungsrisiken angesichts der baldigen Euro-Einführung nicht bestehen. Kurzfristig kann es dennoch – auch die Krone verzeichnete hohe Währungsgewinne – Irritationen geben.

Die Bewertung des Aktienmarktes ist günstig. Der nur aus 13 Titeln bestehende *PX-Leitindex* notiert aktuell (17.7.2008) bei 1.441 Punkten und weist ein geschätztes 2008er KGV von 14,3 aus. Von seinem Rekordhoch im Oktober 2007 hat er etwa 28 Prozent abgegeben, was im Vergleich zu anderen Ländern der Region eine angemessene Korrektur darstellt. Die Rückschlagsgefahr ist wegen fehlender Anlagealternativen am Rentenmarkt und des hohen Auslandsanteils (starkes Engagement österreichischer Adressen) als gering zu bezeichnen.

Wie im Falle Polens dominiert am tschechischen Aktienmarkt die Europa- und die Eurofantasie. Polen wird allerdings in Expertenkreisen viel mehr Potenzial zugetraut. Dies liegt nicht allein an der Größe des Landes, dem Infrastrukturbedarf, vorhandenen Rohstoffen oder den höheren Euro-Subventionen. Eine andere Überlegung gibt den Ausschlag. Denn falls Tschechien eher Westeuropa als ein Schwellenland ist, dürfte es bald die gleichen wirtschaftlichen und sozialen Probleme wie diese Region haben. Die Börsenfantasie müsste dann nachlassen. Zudem wird das Land an der Moldau häufig zu Unrecht als die verlängerte „Werkstatt Deutschlands und Österreichs" eingestuft – 32 Prozent der Exporte gehen nach Deutschland –, womit eine zu hohe Abhängigkeit vom wirtschaftlich potenten Nachbarn gesehen und als nachteilig interpretiert wird.

Tschechien ist heute so solide und berechenbar, dass es von den Börsianern schon fast als „langweilig" eingestuft wird. Diese schätzen bekanntlich Fantasie und dürften sich aus diesem Grund eher für Polen interessieren. Die Stärke der an die Weichsel fließenden Kapitalströme belegt diese These sehr deutlich. Nichts desto trotz darf in einem ausgewogenen NEM14-Depot eine gesunde Beimischung tschechischer Werte nicht fehlen.

3.4 Wichtige Risiken einer Kapitalanlage in den Neuen Emerging Markets

Die Risiken, denen ein Finanzinvestor in den NEM-Ländern unterliegt, wurden teilweise an verschiedenen Stellen dieses Buches angesprochen. Hier sollen sie zusammengefasst und aus einem anderen Blickwinkel betrachtet werden.

Erwartungsrisiken – Wer nicht wagt, der nicht gewinnt!

An sein Finanzengagement knüpft der Investor verschiedene Erwartungen. Ihm ist bewusst, dass er sich bei der NEM-Anlage eine bessere Rendite nur mit einem höheren Risiko erkaufen kann. Er sollte demnach stärkere Nerven besitzen und einen längerem Atem als ein Anleger haben, der an den „normalen" Märkten agiert, um das Auf und Ab ohne allzu schmerzliche mentale Wunden zu verkraften.

Sein Anlagehorizont darf zudem nicht zu kurz sein. Grob geschätzt sollte dieser bei einer direkten Anlage in Aktien und Zertifikaten irgendwo zwischen drei und fünf Jahren liegen. Am Ende dieses nicht ganz ungefährlichen Unternehmens erwartet er dann eine ordentliche Rendite, die deutlich über der seiner herkömmlichen Anlage liegt. Zu ihrer Höhe wird selbstverständlich nicht einfach eine konkrete Angabe zu machen sein. Dennoch wäre eine Marke, die um die 20 Prozent das gewöhnliche Renditeniveau übersteigt, angemessen.

Wie viel Zusatzrisiko entsteht bei einer solchen Zusatzrendite? Damit eine Anlage lohnenswert wird, muss der sogenannte Rendite-Chancen-Koeffizient größer als 1 sein. Mit Hilfe eines fiktiven Beispiels kann dieser Sachverhalt verdeutlicht werden. Betrug zum Beispiel die Durchschnittsrendite des mexikanischen Aktienindex IPC in den letzten 10 Jahren 20 Prozent bei einer durchschnittlichen Schwankung von 10 Prozent, kann unser Investor zu 95 Prozent eine Ergebnisbreite zwischen 10 und 30 Prozent erwarten. Die 10 Prozent Abweichung vom Mittelwert nach oben sind seine Chance, die 10 Prozent Abweichung nach unten sein Risiko. Er vergleicht diese Mexiko-Zahlen mit einer alternativen DAX-Anlage. Hier kommt er auf 16 Prozent Durchschnittrendite (Annahme: 20 Prozent weniger als beim IPC-Index) bei einer Schwankung von drei Prozent. In diesem Fall liegt sein Erwartungsintervall zwischen 13 und 19 Prozent. Bei dieser Konstellation kann ihm ein Mexiko-Engagement empfohlen werden, da seine zusätzliche Chance 4 Prozent, sein zusätzliches Risiko dagegen nur 3 Prozent beträgt. Somit liegt das Risiko-Chancen-Profil bei 4:3 und ist größer als 1.

Was passiert, wenn diese Erwartungen nicht erfüllt werden? Dann wird unter Umständen ein solches Desaster zum Rückzug vieler enttäuschte Anleger aus dem Markt führen. Eine um sich greifende „Ansteckungsgefahr" ist als Folge nicht mehr auszuschließen. Ein weiteres Verstärkungsmoment kommt hinzu. Weil NEM-Anlagen als klassische Depotbemischung einen geringen Depotanteil ausmachen dürften, fällt es jedem (deutschen) Anleger leichter sie zu verkaufen. Eine Trennung mit Verlust tut bei einem kleinen Anteil nicht so weh. Es darf nicht übersehen werden, dass selbst ein so aufregendes Investitionsthema, wie unsere „Emerging Markets", kein Kerninvestment darstellt, von vielen Anlegern als ein Modethema angesehen wird und nach einer bestimmten Zeit nicht mehr auf der Agenda stehen könnte.

Externe und interne Schocks – kein NEM-Land gleicht dem anderen

Globale politische und wirtschaftliche Turbulenzen zählen zu den klassischen Risiken, die in keiner Analyse fehlen dürfen. Oft werden sie als Schocks bezeichnet, was unseres Erachtens lediglich bei den nicht vorausschaubaren politischen Ereignissen sinnvoll ist. Denn wirtschaftliche Schocks kommen nicht unerwartet, sondern sind die Folge von früheren „Blasenbildungen" (Ungleichgewichten), die von ignoranten Wirtschaftsakteuren zugelassen werden.

Es gehört zur Lieblingsaufgabe der Analysten in diesem Umfeld „nachzuweisen", dass gerade die Schwellenländer externe Schocks besser überstehen können als die etablierten Wirtschaftsnationen. Woher kommt diese Zuversicht? Ist diese These nicht bloßes Wunschdenken der Zertifikateindustrie, die den Kapitalmarkt mit Schwellenländer-Produkten überflutet hat?

Bei der Risikoanalyse sollte es nicht auf die globale Makrobedeutung einer abgetrennten Ländergruppe wie der Schwellenländer, sondern auf die Stärke ihrer außenwirtschaftlichen Verflechtungen ankommen. Es leuchtet ein, dass je stärker ein Land von der Weltwirtschaft abhängig ist, umso krisenanfälliger sein muss, was sogenannte Stresstests belegen. Analog verhält es sich mit der „Schockresistenz" in der Binnenwirtschaft. Diese werden sich proportional zu den Reserven, wie dem Volksvermögen, Devisenreserven, Produktions- und Finanzkapital, verhalten. Im Endeffekt hängt somit die Krisenresistenz weniger von der augenblicklichen Ertragskraft (hohes BIP-Wachstum) ab, selbst wenn lange Schwächephasen auch bei einem reichen Land Spuren hinterlassen werden. Immerhin konnte Japan wohl in erster Linie 20 Jahre Null-Wachstum überleben, weil es von der Substanz lebte, die es zuvor über Jahrzehnte aufbaute. Krisenfest sind demnach nicht in erster Linie dynamisch wachsende, sondern reiche Länder.

Diese Erkenntnisse wären nun auf das NEM14-Universum anzuwenden. Für eine praktikable Schnelleinschätzung der Risikoanfälligkeit dieser Länder genügt unseres Erachtens eine Identifizierung von wenigen wichtigen binnen- und außenwirtschaftlichen Risiken:

Binnenwirtschaftliche Risiken	betroffene NEM14-Länder
Wachstumsschwäche	Mexiko, Südafrika, Chile
Inflationssorgen	Rumänien, Ukraine, Vietnam
Staatsschulden	Ägypten, Pakistan, Ukraine

außenwirtschaftliche Risiken	betroffene NEM14-Länder
Leistungsbilanzdefizit	Südafrika, Pakistan, Rumänien
Auslandsschulden (netto)	Rumänien, Ukraine, Türkei
Schuldendienstbelastungen	Ägypten, Kasachstan, Türkei

Nach der Risikoanfälligkeit lassen sich die NEM14-Länder in drei Klassen einteilen:

- Erste Gruppe: Mexiko, Südafrika, Polen, Vietnam,
- Zweite Gruppe: Chile, Indonesien, Tschechien, Kasachstan, Türkei,
- Dritte Gruppe: Nigeria, Pakistan, Ukraine, Rumänien, Ägypten

Zusammenfassung

Theoretischer Teil

- Die Emerging Markets bleiben aufgrund ihrer globalen wirtschaftlichen Bedeutung ein langfristiges Anlagethema. Nach dem erfolgreichen Börsenstart der großen BRIC-Staaten (Brasilien, Russland, Indien und China) haben heute 30 bis 40 mittelgroße Nachfolger – die wir Neue Emerging Markets (NEM) genannt haben – die besten Chancen ihren Platz einzunehmen.

- Die Kapitalmärkte in den NEM-Staaten, wie die der Industrieländer, sind von der landesspezifischen politischen, sozialen und wirtschaftlichen Ordnung abhängig. Die politische Voraussetzung für ihre reibungslose Funktionsweise ist die Existenz einer marktwirtschaftlichen Ordnung, die in vielen Staaten erst im Entstehen ist.

- Entgegen der verbreiteten Meinung spielt neben der Politik auch die „soziale Infrastruktur" (Gesundheitssystem, Bildungssystem, Arbeitsmarkt und Altersvorsorge) bei den Börsenchancen eine wichtige Rolle. Sie beeinflusst als Kostenfaktor und als Produktivitätsbringer indirekt das Wirtschaftswachstum, welches wiederum die Unternehmensgewinne maßgeblich bestimmt. Die Unternehmensgewinne bilden die Grundvoraussetzung für freundliche Aktienkurse. Die sozial unterentwickelten NEM-Staaten verfügen über enorme Wachstumsreserven. Mit geringen Verbesserungen ließen sich dort überproportionale Effekte erzielen.

- Demgegenüber beeinflusst die Konjunktur die Unternehmensgewinne direkt über das Wirtschaftswachstum. In den NEM-Ländern wird das Wirtschaftswachstum nicht allein durch den enormen Nachfragebedarf infolge des demografischen Bevölkerungszuwachses erreicht. In dieser Region spielen gerade die begrenzten Angebotmöglichkeiten, sprich das fehlende Sach- und Finanzkapital, eine wichtige Rolle. Dennoch wachsen diese Staaten mit – je nach Land mit bis zu zwölf Prozent Wirtschaftswachstum jährlich – zwei bis drei Mal schneller als die westlichen Länder. Hohe Sparquoten von bis zu 40 Prozent (Eigenkapital) und Auslandsinvestitionen (Fremdkapital) helfen ihnen die finanziellen Wachstumsbarrieren zu überwinden.

- Zahlreiche NEM-Staaten versuchen ihre Wachstumschancen durch die Exportförderung, eine beschleunigte Industrialisierung und den schnellen Ausbau des Dienstleistungssektors (Schaffung von wettbewerbsfähigem Humankapital) zu verbessern. Auch die vielen länderspezifische Potenziale, wie hohe Rohstoffreserven, die günstige geografische Lage oder die Anziehungskraft als attraktives Touristikland, werden im Dienst dieser Strategie eingesetzt.

- Während alle NEM-Länder sich durch starkes Wachstum auszeichnen, ist ihr außenwirtschaftlicher Status recht unterschiedlich. Einige verzeichnen hohe Defizite sowohl in der Handels- als auch in der Leistungsbilanz, die nicht immer durch ausländisches Kapital (Direkt- und Portfolioinvestitionen), sondern ebenso durch Schuldenaufnahmen bei internationalen Institutionen (IWF, Weltbank) geschlossen werden müssen. Daraus ergibt sich ein ungünstiger Schuldenstatus. Andere Länder zeichnen sich hingegen durch riesige Überschüsse und enorme Devisenreserven aus.

- Für schwach entwickelte Länder können sich Außenwirtschaftsdefizite als äußerst nützlich erweisen. Wenn die Auslandsgelder zur Export- und Investitionsförderung verwendet und nicht für Konsumzwecke oder zum Stopfen von gewöhnlichen Haushaltslöchern eingesetzt werden, dienen sie dem Aufbau wettbewerbsfähiger Produktionskapazitäten. Erst ab einer höheren Entwicklungsstufe können Überschüsse sinnvoller sein als Defizite, da sie die Konjunktur von der Nachfrageseite her unterstützen.

- Die Entwicklung der heimischen Kapitalmärkte hält in vielen NEM-Ländern mit der politischen, sozialen und der wirtschaftlichen Entwicklung nicht Schritt. Bei der Kapitalmarktcharakteristik sind getrennt die technische Börseninfrastruktur (Gesetze, Handelsusancen), dann die Angebotsseite (Privatisierungen, Börsengänge, Kapitalmaßnahmen) und schließlich die Nachfrageseite (Privatanleger, Banken, Ausländer) zu analysieren.

- Ein wichtiges Anlagekriterium ist der faktische Status des ausländischen Finanzinvestors, der in seiner Breite von Teilen einer echten Diskriminierung bis zur hochgejubelten Hofierung reichen kann. Diese Frage entfällt, wenn der Portfolioausländer am Börsengeschehen in den NEM-Ländern indirekt teilnimmt, zum Beispiel über themenadäquate Zertifikate oder Fonds.

Empirischer Teil (Stand Sommer 2008)

- Die konkreten Anlagechancen wurden von uns in einem Universum von 14 chancenreichen NEM-Ländern untersucht. Dessen Auswahl erfolgt zum einen über ein Modell, das die Investitionskriterien (Analyseebenen: Politik, soziale Infrastruktur, Wirtschaft) im Einzelnen prüft, zum anderen über eine vereinfachte Methode des sogenannten „magischen Länderdreiecks". Im zweiten Fall werden pauschal nur die Größe, die (Wirtschafts-)Gesinnung und die Gewinnreserven der in Frage kommenden Länder untersucht.

- In die engere Auswahl des NEM14-Universums wurden Mexiko, Chile, Indonesien, Vietnam, Türkei, Pakistan, Südafrika, Nigeria, Ägypten, Polen, Ukraine, Kasachstan, Rumänien und Tschechien aufgenommen. Wir erreichen hierbei eine weitgehende Übereinstimmung mit der Gruppe Next Eleven von Goldman Sachs, was angesichts der Tatsache, dass alle Wertpapieranalysten auf gleiche Methoden zurückgreifen, nicht verwundert.

- Zu den NEM14-„Ersatzkandidaten", also zu den Ländern der zweiten Wahl, zählen dagegen: Argentinien, Kolumbien, Peru, Venezuela, Iran, Bangladesh, Thailand, Philippinen, Saudi-Arabien, Marokko, Algerien, Burma, Ghana und Weißrussland. Hier liegt eine Ähn-

Zusammenfassung

lichkeit mit der Gruppe Third Wave, einem Konzept der Deutschen Bank, vor. Die Beschränkung beider Gruppen auf jeweils 14 Staaten hat rein formalen Hintergrund und folgt dem Prinzip der besseren Transparenz.

- Bei einer NEM14-Investition hat der Anleger an das magische Dreieck, welches die Konfliktfelder jeder Kapitalanlage beschreibt, zu denken. Die ihm zur Wahl stehenden lokalen Aktien, Anleihen und Fonds zeichnen sich durch unterschiedliche Renditechancen, Risiken und Liquiditäten aus. Aktien sind gleichermaßen dort die chancenreichere, die am meisten liquide, aber auch die riskanteste Anlageform. In einigen Ländern, in denen es (noch) keine entwickelten Rentenmärkte und Fondsanlagen gibt, stellen sie oft die einzige Anlagemöglichkeit im Wertpapierbereich dar. Außer den Kursrisiken sind bei Aktien gegebenenfalls Währungsrisiken zu beachten.

- Der Anleger hat ebenso die Frage der direkten bzw. indirekten Anlage zu klären. Will er sein Risiko streuen und ist er bereit höhere Provisionen zu zahlen, wählt er die indirekte Anlage (Fonds, Indexprodukte und Zertifikate). Bei der Direktanlage sollte er, wie bei den Aktien, besonders auf die Liquidität und die Währungsrisiken achten. Nur wenige Global Player stammen aus den NEM14-Ländern und deren Aktien werden an westlichen Börsen (New York, London, Frankfurt) in ausreichenden Stückzahlen notiert. In Deutschland haben sich die Börsen in Stuttgart und Berlin auf den Handel mit Auslandsaktien spezialisiert. Verzichtet der Anleger in seinen Bemühungen auf die Bankberatung und betreibt eigene Recherchen, soll er sich der hohen Informationsbarrieren hinsichtlich der Anlagethematik in dieser Region bewusst sein.

- Während die BRIC-Aktienmärkte in den vergangenen fünf Jahren eine fulminante Kursrallye vorlegen konnten, entwickeln sich die Aktien der NEM14-Länder ausgesprochen schleppend. Dennoch besitzen auch sie langfristig die besten Voraussetzungen für hohe zukünftige Kurssteigerungen. Der Zeitfaktor erweist sich besonders hilfreich bei der „Objektivierung" einer solchen Anlage, da die dortigen Kapitalmärkte noch auf eine breitere Informations-, Angebots- und Handelsbasis gestellt werden müssen. Internationalisierung der Berichterstattung, höheres Angebot an Börsentiteln und höhere Handelsvolumina sind die dazu gehörenden Aufgaben. Je später sich der deutsche Privatanleger dort engagiert, umso besser.

- Die analysierten Anlagerisiken im NEM-Universum sind in wirtschaftliche und kapitalmarktbedingte zu unterteilen. Der Anleger muss dabei primär auf die äußeren (exogenen) Gefahren Acht geben, denn die „hausgemachten" (endogenen) Risiken wurden bei der Zusammenstellung des Anlagedepots bereits ausgesondert. Die NEM-Kandidaten unterscheiden sich von den NEM14-Anlagefavoriten durch das Vorliegen eines gravierenden Einzelrisikos. Sobald dieses beseitigt wird, gilt das Kandidatenland als investierbar und kann in die höhere NEM14-Stufe aufrücken. Dennoch ist auch das NEM14-Universum in Bezug auf seine Bonität nicht homogen. Es lassen sich hier drei klare Ländergruppen – aufgelistet nach absteigender Bonität – unterscheiden:

  – Erste Gruppe: Mexiko, Südafrika, Polen, Vietnam
  – Zweite Gruppe: Chile, Indonesien, Tschechien, Kasachstan, Türkei
  – Dritte Gruppe: Nigeria, Pakistan, Ukraine, Rumänien, Ägypten

Literaturhinweise

ALSLUND, A.: Am finanziellen Abgrund, Financial Times Deutschland 19.5.2008
BANGERT,H./HEINRITZI, J./KÜHN, U.: Schwellenländer. Nicht zu bremsen, Focus-Money 31/2007
BORST, S./FRANK,S./KOWALSKI.M.: Hunger macht reich, Focus 17/2008
BÖRSEN-ZEITUNG: Indonesien – das heimliche fünfte BRIC-Land, 29.2.2008
BÖRSE-ONLINE: Regionen der Chancen, 15/2008
BÖRSEN-ZEITUNG: WTO: Welthandel kühlt sich spürbar ab, 18.4.2008
BUNDESZENTRALE FÜR POLITISCHE BILDUNG: Lateinamerika: Der vergessene Hinterhof der USA?, Frankfurt, Dezember 2006
VON BÜLOW, D.: Indonesiens Börsenboom lockt Anleger, Financial Times Deutschland 11.03.2008
DEUTSCHE BANK RESEARCH: Staatsfonds – Staatliche Auslandsinvestitionen im Aufwind, Aktuelle Themen 405, Frankfurt, Dezember 2007
DEUTSCHE BANK RESEARCH: Megacitys: Wachstum ohne Grenzen?, Aktuelle Themen 412, Frankfurt, Februar 2008
DEUTSCHE BANK RESEARCH: Warum die Emerging Markets den Sturm überstehen werden, Aktueller Kommentar, Frankfurt, März 2008
DEUTSCHE BANK RESEARCH: Ägypten: Auf dem Weg zu mehr Wachstum und Integration in die Weltwirtschaft., Aktueller Kommentar, Januar 2006
DEUTSCHLANDFUNK: Kasachstan-Boomland in Zentralasien, 19.8.2007
DIEKMANN, M.: Die Luft wird dünner, Financial Times Deutschland, 21.02.2008
DORFS, J.: Loblied auf die Parvenüs, Handelsblatt 11.09.2007
EHRINGFELD, K.: Lateinamerika rutscht zurück ins Elend, Handelsblatt, 29.4.2008
FRANKFURTER ALLGEMEINE ZEITUNG: Vietnamesische Aktien bieten wieder Chancen, 22.4.2008
FRANKFURTER ALLGEMEINE ZEITUNG: Der kasachische Aktienmarkt kämpft gegen die Kreditkrise, FAZ.NET, 28.2.2008
FRANKFURTER ALLGEMEINE ZEITUNG: Anleger entdecken Afrika, FAZ.NET, 5.10.2007
FORSTER, K./TOLDO, M.: Verbesserte Ratings für Emerging Markets, Börsen-Zeitung 3.4.2008
GOLDMAN SACHS: BRIC-Kompass, Frankfurt, 2007
GREEN, M.: Nigeria drohen massive Erdölausfälle, Handelsblatt 18.4.2008
HANDELSBLATT: Gewalt in Südafrika verschreckt Investoren, 26.5.2008
HANDELSBLATT: Wachstum ohne Grenzen, Beilage 18.09.2007
HERB, E.: Börse Vietnam in der Talsohle, Börsen-Zeitung, 30.4.2008

HÖLLER, CH.: Osteuropa. Die Schatzsucher ziehen weiter. Beilage in Financial Times Deutschland, 31.10.2007

KAHLBHENN, CH. Anleger scheuen das Risiko der Türkei, Börsen-Zeitung, 15.4.2008

KALBHENN, CH.: Schwellenländer haben noch Potential, Börsen-Zeitung, 30.5.2008

KUCKELKORN, M.: Neue Anlagechancen in Emerging-Markets-Bonds, Börsen-Zeitung 25.10.2007

KREMLIN: Newsletter Dezember 2006. Sonderausgabe KASACHSTAN.

LAZAROVIC, S./BEYERLE,H.: Osteuropa ist nicht Russland, Financial Times Deutschland, 6.03.2008

MÜHLBERGER, M.: Ein afrikanischer Riese erwacht, Börsen-Zeitung, 30.6.2007

RETTBERG, U.: Exotische Börsen locken Investoren, Handelsblatt 6.03.2008

ROSE, S.: Schwellenländer-Börsen. Packendes Rennen, Focus-Money 48/2007

SCHOLTISSEK ,S.: Die Asiaten kommen, Financial Times Deutschland, 7.03.2008

STEINGART, G.: Weltkrieg um Wohlstand, München 2006

SCHMITZ, A.: „Next 11" ist noch ist noch keine Erfolgsgeschichte, Börsen-Zeitung, 30.4.2008

THIBAUT, M.: Exodus polnischer Arbeiter macht den Briten Angst, Handelsblatt 10.04.2008

TOLDO, M.: Politische Turbulenzen belasten Türkei-Anleihen, Börsen-Zeitung, 12.6.2008

TOLDO, M.: Mexiko: Das Ende des Reformstaus lässt Anlegerrisiko sinken, Börsen-Zeitung, 8.3.2008

WELT-ONLINE: Anlagechancen in der Türkei, 13.5.2007

WAGNER, W.: Rote Milliarden, Der Spiegel, 40/2007

Interessante Links:

Banken:

www.trinkaus.de

www.raiffeisenresearch.at

www.dbresearch.de

www.bayernlb.de

www.allianzglobalinvestors.de

www.lazard.de

www.goldmansachs.de

www.ecb.int

Institute und Institutionen:

www.bfai.de

www.zpb.de

www.wto.org

www.iwf.org

www.ec.europa.eu

www.cia.gov

www.auswaertiges-amt.de

Börsen, Börsendienste:
www.nyse.de

www.deutscheboerse.de

www.world-exchanges.org

www.bloomberg.de

www.onvista.de

www.bigcarts.marketwatch.com

www.google.finance.de

Zeitschriften und Nachrichtendienste (deutschsprachig):
www.boersen-zeitung.de

www.handelsblatt.de

www.wirtschaftswoche.

www.capital.de

www.manager-magazin.de

www.ftd.de

www.faz.de

www.welt-auf-einen-blick.de

www.wertpapier.de

www.invent.org

www.kremlin.de

www.dradio.de

Der Autor

Dr. Viktor Heese (57) studierte Volkswirtschaftslehre an der Universität Danzig (Polen) und der Universität zu Köln, wo er 1981 promovierte. Nach zweijähriger Tätigkeit als Assistent am Lehrstuhl für Statistik und Ökonometrie an der Universität Essen arbeitet er seit 26 Jahren als Wertpapieranalyst bei verschiedenen Banken, unter anderem von 1982 bis 1998 bei der Deutschen Bank. Sein Spezialgebiet sind Finanzwerte und Kapitalmarktfragen. Wegen seiner kritischen Expertisen und Publikationen wurde er häufig in der Fachpresse zitiert. Seit 1992 hält Dr. Viktor Heese Fachseminare zu den Themen Internationale Rechnungslegung (IFRS), Analyse von Bank- und Versicherungsbilanzen sowie Fundamentalanalyse von Wertpapieren bei verschiedenen Einrichtungen. Er spricht fließend polnisch und russisch.

Stichwortverzeichnis

Abwertung 51
Abwertungsdruck 56, 57
Ad-hoc-Meldung 81
Afrika 125
Agrarland 60
Ägypten 128, 129, 130, 131
Aktienmarkt 77
Aktienrecht 75
Altersstruktur 46
Altersvorsorge 34
Anlageempfehlung 87
Anlagehorizont 146
Anlagethemen 15
Anlegermagazin 80
Anlegerziel 94
Arbeitnehmerrecht 32
Arbeitsbedingungen 33
Arbeitskräftepotenzial 46
Arbeitslosenzahl 43
Arbeitsproduktivität 31, 38
ASEAN-Gruppe 109
Auslandsinvestor 83
Ausschlusskriterium 89
Ausschlussrisiko 90
Außenbeitrag 36
Außenfinanzierung 37
Außenhandelsverflechtung 59
Auswahlmethode 89, 91
Autokratie 27

Bananenrepublik 26, 101
Bankstudie 86, 87, 88
Bevölkerungsentwicklung 15
Bevölkerungsexplosion 46
Bevölkerungswachstum 47

Bilateral Investment Treaties (BITs) 82
Bildungssystem 29, 30
BIP 38, 43
Börsenattraktivität 60
Börsenbrief 80
Börsengang 76
Börseninfrastruktur 73, 75
Börsenkapitalisierung 73, 74, 77
Börsenzulassung 75
BRIC-Länder 13, 14
Bruttoinlandsprodukt (BIP) 15, 36
Bürokratie 24

Chile 106, 107

Demografie 15, 45, 46
Demokratie 27
Devisen 50
Devisenreserve 50, 57, 58
Dichtekoeffizient 73
Dienstleistungsgesellschaft 60
Dienstleistungssektor 61, 63, 64
Disclaimer 87
Diskriminierung 83
Doing Business Indicator 23
Dritte Welt 10

Eigentum 24
Einkommensteuersatz 22
Einwanderungsland 68
Energie 15
Energieträger 69
Entwicklungsstufe 60
Ersatzinvestition 37

Erste Welt 10
Erweiterungsinvestition 37
EU-Beitrittsland 26
Exportüberschuss 47, 48

Fachkraft 30
Fachzeitschrift 81
Finanzplatz 72
Freihandelszone 51

G3-Modell 91, 92
Geldpolitik 57
Geografie 68
Gesellschaftsrecht 75
Gesetzesänderung 25
Gesinnung 92
Gesundheitssystem 21, 29
Gesundheitswesen 28
Gewerkschaft 33
Gewinnreserve 91, 92
Globalisierung 25, 61, 69
Größe 91, 92

Handelsabkommen 51
Handelsbilanz 48, 50, 53, 55
Handelsbilanzüberschuss 52, 57
Humankapital 30, 31, 67

Immobilienmarkt 77
Indien 119
Indonesien 109, 110, 111
Inflationsrate 43
Informationsquelle 86
Infrastruktur 15, 27
Innenfinanzierung 37
Investitionsquote 39
Investitionsthemen 15
IPC Index 105

Kapazität 38
Kapitalflucht 16
Kapitalmarkt 72

Kapitalmarkttipp 81
Kapitalproduktivität 38
Kapitalstock 38
Kapitalverkehrsbilanz 55
Kasachstan 140, 141, 142, 143
Kaufempfehlung 88
Käufergruppe 78
Kaufkraft 40, 44
Kaufkraftparität 43
Kennzahl 97
Konjunkturpolitik 57
Konsumausgabe 40
Konsumneigung 40
Kontinuitätsmessung 25
Krisenresistenz 148
Kurs-Gewinn-Verhältnis (KGV) 65, 97 f.

Länderprofil 100, 101
Landesverfassung 24
Landwirtschaft 61
Lateinamerika 104
Leistungsbilanz 55, 58
Leistungsbilanzdefizit 50
Leistungsbilanzüberschuss 50, 58, 60
Leitwährung 56
Leitzins 57
Liquidität 93, 99
Liquiditätsmindesterfordernis 95
Liquiditätspostulat 95
Lohnkosten 32, 33
Lohnniveau 31
Lohn-Preis-Spirale 56
Lohnquote 33, 37

Magisches Dreieck 93, 94
Malaysia 110
Marktwirtschaft 23, 24, 27, 100, 101
Marktzugang 83
Massenmedien 80
Meinungsbildung 80
MERCONSUR 106
Mexiko 102, 103, 104
Mindestvoraussetzung 19

Stichwortverzeichnis

Nachfrage 40
Nachrichten 80
NAFTA 104
NATO-Mitglied 26
NEM14-Länder 14, 100
New Economy 25
Nigeria 125, 126, 127
Non-Profit-Institution 82

OECD 107
Orderabwicklung 75
Ordnungspolitik 21
OTC-Handel 73

Pakistan 119, 120, 121
Pensionsfond 34, 108
Planwirtschaft 23
Polen 131, 132, 133
Politik 21
Preisniveau 43
Privatanleger 78
Pro-Kopf-Einkommen 47

Rating 96
Ratingagentur 82
Rechtsordnung 23
Rechtspflege 24
Rechtssicherheit 23, 41
Rechtsumfeld 24
Reiseverkehrsbilanz 69
Rendite 93, 99
Rendite-Chancen-Koeffizient 147
Research 88
Risiko 87, 90
Rohstoff 15, 66
Rotationskoeffizient 73
Rumänien 138, 139, 140

Schattenmarkt 76, 77
Schock, externer 147
Schockresistenz 147
Schuldverschreibung 97

Schurken-Staat 26
Schwellenländer 12
Sicherheit 93, 99
Singapur 110
Sozialpolitik 28
Sozialsystem 10
Sparquote 33, 39
Spezialwissen 69
Spread 96
Staatsanleihe 98
Staatsquote 22
Staatsverschuldung 56
Standardrisiko 89, 90
Statistik 43
Steueroase 71, 72
Südafrika 122, 123, 124

Technologie 68
Tiger-Staaten 13
Touristik 15, 70
Tschechien 143, 144, 145, 146
Türkei 116, 117, 118

Ukraine 134, 135, 136, 137
Unruhe, innere 16
Unterentwicklung 48
Unternehmensbericht 81
Unternehmensgewinn 35, 37

V-Ängste 100
Verbrauchsteuer 22
Verflechtungsgrad 59
Vietnam 112, 113, 114, 115
Volkswirtschaftliche Gesamtrechnung
  (VGR) 36
Vollbeschäftigung 50

Wachstum 36
Wachstumsdynamik 15
Wachstumsprozess 42
Wachstumstheorie 38
Währung 49, 50, 55
Währungskorb 56

Währungsreserven 15
Währungsrisiko 96
Wechselkurs 49, 51, 52, 53, 54, 56
Wechselkursanpassung 57
Wechselkurspolitik 58
Wechselkursschwankung 43
Weltbörse 74
Weltorganisation 26
Weltwirtschaftskrise 51
Wertpapieranalyst 86
Wirtschaftsentwicklung 10

Wirtschaftsmagazin 81
Wirtschaftspolitik 21, 25, 27, 62
Wirtschaftswachstum 37, 50
Wirtschaftwachstum 48

Zahlungsbilanz 50, 55, 56
Zielkollision 99
Zinsprognose 98
Zinsunterschied 96
Zweite Welt 10

Banking im 21. Jahrhundert

Modulare Darstellung aller Teilgebiete des börsengehandelten Termingeschäfts, Leitfaden

Börsentermingeschäfte sind nicht nur hochspekulative Werkzeuge für Finanzjongleure, sondern stellen vor allem eine sinnvolle Ergänzung privater Wertpapierportfolios zur Erzielung lukrativer Zusatzrenditen oder Absicherung gegen unliebsame Kursschwankungen dar. Die Autoren erklären die verschiedenen Arten der Termingeschäfte, deren Besonderheit und Bewertung und untermauern diese durch zahlreiche Beispiele aus der Praxis. Ideal zum Nachschlagen.

Christoph Geyer | Volker Uttner
Praxishandbuch Börsentermingeschäfte
Erfolgreich mit Optionen, Optionsscheinen und Futures
2007. 300 S. Br. EUR 39,90
ISBN 978-3-8349-0396-9

So findet der Berater für jeden Anlegertyp das passende Zertifikat

Dieses Buch erklärt in kompakter Form, wie Strukturierte Zertifikate funktionieren und gibt einen Marktüberblick. Best-Practice-Berichte geben Anregungen für Beratungsgespräche.

Arnd Brechmann | Jürgen Röder | Stefan Schneider | Dirk Winkler
Erfolgsweg Zertifikate
Strukturierte Produkte
in der Beratungspraxis
2008. 280 S.
Br. EUR 54,90
ISBN 978-3-8349-0861-2

Kompakt und kompetent – alles Wissenswerte über Geschlossene Fonds

Ein Grundlagenwerk, das den Wissensbedarf zu einem Markt mit Zukunft deckt und verständlich die Produktwelt „Geschlossene Fonds" vorstellt. Ergänzt durch eine Abgrenzung zu den Offenen Fonds und das Thema REITs.

Edmund Pelikan
Chancen mit Geschlossenen Fonds
Attraktive Renditen und effektive Risikosteuerung für das private Portfolio
apano akademie gmbh (Hrsg.)
2007. 176 S.
Br. EUR 29,00
ISBN 978-3-8349-0605-2

nderungen vorbehalten. Stand: Juli 2008.
Erhältlich im Buchhandel oder beim Verlag.
Gabler Verlag · Abraham-Lincoln-Str. 46 · 65189 Wiesbaden · www.gabler.de

The manufacturer's authorised representative in the EU is Springer Nature Customer Service Centre GmbH, Europaplatz 3, 69115 Heidelberg, Germany. If you have any concerns regarding our products, please contact ProductSafety@springernature.com

Printed and bound by CPI Group (UK) Ltd, Croydon, CR0 4YY

25/03/2026

02078192-0020